编委会

主　编

熊　伟　周　毖　唐　燕

副主编

罗　静　宋霓妮　卢黎琼　王　芳

编　委

李智慧　李　巧　陈　效　贺小红　万　燕　朱峥臻

刘玉玲　张先红　张　媛　吕学桃　杨　梅　黎秋梅

冯湘蜀　罗丹丹　何小琴　胡泉英　王倩影　吴　泉

王小玉　孙翠兰　郑祥俊　钟　伟　郑小勇　雷玉红

王　红　颜　容　张华夷　袁　莉　卢黎芬　李妍娇

钱玉莲　丁　玲

策略单元可以这样教

——破解阅读与习作策略单元教学密码

熊伟 等◎编著

四川大学出版社

SICHUAN UNIVERSITY PRESS

图书在版编目（CIP）数据

策略单元可以这样教：破解阅读与习作策略单元教
学密码 / 熊伟等编著. -- 成都：四川大学出版社，
2024. 8. -- ISBN 978-7-5690-7328-7

Ⅰ. G633.302

中国国家版本馆 CIP 数据核字第 2024NM0314 号

书　　名：策略单元可以这样教——破解阅读与习作策略单元教学密码
　　　　　Celüe Danyuan Keyi Zheyang Jiao——Pojie Yuedu yu Xizuo Celüe
　　　　　Danyuan Jiaoxue Mima
编　　著：熊　伟　等

选题策划：梁　胜
责任编辑：王　静
责任校对：周维彬
装帧设计：墨创文化
责任印制：李金兰

出版发行：四川大学出版社有限责任公司
　　　　　地址：成都市一环路南一段 24 号（610065）
　　　　　电话：（028）85408311（发行部）、85400276（总编室）
　　　　　电子邮箱：scupress@vip.163.com
　　　　　网址：https://press.scu.edu.cn
印前制作：四川胜翔数码印务设计有限公司
印刷装订：成都金龙印务有限责任公司

成品尺寸：185 mm×260 mm
印　　张：19.75
字　　数：483 千字

版　　次：2024 年 11 月 第 1 版
印　　次：2024 年 11 月 第 1 次印刷
定　　价：98.00 元

本社图书如有印装质量问题，请联系发行部调换

扫码获取数字资源

四川大学出版社
微信公众号

潜心笃行促提升　不负春风与韶华

（代序）

　　研策略单元教学，师路化春雨，研旅亦蒙育，且行且思。

　　寻素养提升之法，大单元整合，传承亦创新，且思且行。

　　众所周知，新课标与新教材的全面实施给小学语文教师带来了新的挑战，尤其是新教材新增独立的阅读策略单元与习作单元，给小学语文教师带来了更多的困惑与思考。阅读策略单元与习作单元这两类特殊单元的独立编排，让小学语文教师模模糊糊地认识到阅读策略与习作系列训练的重要性。

　　但是，根据随堂观察和记录，笔者发现部分教师对阅读策略单元与习作单元的教学仍然没有找到明确的方向。是他们没有关注编写意图吗？不，自两类特殊单元在统编教材出现那一刻起，就引起了很多小学语文教师的关注。各种关于两类特殊单元教材编写意图的解读、讲座，虽然线上线下教师们都在学习，但普遍较形式化，也缺乏深入思考，导致部分教师把理论学习和教学实践分开了。每逢遇到这两类特殊单元，不少教师往往都是跟着感觉走，不是意识模糊，就是没有清楚的教学导向。

　　问卷调查和课例收集也让笔者发现：尽管这两类特殊单元内的每一部分课程资源都有自己的定位和功能，尽管可以创造性使用教材，但部分教师对这些材料的认识不够，存在人为弱化编者意图的情况，把特殊单元内的精读课文与略读课当成普通单元的类似课文来教，没有搞清楚相关课文在特殊单元中的作用，简单处理、忽略交流平台的作用……更多的是新瓶装老酒，新鞋走老路，糊涂教学。鉴于此，达州市小学语文名师工作室成立之初就确定了啃下这两块硬骨头的目标，试图凭借理论学习与课堂研究来破解这两类特殊单元的教学密码，让教师领悟这两类特殊单元各编者的真正意图，并在教学中有效落实，真正实现这两类特殊单元的教学价值。

　　三年来，达州市小学语文名师工作室潜心这两类特殊单元理论学习与课堂教学研究，以大单元统整教学与任务群推进的思想为指导，在传承与创新中且思且行，探索特殊单元各部分教学的规律与模式，从教材解读、教学设计、教学评价等方面着手，破解阅读与习作策略单元的教学密码，形成了一些基于特殊单元有价值的成果，现整理成册，供同行借鉴，以期给一线教师带来帮助，提升小学语文教师对特殊单元把握的能力，共同上好这两类特殊单元的教学课程，真正落实编者意图，提升学生的阅读素养与习作能力。

　　本书分为上篇和下篇，上篇聚焦阅读策略单元，涵盖小学语文统编教材三年级上册的预测策略单元、四年级上册的提问策略单元、五年级上册的提高阅读速度策略单元、六年级上册的有目的的阅读策略单元；下篇聚焦习作策略单元，涵盖小学语文统编教材三年级至六年级每册的习作策略单元。本书中阅读策略单元以"单元概览""导读领航""课例示范""统整提升""教后拾贝"等部分展开，习作策略单元以"单元概览""导读领航""课例示范""小试牛刀""大显身手""教后拾贝"等部分展开，每个策略单元均形成一个完整的教学链，便于教师查找与阅读。

　　流年似水，馨香遗怀。细流淙淙，一缕一条汇成汪洋之海；尘埃蒙蒙，一尘一土积成入云之山。期望我们"小语人"热爱语文，做有激情的追梦人，坚守语文人的情怀，坚守语文人的梦想，守住理念，执着追求，行己所爱，爱己所行，且行且思，且思且行，以满满的惬意一路踏歌前行！

熊　伟

2023 年 12 月

目 录

上 篇

<h1 style="text-align:center">下　篇</h1>

上　篇

第一章　阅读策略，让生命在阅读中绽放
——走进小学语文阅读策略单元

　　小学语文阅读策略单元是现行小学语文统编教材中的一个特殊单元，它以阅读为核心，旨在帮助学生掌握阅读策略，提高阅读理解能力和思维能力。从小学三年级到六年级，阅读策略单元编排了以下内容。

　　小学语文三年级上册预测单元，这个单元教学生如何预测文本内容及如何使用图文进行文本预测。小学语文四年级上册提问策略单元，这个单元教学生如何针对文本内容提出问题，并学习回答问题的方法。小学语文五年级上册提高阅读速度单元，这个单元旨在教学生如何习得快速阅读文本的方法，并运用这些方法理解文本内容。小学语文六年级上册有目的地阅读单元，这个单元教学生如何根据阅读目的选择阅读策略，并理解文本内容。

　　因每个单元都有具体的阅读策略和练习，帮助学生掌握这些策略并应用到实际的阅读中就十分有必要。对于阅读策略单元的编排，一般是遵循下面这些原则。

　　一是将"学阅读策略"与"用阅读策略学"相结合的原则。这个原则旨在提升学生的阅读素养，通过双线统一的方式，形成三位一体，系统建构整个阅读教学体系。

　　二是根据阅读目的的不同，选用合适的阅读方法。这个原则旨在帮助学生根据不同的阅读目的灵活选择恰当的阅读方法。

　　三是单元课文的选取关注内容是多样性的，同时结合学生的兴趣和认知水平，选择适合的阅读材料。

　　四是编排阅读策略单元时，注重训练学生的阅读技能和策略，同时也关注学生的情感体验和价值观培养。

　　五是注重阅读策略单元编排的整体性和连贯性，从易到难，逐步提高学生的阅读能力和素养。

　　六是注重阅读策略单元的编排与其他板块的协调性，如"快乐读书吧"和"阅读链接"等，以实现阅读教学的多元化和立体化。

　　总的来说，阅读策略单元的编排是以学生为本，注重阅读能力和素养的提升，同时关注学生的情感体验和价值观培养，并与其他板块协调配合，共同构建完整的阅读教学体系。

　　在统编教材中编排专门的阅读策略单元，是具有非常深远的意义的：

　　从学生的角度来看，首先，它强化了阅读策略的运用。阅读策略单元完全以阅读策略为

主线进行编排，可以帮助学生更好地理解和运用阅读策略，提高他们的阅读效率和能力。其次，它能提升学生阅读的主动性。在阅读策略单元中，学生需要主动参与阅读过程，运用自主、合作、探究的方式，积极主动地思考和解决问题，让他们成为阅读的主人。

从教师的角度来看，阅读策略的运用要求教师在关注学生阅读结果的同时，更需要关注学生阅读的过程及习得的阅读方法。这有助于教师更好地了解学生的阅读状态和需求，从而进行有针对性的教学。同时，阅读策略单元的编排不仅要关注学生"读懂了什么"，更要关注学生"怎么读懂的"，这对落实语文教学的方法习得与运用具有重要的意义。

从教材的角度来看，将阅读策略单元编排在教材的第二、第三、第四单元，体现了其基础性原则。同时，策略单元的起始能为学生今后的阅读奠定一个策略阅读的基础，体现了其过渡性原则。

广大一线教师对于阅读策略单元编排的使用反馈是非常积极的。以下是一线教师的一些反馈：

第一，更好地理解学生需求。阅读策略单元编排不仅要关注学生的阅读技能，还要关注学生的认知需求和情感需求。这使得教师能够更好地理解学生的阅读困难，从而为学生提供更有效的帮助和指导。

第二，教材内容丰富。阅读策略单元编排通常包含多种不同类型的阅读材料，包括散文、小说、说明文、议论文等多种体裁。这使学生能够接触不同的阅读风格和文体，从而更好地掌握各种阅读策略。

第三，教材难度适中。阅读策略单元编排通常是根据学生的实际情况进行设计的，这使学生能够在逐步提高阅读技能的同时，不会感到过于困难或挑战过大。

第四，促进自主学习。阅读策略单元编排能够促使学生进行自主探索和学习。学生可以在教师的指导下，通过自我反思和评估，逐步掌握适合自己的阅读策略，从而提高其自主学习的能力。

第五，提高阅读兴趣。阅读策略单元编排通常包含一些有趣的阅读材料，因此能够吸引学生的注意力，提高他们的阅读兴趣。同时，教师也可以通过组织小组讨论、角色扮演等活动让学生更好地理解和欣赏阅读材料。

第六，便于教学管理。阅读策略单元编排通常具有明确的教学目标和评估标准，这使教师能更加清晰地了解学生的学习进度和表现。同时，教师也可以根据实际情况灵活调整教学内容和方法，以更好地满足学生的学习需求。

从一线教师的反馈中不难看出，阅读策略单元的编排给广大一线教师提供了教学便利，对学生的阅读素养的培养是非常有好处的。但在实际教学过程中，阅读策略的单元教学也存在一些问题和不足。

首先，单元整体教学会受到传统单一课文教学模式的影响，有的教师在教授阅读策略单元时缺乏整体意识和全局观念，没有对各单元中的各因素进行联系及优化设计。这主要表现为忽视"篇章页"的教学，缺乏对整个单元的统筹规划。

其次，阅读策略单元的教学存在"阅读策略"知识本身系统性的问题。虽然教材在编排上采用了"精读""略读""课外阅读"三位一体的阅读体系，但在具体的教学实践中，不同教师对阅读策略的理解和教学水平差异较大，导致学生系统性的阅读策略知识难以形成。

再次，统编教材中高学段阅读板块按照教学生将"学阅读策略"与"用阅读策略学"相结合的原则，但在实际教学中，有的教师过于侧重"学阅读策略"的教学，而忽视了"用阅读策略学"的迁移运用。这导致学生的阅读素养虽然有所提升，但在实际运用中仍存在困难。

最后，对于阅读策略单元的教学评价也是一个需要关注的问题。目前，对于阅读策略单元的教学评价方式仍以传统的纸笔测试为主，而这种评价方式往往难以全面反映学生的阅读策略掌握情况和阅读素养的提升程度。

通过近两年的研究实践，我们认为小学语文阅读策略单元的教学可以按照以下的步骤来做，并将在随后的教学设计和研讨中予以呈现：

第一，确定单元主题和目标。在阅读策略单元中，要明确单元的主题和目标，如"学会预测"或"学习推理"。这些主题和目标将贯穿整个单元的学习。

第二，引导学生主动参与。阅读策略单元需要学生的积极参与，可以通过开展小组讨论、角色扮演、写作等活动来引导学生主动参与学习过程。

第三，教授阅读策略。在阅读策略单元中，要教授学生一些基本的阅读策略，如预测、推理、总结、质疑等。这些策略将有助于学生更好地理解文本内容，提高阅读效果。

第四，整合学科知识。阅读策略单元要整合其他学科的知识，如历史、科学、艺术等。通过将不同学科的知识融合到阅读中，可以帮助学生更好地理解文本背景和内涵。

第五，培养学生的思维能力。在阅读策略单元中，要注重培养学生的思维能力，例如分析、判断、推理、归纳等。这些能力将帮助学生更好地进行文本内容的理解，提高阅读效果。

第六，开展综合性学习活动。在阅读策略单元中，可以开展一些综合性学习活动，如制作手抄报、进行演讲等。这些活动将帮助学生巩固所学知识，提高综合素质。

总之，走进小学语文阅读策略单元需要引导学生主动参与学习过程，教授阅读策略，整合学科知识，培养学生的思维能力和开展综合性学习活动。这些步骤将帮助学生掌握阅读策略，提高阅读理解能力和思维能力。

第二章 边读边思，合理预测

——小学语文三年级上册预测策略单元

单元概览

　　本单元是阅读策略单元，是统编版小学语文教材首次增加以阅读策略（预测）为主线的单元内容。此类单元旨在指导学生习得一些基本的阅读策略，形成运用阅读策略的意识，成为积极的阅读者且能进行高效的阅读。

　　小学语文三年级上册四单元的内容是围绕"预测"这一阅读策略进行编排的，预测是一种在实际学习和生活中自然存在的心理。编排本单元的目的是引导学生将日常学习中无意识的、自然存在的阅读心理转变成一种有意识的、有针对性的、有目的地阅读策略，并能在阅读过程中运用该种方法不断地去进行主动预测。

　　单元教材解读：本单元安排了三篇课文，第一篇《总也倒不了的老屋》进行策略的展示与指引，在本单元中起着极强的示范性作用。第二篇《胡萝卜先生的长胡子》和第三篇《小狗学叫》是在《总也倒不了的老屋》一文的基础之上的具有练习性质的文章，引导学生在实践中综合运用本单元学到的策略。课后题与"交流平台"部分对本单元的策略进行了梳理、总结，并指导学生进行拓展、运用。本单元的内容对预测的策略做了有步骤、有层次、有梯度的安排，有通过文章的旁批提示学生可以根据题目、插图、生活经验、语言规律、文章留白以及文章内容里一些其他的线索进行预测的；有给学生留下了更多预测的空间和更多预测可能性的；文章和题目下方的学习助读提示，则是为了引起学生的关注，提醒他们一边阅读一边去预测故事的情节发展和结局，站在局部和整体的不同角度来展开预测；课后习题指出了预测与故事的发展结局之间存在的联系，并提示了预测的不同角度；语文园地中"交流平台"部分总结了预测的方法以及运用它进行阅读的好处和意义，与此同时，也提醒学生要在日常的阅读中自觉运用预测这一策略。

导读领航

单元教学整体规划

学习任务	学习目标	学习内容	学习任务	评价标准
通读识字学预测	1. 了解什么是"预测"，让学生初步感受预测的快乐。 2. 运用查字典的方法，自学生字词语，会认字，练习书写会写字，正确认读本单元词语，积累词语。 3. 大致了解预测的基本方法，能做简单预测。	1. 篇章页。 2.《总也倒不了的老屋》《胡萝卜先生的长胡子》《小狗学叫》三篇文章。	1. 默读三篇课文，自主学习本单元生字、词语。 2. 写好《总也倒不了的老屋》中的生字，并展示交流。 3. 师生合作学习《总也倒不了的老屋》，了解一些预测的方法：边读边根据题目、插图、上文内容、生活经验等进行预测。	1. 优秀：读准本单元所有生字；能写正确、写美观本单元中的生僻字；对阅读策略—预测感兴趣，并能总结预测方法。 2. 良好：能读准字、会认字，正确书写生僻字；对预测感兴趣，能总结一些预测的方法。 3. 合格：读准生僻字，大部分字都能正确书写，对预测感兴趣，能找到一点预测的方法。

单元导读课教学设计

【教学目标】

1. 认识"哺"等31个生字，读准"中"等5个多音字，会写"备"等13个生字，会写"睡觉"等13个词语。

2. 能一边读一边预测，知道预测有不同的角度，有一定的依据，能初步感受预测带来的乐趣和好处。

3. 能一边读一边预测《胡萝卜先生的长胡子》和《小狗学叫》两篇课文的结局。

【教学过程】

一、导入新课，检查预习

（一）从作者入手，导入新课（出示作家图片）

今天我们来认识三位作者，他们所带来的三篇文章和以往我们学习过的课文都不一样，想知道他们有什么不一样吗？让我们一起去一探究竟吧！

（二）检查三篇课文中生字词的掌握情况

第一板块：

准备　蜘蛛　墙壁　晒太阳　好饿

第二板块：

萝卜　沾到　果酱　发愁　晾晒

第三板块：

缺陷　讨厌　孤零零　发怒　陌生　滑稽　索性

（三）走进课文，感知主人公特点

第一，检查本单元课文中句子的掌握情况（出示课文片段，学生朗读）。

第一板块：

它的窗户变成了黑窟窿，门板也破了洞。

把老花的眼睛使劲往前凑。

老屋低头看看，墙壁吱吱呀呀地响。

好了，我到了倒下的时候了。

——《总也倒不了的老屋》

提示：这一部分的词句都是对谁的描写。

第二板块：

胡萝卜先生常常为胡子发愁，因为它长着浓密的胡子，必须天天刮。

——《胡萝卜先生的长胡子》

提示：读书的时候试着去猜想胡萝卜先生的长胡子到底是什么样的。

第三板块：

不会叫的狗是一只怎样的狗呢？它过着什么样的生活？

——《小狗学叫》

提示：试着去预测这只不会叫的狗遇到了哪些事情。

第二，自由浏览课文。

第三，小组交流，练习说清楚文章的主要内容，小组代表做交流汇报。关注旁批，初步感知预测的方法（由教师完成小结，请学生在文本相应处旁批依据）。

第四，由教师总结猜测与推想的方法。

课例示范

总也倒不了的老屋

◎**文本解读**

一、文本地位解读

《总也倒不了的老屋》是本阅读策略单元的第一篇文章，这个单元围绕"预测"这一阅读策略展开，还编排了《胡萝卜先生的长胡子》《小狗学叫》两篇课文。三篇课文皆以童话的形式出现，便于拉近学生和文本内容之间的距离，使学生能更快速地走进文本、理解文本。单元导读中语文要素指出："猜测与推想，使我们的阅读之旅充满了快乐。"人文主题则明确要求学生能做到一边读一边预测，能顺着故事情节去猜想；并学习预测的一些基本方法；尝试续编故事。《总也倒不了的老屋》是本阅读策略单元的第一篇文章，在理解"预测"这一概念和学习预测方法上发挥着举足轻重的作用，同时也将"批注"这一阅读策略渗透导入了。

二、文本内容解读

《总也倒不了的老屋》是一篇富有人情味儿的童话故事，它以日常所见为基础，再加以合理的想象讲述着老屋与小猫、老母鸡、小蜘蛛等动物之间的故事。它充满了爱与理解，也展现着人性的善良和光辉。作者用反复的手法推动着故事情节的发展，每次当老屋做好准备要倒下的时候，就会有一个动物前来寻求他的帮助。不管寻求帮助的理由为何，也不管他们的身份和来历，老屋都会尽自己所能，满足它们的心愿。

本课主要学习阅读策略中有关预测的一些方法，题目就是本文最明显的预测点。老屋已老，门板破洞，窗户有窟窿，一幅断壁残垣之倾颓模样，似乎经不起一点儿风吹雨打，可它却"总也倒不了"。课文题目一出现就带来了疑惑，激发了学生的好奇心，也提供了丰富的预测空间。它那么老了为什么不倒？是什么原因让它不倒下的？一系列的疑惑或许在初读课文题目时就已出现，这也提供了预测的一个根据。

故事情节的反复出现及相同的情节发展又在无形之中告诉学生预测的方法。除了可以借助课文题目，还可以联系上文或者自己的生活及阅读经验进行预测。在对老屋的刻画中反复出现的语言描写、动作描写和心理描写等极具相似性，可仔细阅读又能发现不同的变数和状况，这也为学生预测的多样性提供了更充足的依据。

课文中的两幅插图也在帮助学生便于对故事情节发展进行预测。从第一幅图可以看出老屋所在之处没有其他的建筑，也没有比较茂盛的植被，整体给人一种落寞、凄凉之感。但老屋是和蔼、慈祥的，引导学生预测老屋是否会答应小动物们的请求，并找到相关依据。第二幅图显示的是蜘蛛在老屋内捉虫、织网、讲故事的情形。房梁上倒垂的蜘蛛似乎在暗示他们相互陪伴的结局，又好像在张望新出现的伙伴，总是能给人最直观的感受和最强烈的暗示，所以借助插图，仔细观察也是预测故事情节发展的一个重要依据。

课文中还多次出现了丰富的旁批，包括记载式、心得式、摘要式、评注式等。它们不仅能牵引学生的预测方向，也在验证学生的预测依据，更能帮助学生掌握主动预测的方法。"不动笔墨不读书"就是对一边读书一边做有利于预测故事发展的总结。

课文的最后一段写了，小蜘蛛的故事一直没讲完，因此，老屋到现在还站在那儿，边晒太阳，边听小蜘蛛讲故事。虽不是开放式的结尾，但也激起了学生续编故事的兴趣。"小蜘蛛的故事有多长，什么时候才会讲完呢？""还会不会又有别的小动物来寻求帮助呢？""如果时间太久了，老屋的墙体坍塌了怎么办呢？"等一系列延展，让学生有了很好的范本去学以致用。

三、文本语言解读

课文题目新奇，给人以极强的心理冲击，"总也倒不了"与"老屋"之间形成的语言张力和逻辑矛盾为学生提供了丰富的想象空间和预测可能。"老屋"为什么"总也倒不了"？究竟发生了什么？文中各局部情节的相似性为学生预测故事的展开提供了方法上的指引，接下来的情节起伏会不会和前文一样，还是有新的变化？文中对老屋和小动物之间的神态、语言、动作等细节的描写原本就具有极大的相似性，在为学生预测提供方向的同时，也在不断验证学生预测依据的可行性。比如，那个总也倒不了的老屋反复在说"我到了倒下的时候了"，接下来的故事情节里会不会依旧重复这句话呢？又如，总是有小动物来请求老屋的帮助，小动物的离开、出现会不会有停止的那一天呢？但故事的结尾却没有给出明确的答复，这也为阅读和预测增添了乐趣和更多的方向。课文中一共有七处旁批，都是根据读者真实出现的阅读心理所做的预测，能让学生明白在什么地方、依据什么内容进行预测。

四、文本结构解读

文本结构解读是教师有效教学的源头，教学中关注文本结构更有利于帮助学生理清文本的写作思路，从整体上把握文本内容之间、段落结构和层次之间的联系。

本文共有十七个自然段，除对题目的旁批之外，随文批注六次。第一自然段交代了老屋的具体情况，点明了老屋要倒下的外在原因。第二自然段通过语言描写表现了老屋要倒下的内在原因。而自第三自然段开始，小猫的到来却打破了原本意料中老屋要倒下的结局。旁批写道：图中的老屋看上去那么慈祥，它应该会答应吧！这是文章中针对插图而有的第一处随文旁批，旨在引导学生通过联系上文、关注插图对文章预测。从第三自然段到第十自然段，描写了小猫等三个小动物与老屋之间的故事，每个部分都是老屋准备好要倒下的时候，小动物就会出现并请求老屋不要倒下，接着由它们陈述请求理由，老屋都答应了他们的请求，小动物们都得到了老屋的帮助，满足了各自的心愿。故事发展仿佛在读者的意料之外，又似乎在情理之中，可展开想象与推测的点实在太多了。不停地猜想和修正，也是不断习得阅读策略的过程，这给学生提供了更多的猜想和推测空间，让他们在习得阅读策略的同时，能够运用所学对故事进行续写。

五、文本情志解读

助人为乐和善良都是文中老屋形象的代名词。作家慈琪在构思写作《总也倒不了的老屋》的时候，或许被很多生活中的老人找不到自己用处的茫然触动，带着同情写下这个故事。从情节上看，是老屋在帮助小动物。而从文章的预测发展上看，又有小动物对老屋更深层的安慰。或许文中的老屋就是我们身边的老人，它不想孤独地淹没在尘埃里，它期待着自己被需要，期待有人请它帮忙，或许这才是它总不想倒下的原因。作者希望通过解读本文情志这一方式将助人为乐和善良等传达给孩子，这个故事才算是真正有意义了。

六、文本教学化解读

本单元是阅读策略单元，《总也倒不了的老屋》是本单元的基础，侧重阅读策略的展示和指导。如何引导学生将这种无意识的、自然存在的阅读心理转变成一种有意识的、有针对性的、有目的性的阅读策略，并能在阅读过程中不断主动地进行预测，是本单元的教学难点。

预测只有在初次接触阅读材料时才会真正发生，学生早在教师教学之前就会阅读，并在一定程度上知晓了故事的情节发展，那么在课堂上让学生根据内容的发展进行预测就失去了课堂的真实性，如果为预测而预测会使得这节课的学习没有意义。笔者反复思索过后，结合在网上查阅的一些材料，以课文中老屋的形象为引导，指导学生读懂基本情节。可结合其他故事，让学生体验预测的乐趣。

胡萝卜先生的长胡子

◎ **文本解读**

一、文本顺序解读

《胡萝卜先生的长胡子》是本阅读策略单元的第二篇童话故事。本单元围绕"预测"

这一阅读策略进行编排，引导学生在阅读过程中不断利用所习得的阅读策略去主动地进行预测。前文是阅读策略的展示和指导，而本文则是对习得的阅读策略方法进行有意识运用的初试阶段。

二、文本内容解读

《胡萝卜先生的长胡子》主要写了胡萝卜先生的一根胡子得到了果酱的营养后不断变长，后来被放风筝的小男孩扯来当作风筝线、被勤劳的鸟太太当作晾衣绳的故事。胡萝卜先生的长胡子疯狂地生长，给他带来了很多的不便，让他很烦恼，可是却给其他人或动物带来了很多便利，而这一切都源于胡萝卜先生的近视。因为近视，漏刮了一根胡子；因为近视，它没有发现胡子疯狂的生长态势；也因为近视，故事才充满了神奇色彩。课文的开放式结尾给读者留下了思考，让读者的想象力被无限激发，也使得故事的神秘性和发展性更加丰富多彩。

胡萝卜先生的长胡子还会引发一系列有趣的情节：被其他人或动物玩耍、当作工具，甚至在风中不停地飘动，不停地生长，这些情节都会令故事更加有趣和引人注目。反之，胡萝卜先生的长胡子还有可能会遭遇一些困难和挑战：长胡子可能会被缠绕在树枝上让胡萝卜先生无法前行，或者在胡萝卜先生行走时妨碍其视线。这样的话，他需要找到解决的办法。故事会怎样发展呢？运用所学的预测方法去推测故事情节的发展也会让孩子的想象无限地生长。

三、文本语言解读

《胡萝卜先生的长胡子》一文生动的描写和形象的比喻，使得胡萝卜先生那疯狂变长的胡子更显栩栩如生。例如，"这绳子够长了，就是不知道够不够牢固"一处，仿佛我们都看到了小男孩拉扯长胡子的景象，最后小男孩把胡萝卜先生的长胡子剪下充当风筝线。这样的描写让读者能够清晰地想象出胡萝卜先生的长胡子的样子。拟人的修辞手法让故事中的胡萝卜先生和其他动物朋友都被赋予了人类的特点和行为。让角色更加可爱，更加接近读者，增加了读者对故事中人物的情感共鸣。总的来说，《胡萝卜先生的长胡子》的语言特色主要体现在形象生动、幽默诙谐、简洁明了和拟人化等方面。这些特点使得故事更加生动有趣，吸引读者的注意力，并且有助于读者更好地理解和体验故事中的情节和情感。

四、文本结构解读

故事一开始，便介绍了胡萝卜先生的长胡子"浓密"的特点和给他带来的烦恼。从故事的发展中我们可以看出胡萝卜先生因为"近视"而漏刮的胡子在不停地生长，故事的发展是"长胡子"碰到了放风筝的小男孩、晾衣服的鸟太太发生的事。还会遇到谁呢？故事写到此处戛然而止，为学生留下了充足的想象空间和不受限制的预测方向，教师可以要求学生预测此后会发生的事情，充分挖掘学生的多维思想，使其能够更大胆地预测故事情节的发展走向，并将其整理为"续写"。与《总也倒不了的老屋》一文相比，《胡萝卜先生的长胡子》一文具有练习性质，在前文的学习基础上，侧重于引导学生在实践中综合运用本单元所学到的阅读策略。

五、文本情志解读

《胡萝卜先生的长胡子》没有固定的结尾，留下的只有想象，重在"练习预测"。这也在提醒执教者针对预测、针对阅读策略单元的教学，不仅要引导学生理解课文的内容，还要引导学生关注在理解课文内容时的思考过程，并将习得的预测方法迁移运用到不同的情景或文本中。比如，教师在教学中可以引导学生关注《胡萝卜先生的长胡子》的课后练习题："读读下面这些文章或书的题目，猜猜里面可能写了些什么?"思考这道练习题是怎么完成的，自己的预测跟文本中的故事内容有哪些相同或不同之处，预测的线索是什么，建立学生已知与未知内容之间的联系。同时，结合《胡萝卜先生的长胡子》课后习题梳理总结预测的好处和方法，鼓励学生在阅读中要大胆猜测和推想，再度强化学生边阅读边预测的意识和习惯。

六、文本教学化解读

在学习了《总也倒不了的老屋》一文后，学生已经能够明确如何展开预测，如何在解决问题的过程中形成对文本的理解。在阅读的初始阶段，教师可以要求学生群体阅读文本的主题，围绕课文主题针对性地提出问题。学生在主观能动性的指引下能够提出"胡萝卜先生的长胡子还会有怎样的遭遇"等问题，在此类问题的深度引导下，学生可以通过将阅读和批注相结合的方式，获取自己想要的答案。在学习的过程中，学生可能会发现各种新问题，因此需要再次做出批注，同时予以有效记录。在此后的教学活动中，教师可以将时间全权交给学生，帮助学生在集思广益的过程中收获问题的答案，帮助学生掌握有效的阅读方法，同时促进学生阅读意识和阅读思想的成长，帮助学生热爱阅读、喜欢阅读、深入阅读，获得开心快乐的学习体验。

小狗学叫

◎ 文本解读

一、文本地位解读

《小狗学叫》是本单元的最后一篇课文，是对预测方法进一步的运用，《总也倒不了的老屋》教会了学生通过关注旁批、题目、插图、语言规律等线索进行预测，旨在培养学生预测的意识，提升预测的能力。《小狗学叫》与前文不同，它是一篇不完整的故事，留给学生更多预测的空间，课文罗列出了三种不同的预测思路，实则是为了强调学生自主的阅读实践，同时通过同桌、小组的讨论、比较和交流等方式，实实在在地掌握"预测"有关的阅读策略，进而感受阅读时预测带来的趣味，体验阅读时运用阅读策略带来的快乐。

二、文本内容解读

课文讲述一条不会叫的小狗的奇特经历，因它不会像其他狗一样的"汪汪"叫，因此受到别人的嘲笑、嫌弃。在小公鸡的主动帮助下小狗开始学习"喔喔"叫，勤加练习终于学会了，却引来了狐狸的嘲笑；后来又向同情它的杜鹃学习"咕咕"叫，却差点被猎人击中。这两次误入歧途的经历颇为曲折，也会引发读者心中对小狗"命运多舛"的预测。比如小狗能不能学会喔喔叫，可能会出现不同的预测方向：可能学不会，因为现实生活中小狗和小公鸡的叫声本就不一样；可能学得会，因为童话故事里什么都可能发生。与前面两篇课文相似，本文也用反复手法推动故事情节发展，为预测提供了相对清晰的依据。课文可能有三种结局：小狗学会了母牛的"哞哞"叫，表现了学习语言的天赋，学生可以根据课文中的线索展开预测；小狗随农夫回家看守鸡舍，这一结局与现实相符合，学生可以根据生活经验展开预测；小狗终于学会了"汪汪"叫，终于找到了自己该有的样子。学生对每一种结局的预测都可能会与原文不同，增加了预测的趣味，同时，也意味着可以有第四种、第五种甚至更多的结局，即学生可以做出更为大胆的预测。课文前面的学习提示也意在此：不仅要让学生就故事内容的一些线索展开预测，还要引导学生关注故事情节的发展走向，从而预测故事的结局。

三、文本语言解读

《小狗学叫》有着丰富的想象力，描写了奇特的场景、角色和情节，语言简洁活泼，对小学三年级的学生而言，易于理解和吸收。文中的小狗不管是学习小公鸡"喔喔"叫，还是学习杜鹃"咕咕"叫，都是丰富想象的产物。文中富有童真的语言及反复出现的句型、情节或角色，增强了故事的节奏感和记忆性，这些特点更有利于吸引学生的注意力和共鸣，从而提升其阅读体验。

四、文本结构解读

本文一开始即介绍了小狗的基本情况：它是一只不会叫的狗。接着，描述了小狗数次学叫的经历，在多次尝试失败后，并没有给出一个特定的结局！而是罗列了三种可能，既有基于生活经验的猜想，又有童话故事里奇特的境遇，学生可以做出大胆的预测，本文童话的不确定结局也增加了情节的紧凑性和悬念感，使读者更加关注和期待小狗是否能够成功学会属于它的叫声。

五、文本情志解读

教学中要引导学生大胆表述预测的内容，并说明预测的依据，尤其要关注预测的内容与依据之间的关联性，不要轻易否定学生预测的内容，而是要帮助和引导学生找到更合理的依据，激发其预测的积极性。在此过程中，教师要引导学生学会倾听他人的预测，辨别他人预测的内容与依据之间的关联性，并提出自己的观点和理由。教师出示原文结局也可以有多种形式，可采用逐一出示、分组出示、整体出示等方式，要根据教学实际灵活选择，要引导学生比较原文结局与自己预测内容之间的异同，鼓励其依据适切的理由，并不断调整预测，甚至做出具有创造性的预测，从而感受预测的乐趣。

六、文本教学化解读

基于对前两篇课文的学习，在学习本课时就要结合课后习题提示学生不仅要预测故事的结局，还要注意预测的依据，跟同学交流并将预测的结局与原文的结局进行比较。首先，教师引导学生明白预测要有依据，鼓励学生在阅读时敢于预测、善于预测；其次，教师要让学生学会倾听他人的预测，思考、辨别他人的预测是否合理；最后，教师应着重引导学生依据自己的生活经验自选课外书，并进行阅读策略的拓展练习，学会预测故事的情节发展。课文中配有两幅插图，第一幅是小狗有模有样向小公鸡学习"喔喔"叫的情景，第二幅是小狗学会"汪汪"叫的情景。关注插图，可以激发起学生运用习得的阅读策略，同时将这两幅插图中小狗的动作、神态描写进行对比，也有助于引导学生去预测小狗的心理变化，教师要引导学生有意识地运用阅读策略。

◎教学设计

第一课时

【教学目标】

1. 会认本课"讨、厌"等16个生字，读准"吗"等3个多音字，掌握生字并理解其组成的词语，积累字词。

2. 能一边读一边预测小狗的经历，关注小狗的动作、心理等，并感受边阅读边预测的乐趣。

【教学重难点】

教学重点：学会文中的生字新词，流利地朗读课文；学习通过描写人物的神态、动作等来表现人物品质的方法；使学生懂得不迷失自我的道理。

教学难点：分角色朗读课文，揣摩人物心理；引领学生续编故事或创编故事。

【教学过程】

一、认识"不会叫的狗"

（一）谈谈生活中的狗

师：狗是人类最亲近的动物朋友，请说说你对狗有哪些了解。

引导学生从外形习性等方面说一说对狗的认识，着重引导学生关注狗的叫声。出示"汪汪"，让学生模仿小狗的叫声，平静地叫一叫，高兴地叫一叫，悲伤地叫一叫。

（二）揭示课题

师：让学生预测一下，小狗为什么不会叫，说一说理由。

师提问并引导：不会叫的狗会是怎样的？外形习性等方面会有怎样的特点？尤其是心情会有什么不同？

（三）学生读第一自然段至第九自然段

师：你有没有得到答案？这是一只怎样的小狗？

随机认读"厌恶""发怒""批评"等生字词。

（四）学生大胆预测

接下来将发生什么？理由又是什么？

预测一：小狗被批评了，但还是继续努力学叫。

预测二：小狗被批评而放弃了学叫。

（设计意图：引导学生从生活经验中梳理对狗的感性认识，凸显狗叫的特点与文中不会叫的狗之间的巨大反差，从而引发学生的阅读期待，激发预测的兴趣）

二、自读课文，预测故事

（一）学生自读课文

一边读一边预测：接下来会发生什么？利用旁批简要写下预测的内容。教师提醒学生：记得要根据后面的内容及时修正自己的预测。

（二）小组合作，整理填表

填写预测的内容和依据，倾听、讨论小组其他同学的预测和依据。

（三）选择典型案例全班讨论

为什么这样预测？这样的预测有道理吗？

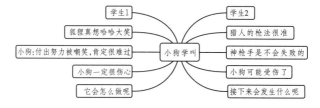

（四）回顾情节

学生交流，课文究竟写了些什么？与你之前的预测一致吗？教师书写本文的框架（小公鸡　狐狸　杜鹃　猎人）。

（设计意图：引导学生辨析预测的依据）

三、合理预测故事的结局

师提问："狗跑啊，跑啊……"结果会怎么样呢？

（一）选择典型案例全班讨论

你预测的故事结局会是怎么样的？为什么会这样想？这样的预测有道理吗？

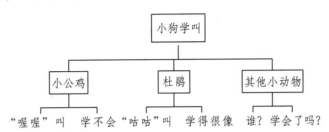

（二）出示课文中三种不完整的结局

师提问：你觉得最有可能发生的结局是哪一个？你能根据提示展开合理预测，把这个结局补充完整，并说明你的理由吗？（选择其中一种结局预测）

（1）小组合作，交流预测的内容和理由。

（2）小组讨论，推荐一位预测最为合理的同学在全班交流。

（三）全班依次交流三种结局

以第一种结局为例，预测如下：

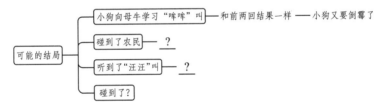

一位学生讲述预测内容和预测的依据，另一位学生补充预测内容和预测的依据，出示原文，比较相同和不同之处。

四、小结拓展

由教师完成小结：预测不是胡思乱想，是根据题目、插图、故事内容里的线索，结合生活经验和常识等做出的合理推测。

拓展：选择一个同学不熟悉的故事读给同学听，一边读一边请同学预测故事。接下来会发生什么？（可布置作业）

第二课时

【教学目标】

1. 能正确、流利、有感情地朗读课文；展开充分的想象，提高语言表达和想象力。

2. 能大胆想象，续编、创编故事。

【教学重难点】

教学重点：学习通过描写人物的神态、动作等来表现人物品质的方法；懂得不迷失自我的重要性。

教学难点：分角色朗读中，揣摩人物心理，品析人物形象，提高语言感受力；引领学生续编故事或创编故事。

【教学过程】

一、回顾所学，分享故事

小组合作：跟同学分享"不熟悉"的故事，一边读一边请同学说出自己的预测故事，并不断修正。

班级展示：推荐小组内最为合理的推测在全班分享续编的故事。

二、识记生字词，并练习掌握

学习"发怒、批评、访问、中弹"等词语，并完成造句。

学习并掌握"弹"的不同读音和用法。

生字词练习并听写。

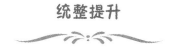

统整提升

单元总结课

【教学目标】

1. 交流"预测"的作用，知道在课外阅读中要自觉运用预测策略。

2. 通过交流，提升自己"预测"的能力。

【教学重难点】

教学重点：阅读童话故事，学会预测故事情节，续编故事。

教学难点：能回顾所学，交流一边读一边预测带来的阅读收获和成就感。读懂课文内容，了解故事背后蕴藏的道理。

【教学过程】

一、结合"交流平台"部分，回顾预测

请学生回忆本单元的课文内容，自由交流学习这些课文的体会和收获，围绕"预测"这一主题进行交流，根据学生的回答，教师相机总结板书（"预测"可以更好地理解文章的意图，可以让我们读书读得更仔细，可以享受猜测的乐趣，可以判断自己是否有当童话作家的潜质……）。

二、复习本单元学习内容

（一）生字、词语

学生认读，抽查听写。

（二）课文复习

1.《总也倒不了的老屋》

易错字音、字形：暴晒　墙壁　准备

本文主题：通过写老屋对小猫、老母鸡和蜘蛛的帮助，描绘了一个乐于助人、善良的老屋。

2.《胡萝卜先生的长胡子》

易错字音、字形：发愁　晾晒　沾到　匆匆忙忙

本文主题：描写胡萝卜先生的长胡子让它烦恼但却帮助了很多有需要的人的故事，进而让学生预测接下来会发生什么事情。

3.《小狗学叫》

易错字音、字形：批评　压根　幸好　孤零零　百发百中　哗哗　略略　咕咕　砰砰　汪汪

本文主题：通过描写小狗向小公鸡、杜鹃学叫，让学生根据课文出示的三种结局进行猜想续写。

三、阅读文段，完成下面习题

狗跑啊，跑啊，突然停住了。它听见一种奇怪的叫声。"汪汪，汪汪……""这叫声像在对我说什么，"狗想道："尽管我搞不清这是什么动物在叫。"

"汪，汪……"

（1）这条小狗不明白是什么动物在叫，你知道吗？这是＿＿＿＿＿叫。

（2）你想象一下，这会是一种什么结局，说说你的理由。

（设计意图：让学生能回顾所学，交流一边读一边预测带来的阅读新体验。同时学会倾听和判断，能读懂他人的作品内容，了解故事背后蕴藏的道理）

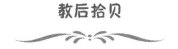

教后拾贝

统编版小学语文教材三年级第四单元的教学安排让笔者了解了一个全新的阅读策略——预测。什么是预测？预测就是读者根据线索去猜测内容。例如，通过题目、插

图、生活经验、文章留白及文本中的其他线索预测文本的主要内容；通过阅读文本前面的内容，理解预测后面故事的发展情节；根据学生已有的相关知识和生活经验预测。对故事的情节发展走向、人物命运变化、作者的情感态度进行预测。

预测的教学过程似乎没有那么顺理成章，因为学生一旦识了字或者能够借助拼音阅读，在阅读过程中，预测的行为就已经发生了。小学语文二年级学过的《雪孩子》《蜘蛛开店》等课文也是在教学生编故事，即是一种预测。有了先前的基础，小学语文三年级课文的预测教学又需要去做什么呢？笔者认为是对预测策略进行示范与指导，重在教会学生利用多种形式进行预测，如关注旁批、课文题目、图片、前文内容、生活经验、电视电影中的故事情节等，同时也是在教会学生明白预测应有理有据。教师引导学生比较自己预测的故事与文章内容的异同，使学生在交流讨论中明白，不管预测的结果如何，都应有依据，同时还要懂得当预测与实际发展不一致时，要调整思路、及时修正并继续预测的基本方法。

那么，预测阅读策略单元的教学应注意什么呢？第一，要树立整体教学观。教师在教学时要从整体入手，了解内容之间的关联性，整体把握好单元各文本的价值。第二，要注意教学目标的层层推进。阅读策略单元中的前一篇课文是学习后一篇课文的前提与基础。第三，加强阅读策略的迁移运用。教学时不仅要指导学生理解课文内容，还要引导学生关注理解课文内容时的思考过程，并将获得的预测的基本方法迁移运用到不同的情景或文本中。

第三章　提之有道，问之有效

——小学语文四年级上册提问策略单元

单元概览

一、单元分析

小学语文四年级上册第二单元是提问策略单元，是继预测策略单元之后的第二个阅读策略单元。整个单元旨在培养学生的问题意识，教会学生学会有效提问，提高阅读能力。本单元的语文要素"阅读时尝试从不同角度去思考，提出自己的问题""写一个人，注意把印象最深的地方写出来"。每个阅读策略单元为阅读策略的学习提供了有层次的教学资源："单元导语"部分会激发学生学习兴趣，"精读课文"部分会指导学生感知、了解、逐步学习"关键能力"的具体策略，"略读课文"部分会引导学生独立阅读、综合应用阅读策略，"交流平台"部分会引导学生分享学习心得、引导学习习惯形成。学生经历了"规则辨认—尝试应用—独立应用—规则总结"的认知发展过程，是非常符合学生认知规律的。

从课程内容上看，这个单元属于"实用性阅读与交流"和"思辨性阅读与表达"两个学习任务群。从提问策略的学习和运用来看，主要是为了落实"思辨性阅读与表达"学习任务群的相关要求；从选文性质来看，后三篇选文都是"实用性阅读与交流"学习任务群所指向的学习内容。

二、解读单元教材

本单元的语文要素强调了本单元的核心目标是"从不同角度去思考，提出自己的问题"。本单元由三篇精读课文和一篇略读课文组成。前三篇精读课文具有示范和指导作用，略读课文重在让学生综合运用提问方法，尝试解决问题。四篇课文的内在联系紧密，按"从全文和部分内容提问—从不同角度提问—学会筛选问题—迁移运用"的顺序推进提问方法的学习，训练目标层层递进。本单元的阅读提示、随文旁批、问题清单、课文插图等教学资源和课文共同组成一个系统，从不同角度和方面提示，指导学生学习提问方法，为学生掌握提问策略提供了有力支撑。

《一个豆荚里的五粒豆》是一篇童话故事，其中的人物形象丰富，故事情节奇妙，易于激发学生浓厚的阅读兴趣。文中五粒豆有不同命运，第五粒豆子的命运和生病小女孩之间的联系较易于引发学生提问。作为本单元的首篇课文，它对于激发学生的提问意识及学习针对课文的一部分和全文提问都有重要的意义。《夜间飞行的秘密》《呼风唤雨的世纪》是两篇说明文，相较于《一个豆荚里的五粒豆》来说，内容比较枯燥乏味，以提问作为任务驱动更有助于学生阅读课文，有利于调动学生的积极性，让他们运用提问策略带来阅读乐趣。散文《蝴蝶的家》以"蝴蝶的家到底在哪里"为行为线索，全文对于这一问题始终悬而未答。学生在读文时会不自觉讨论这一问题，并寻找答案，经过这一有趣的阅读历程，从而实现"运用提问方法，尝试自主阅读并解决问题"的目标。

三、教学建议

（一）从学生核心素养提升的角度认识提问的价值

策略单元和普通单元的目标存在着差异，教学中我们要从普通单元识字写字、理解内容、体会思想情感、有感情地朗读等活动中解放出来，教学过程中教师的首要工作是打开学生的思路，把"提问"作为手段而不是作为目标，引导学生积极动脑，培养他们敢于提问的意识和善于提问的能力，从而提升学生的语文核心素养。

（二）从真实的语文实践活动中提出问题

问题的提出源于学生的思考探究和真实意愿，而不是为提问而提问。例如，从认知常识来看，囚犯没有人身自由，谁做囚犯都不会开心；脏水沟又脏又臭，谁掉进去都会觉得倒霉。可是《一个豆荚里的五粒豆》中，被青苔包裹得像"一个囚犯"的豌豆，却长得很好；掉到脏水沟里的那一粒豌豆，居然认为自己是"最了不起的"。这样的认知冲突，必然会引发学生的阅读兴趣。

（三）梳理问题产生的形式，明确提问的步骤

"提问"的阅读策略就是教会学生怎么提问。问题产生的形式有三种：直接性问题——能从文中直接找出答案；间接性问题——通过对文章内容进行解释找到答案；创造性问题——通过与自己的知识、生活经验或背景相联系来回答。

教师在进行教学设计时，可将所有问题进行分类：课文内容、课文写法、生活经验，让学生筛选有价值的问题，从而教给学生"提问"步骤，如提出问题—梳理问题—筛选问题等。

导读领航

单元导读课要求教师着眼于单元整体，引导学生对本单元进行整体感知。

本单元的单元导语为：为学患无疑，疑则有进。这句话揭示了本单元的主要教学内容——提问策略。针对这一内容，教材安排了两点语文要素：一是阅读时尝试从不同角度去思考，提出自己的问题；二是写一个人，注意把印象最深的地方写出来。笔者把单元导读课的大任务确定为：不问不知，通过学习活动明确本单元学什么、怎么学，激发学生学习的兴趣，并在真实的语文实践活动中运用所学。

【教学目标】

1. 明确本单元人文主题和语文要素。

2. 在真实的语文实践活动中明确学什么、怎么学。

3. 积累关于提问的名言，明白提问的重要性，激发学习兴趣，为整个单元学习做好铺垫。

【教学过程】

一、不问不知

活动：读读再问问

（设计意图：通过有趣的闯关游戏带领学生初步了解单元内容并学习有关提问的名言，读读再问问，在自然轻松的氛围中理解并积累，使学生明白学习时要善于提问，感知提问的价值，鼓励学生通过制作卡片和书签的方式，赠送好友或放在自己经常能看到的地方，激励自己和他人养成勤学好问的习惯）

二、闯关活动

（一）导入闯关游戏，激发提问兴趣

同学们"为学患无疑，疑则有进"，在我们即将学习的第二单元的课文中，问号老师将带领我们体验提问的快乐。接下来让我们跟着问号老师一起完成"夺宝游戏"，好吗？

（二）第一关：信息搜搜搜

同学们，平时我们学习一个单元的课文之前，都要先看目录和单元导语。因为它们可以告诉我们许许多多的信息！读一读，说说你得到哪些信息呢？

预设一：这个单元是教我们如何从不同角度思考，提出自己的问题。

预设二：写一个人要把印象最深的部分写出来。

由教师完成小结：通过大家的交流，我们知道了本单元要学习的内容。

板书：学什么

大家读读题目，你对哪篇课文产生了好奇心？心中又会有哪些疑问呢？

预设一：我对《蝙蝠和雷达》一文很好奇，我想知道仿生学和我们的生活有什么关联……

由教师完成小结：同学们的交流让我们知道了应如何学。

板书：怎么学

（三）第二关：读准名言、你问我答

教师出示四句古文，并提出朗读要求：像古人一样读得既正确又有节奏韵味，在小组内练习。

第一，理解古人说的话，看看哪个组预习最充分，是问不倒的小古人。在回答他人的问题时，说说自己是怎么预习的。

好问则裕，自用则小（遇到疑难就向别人请教，学识就会渊博精深）。

博学之，审问之，慎思之，明辨之，笃行之（要博学多才，就要对学问详细地询问，彻底搞懂，要慎重地思考，要明白地辨别，要切实地力行）。

智能之士，不学不成，不问不知（即便是聪明智慧的人，也是不学习就不会懂得，不求教就不会明白的）。

人非生而知之者，孰能无惑（人不是生下来就懂得道理的，谁能没有疑惑）？

由教师完成小结：大家在一问一答之中，既明白了这些句子的意思，又知道了不同的预习方法，顺利闯过了第二关。再读句子，尝试记住这些句子的意思。

第二，指导学生通过其他角度来对这些句子提问。

这四句古文有什么规律吗？

（预设：它们都是关于提问的句子，都是鼓励我们提问的句子。这些句子贯穿历史的岁月长河，却依然熠熠生辉，可见提问的重要性。）

第三，让学生说说类似的句子。

一起读一读拓展的有关提问的名言：

知而好学，然后能才。

敏而好学，不耻下问。

知不足者好学，耻下问者自满。

读书好问，一问不得，不妨再问。

由教师完成小结：通过提问的方式了解这四句名言的意思和规律，甚至拓展了新的有关提问的古文句子，这都是提问的作用啊！可见平时多提问、善提问的作用，要真正做到不懂就问。

（四）第三关：能运用

要求学生选择将以下名言补充完整。

（1）人有疑惑很正常，就像韩愈所说："_____，_____。"

（2）"_____，_____。"出自《尚书》，意思是遇到疑难就向别人请教，学识就会渊博精深，而自认什么都懂，学识就会浅薄。

（五）第四关：巧手秀

要求学生试着做做小书签，写上自己喜欢的有关提问的名言，还可配上图画，制成小书签，送给自己或朋友，书签制作参考样式如下。

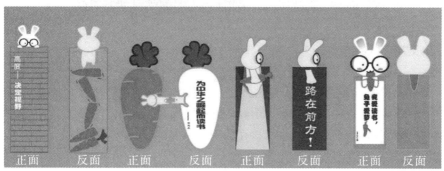

（六）评选"夺宝游戏"优胜小组

首先，在"夺宝游戏"的过程中，教师通过提问的方式，让学生了解了这四句古文的意思和规律，甚至拓展了新的有关提问的古文句子，也做到了学以致用。希望大家制作的小书签能时时陪伴大家的学习和生活，激励自己养成勤学好问的习惯。有请问号老师评出今天的"好问小博士组""勤学小硕士组""团结小学士组"。

其次，为优胜小组颁奖。

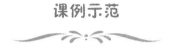

课例示范

一个豆荚里的五粒豆

◎ 文本解读

一、文本地位解读

《一个豆荚里的五粒豆》是小学语文四年级上册阅读策略单元的第一篇精读课文。本单元的主题是"为学患无疑，疑则有进"。阅读时应该尝试从不同角度思考，并提出自己的疑问。《一个豆荚里的五粒豆》的主要教学任务是从局部和整体两个方面提出疑问。作为本单元的首篇课文，教师需要通过激励手段来激发学生的提问兴趣，并赞赏他们提出的不同问题。同时，教师还可以采用小组协作的方式进行教学。

二、文本内容解读

《一个豆荚里的五粒豆》是丹麦作家安徒生创作的一则童话故事，描述了五粒豌豆从豆荚中飞出后，各自在广阔的世界中经历的独特命运。其中，故事重点讲述了第五粒豆子与一个小女孩之间的故事。小女孩在医院病床上逐渐恢复健康，就像豌豆找到了适宜扎根的土壤一样，逐渐发芽、绽放。

三、文本语言解读

《一个豆荚里的五粒豆》是安徒生从自己童年经历中获得的灵感，他以儿童的视角和诗人的笔触，通过丰富的想象和夸张的叙述，讲述了关于生命旅程的故事，全文采用了拟人的修辞手法，语言十分生动活泼。

四、文本结构解读

《一个豆荚里的五粒豆》是根据总分总的结构来撰写的，可以划分为三个部分。第一部分（第1~12自然段）描写了豆荚里的五粒豆子的梦想，第二部分（第13~21自然段）讲述了第五粒豆子的奇特经历。第三部分（第22~24自然段）交代了其他豌豆的命运以及作者对不同生活态度的看法。

五、文本情志解读

安徒生的童话陪伴着我们度过了最美好的幼年时光。他在笔记中回忆道：这个故事是我小时候的记忆，我有一个小木箱子，里面装着一点泥土，我在里面种了一根葱和一粒豆子，结果就是我拥有了一个花朵盛开的花园。这就是《一个豆荚里的五粒豆》的灵感来源。豆荚和豌豆都是青色的，因此豌豆认为整个世界都是青色的。当豆荚变成了黄色，豌豆也变成了黄色，豌豆就以为整个世界都变成了黄色。这个时候的豌豆是以自我为中心的意识，是局限的。五粒豌豆的经历展开后，就开始了一场关于生命的旅程。作者将最后一粒豌豆的生命与一个患病的小女孩联系在一起，通过一个温暖的故事告诉我们：生命中是有奇迹的。

六、文本教学化解读

根据单元"语文要素"和教材编写的梯度和层次，这篇课文的教学内容聚焦在两个方面：其一，引导学生积极大胆提问，培养提问兴趣。教学时，可让学生充分自由地阅读课文，边读边思边问，教师鼓励学生大胆提问并记录问题。其二，仿照课后问题清单，整理问题，发现提问角度。针对全文提问是一个难点，这部分可通过小组交流汇报，总结出关于针对整体提问的策略，然后在同学的启发下，提出更多关于整体的问题。教学分五个板块：针对题目提问—针对部分内容提问—针对全文提问—问题分类梳理—解决问题，每个板块任务明确，层层推进，为本单元后面三篇课文的学习做好了铺垫。

◎ **教学设计**

第一课时

【教学目标】

1. 认识"豌""按"等十个生字。

2. 通过读课文，积极思考，提出问题。

3. 从"部分"和"全文"的角度去思考，给问题分类。

【教学难点】提出针对全文的问题。

【教学过程】

一、整体把握单元主题

师：翻开单元导语，一个大大的"?"映入眼帘。（课件）

生齐读"为学患无疑，疑则有进"。

师：谁能说说你对这句话的理解？（由学生讨论后，得到结论）

师：是啊，带着疑问学习，必有长进。

过渡：现在，我们一起进入安徒生的《一个豆荚里的五粒豆》。

二、针对题目提问

接下来，我们快速回到课文，请齐读课题。

首先，读完课题，你产生了哪些问题？请带着这些问题，自由读课文，并完成填空（显示课件）。

豌豆	理想	结果
第一粒	飞到广阔的世界	被鸽子吃掉
第二粒	飞进太阳里	掉进水沟，胀得大大的
其余两粒	飞到哪儿就在哪儿住下来	被鸽子吃掉
最后一粒	该怎么样就怎么样	长大开花

其次，请学生根据作业单，完整复述课文主要内容。

过渡：同学们，我们对文本提出问题，并且尝试去解决，可以帮助我们快速理清文章脉络，那么请继续读课文，你们一定会有更多的问题，也会有更多的收获。

三、针对部分内容提出问题

首先，请同学们采用默读的方式边读边思考，请学生批注疑问。

学生边读边做笔记，教师巡视帮助学生。

其次，汇报交流。

指名回答并引导学生说出问题的来源及思考的过程。

师：你的问题来源于课文的哪里？你的思考过程是怎样的？

教师相机总结：针对不懂的词语、关键语句、重点段落、开头结尾。

由教师完成小结：刚才同学们通过读课文，又提出了很多精彩的问题，这些问题大部分都是针对课文的部分内容展开的提问、思考和探究。

四、理解课后问题清单

首先，请学生进行小组合作，完成小组问题清单（将组内成员的问题按照"部分"和"全文"进行分类）。

其次，汇报各自小组分别提出了几个关于"部分"和"全文"的问题（看来各小组针对"全文"的问题都比较少，那我们就一起来突破这个难题）。

五、突破针对全文的提问

第一，使学生明白什么是针对全文的提问，即要读完全篇课文后，才能解答的问题。第二，针对全文的提问，我们可以从哪些方面去思考呢？请同学们快速浏览课文，然后小组在三分钟里提出针对全文的问题，写在便利贴上。第三，下面请几位学生来为大家分享他的所思所想。第四，教师相机总结，教师应用预设方案，如课文讲了一个什么故事（针对主要内容提问）？五粒豌豆最后怎样了（针对人物命运提问）？题目写的"五粒豆"，为什么文章却重点写的第五粒豆呢（针对题目与内容的差异提问）？课文想告诉我们什么道理（针对学习收获提问）？等等。第五，结合学生的回答，师生一起总结出针对全文提问的策略。第六，课件小结。针对全文提问方法，如针对前后内容矛盾的地方提问，针对文章题材提问，针对题目与内容的差异，针对主要人物提问，针对文章结尾提问，针对主要内容和收获提问。

（设计意图：针对全文提出问题是本课的难点，因此我们采用四个步骤来实现。首先，学生需要自己思考提问。其次，他们需要分成小组进行讨论。再次，每个小组需要进行集体展示。最后，我们需要将所有的意见和答案进行总结，形成阅读策略。通过这样的教学过程，学生可以在相互学习的过程中拓展思维，以完成教学目标）

六、课后作业

课后分小组讨论解答问题清单，留下最想和同学分享的问题。

教师总结：这节课，同学们在阅读课文后便提出了很多有趣的问题。这些问题有些是关于课文部分内容的，有些是关于整篇课文的。透过这些问题，教师看到的是同学们思维的火花、智慧的光芒，耀眼而夺目，希望从今天起，同学们都能做一个敢于提问、乐于提问、善于提问的孩子。

第二课时

【教学目标】

1. 通过问题梳理文章，理解课文。

2. 引导学生对生命的思考。

3. 会写"豌、按"等生字，会写"豌豆、按照"等词语。

【教学过程】

一、问题筛选

其一，小组讨论，筛选合并问题，选出小组中最想解答的两个针对部分和全文提出的问题。

其二，小组汇报，并挑选出共同问题贴在"班级问题清单"中。

其三，根据课文内容，给"班级问题清单"中的问题排序。

针对部分内容提问	针对全文提问
五粒豌豆为什么一会儿以为世界是绿色的，一会儿以为世界是黄色的？	为什么说小女孩吻豌豆叶的那一天，简直像一个节日？
课文说被青苔包裹的豌豆像"一个囚犯"，但它却长得很好，为什么？	伴随着豌豆苗成长，为什么小女孩的病就慢慢好了呢？
母亲为什么要把一株豌豆苗称为"一个小花园"呢？	谁是最了不起的豌豆？是那粒掉到水沟里的豌豆吗？

师：问题经过分类和排序后，变得井然有序了。这样我们就可以通过仔细阅读来解决这些问题。

其四，小组讨论解答问题，全班汇报，同时解答课后第三题。

其五，伴随着豌豆苗的成长，为什么小女孩的病就慢慢好了呢？

豌豆生长变化的过程给小女孩带来了无限愉悦，充满了生机与活力。她目睹了豌豆的顽强生长，从而获得了战胜疾病的信心和勇气，所以她的病就慢慢好了起来。第五粒豌豆顽强拼搏且努力生长，不仅绽放了自己生命的光彩，更给别人也带来了希望和快乐，实现了自己的人生价值，它才是最了不起的豌豆。

（设计意图：教学的最终目的是通过策略理解文本，同时也是在悄悄渗透，如何提出对理解文本有帮助的问题）

二、读课文，集中识字、写字。

其一，"舒"和"耐"书写时要注意左边紧凑，右边舒展。

其二，"恐"的心字底要写得扁平。

蝙蝠和雷达

◎ 文本解读

一、文本地位解读

《蝙蝠和雷达》属于提问策略单元的第二篇精读课文，是一篇科普说明文，通过第一课《一个豆荚里的五粒豆》的学习，学生懂得了针对"部分"和"整体"进行提问的方法，在此基础上，第二课《蝙蝠和雷达》则重在引导学生从"内容""写法""启示"等多角度进行提问，以扩大提问范围，在教学中激发学生的问题意识，培养学生的提问能力。

二、文本内容解读

《蝙蝠和雷达》讲述了科学家通过反复试验，发现了蝙蝠能在夜间飞行的原因，从而得到启发，并通过这一原理给飞机装上雷达，让飞机能在夜间飞行。

三、文本语言解读

《蝙蝠和雷达》是一篇逻辑清晰、结构严谨的科普说明文。文章语言的准确可以让学生在语言文字上获得收获，如"无论""从来""几个""一根"突出了蝙蝠高超的飞行技术，同时在严谨中不失生动性；如第二自然段一问一答，运用设问引起读者阅读兴趣；第三自然段语言相当有趣、活泼。"而且无论""从来""及时……也……"，既让表述更清晰，同时语言又显得生动、有趣，引发了学生对科学的探究。

四、文本结构解读

《蝙蝠和雷达》采用首尾呼应的结构（第 1～2 自然段），写出了飞机能在夜间飞行是受到蝙蝠夜间飞行的启发。讲述科学家通过三次试验发现蝙蝠夜间飞行的秘密（第 3～7 自然段）。最后一段揭示了飞机夜间飞行的原理（第 8 自然段）。

五、文本情志解读

《蝙蝠和雷达》这篇科普说明文承载着普及科学知识、传递科学精神的任务。本文通过比较蝙蝠和雷达揭示了蝙蝠发出的超声波和雷达发出的无线电波之间的联系。同时，它还将蝙蝠的耳朵和雷达系统的显示屏进行对比。通过对比和联系，我们能够理解"仿生学"的重要性。同时科学家们反复试验和坚持不懈地探索为我们树立了榜样，这种科学精神令人肯定和赞叹。

六、文本教学化解读

结合课文内容及单元训练要求，本课教学可分为四步：第一步，让学生回顾在《一个豆荚里的五粒豆》所学的提问方式，在阅读过程中思考并记录下自己的问题；第二步，根据课后清单和小组交流，从内容、写法和启示等角度对问题进行分类；第三步，在汇报中，重点突破针对写法的提问，形成有关写法提问的有效策略，并提出更多的问题；第四步，借助问题理解课文；第五步，迁移运用提问策略来探索课后阅读材料，从感知领悟再到实践运用，最终完成教学目标。

◎**教学设计**

第一课时

【教学目标】

1. 认识"蝙、蝠"等 11 个生字，读准多音字"系"。

2. 学习从内容、写法、启示等角度提出问题，对问题进行分类，使学生能借助问题理解文本。

3. 激发学生热爱科学的兴趣。

【教学难点】从写法角度提问。

【教学过程】

一、扫清字词障碍

师：出示生词，请学生尝试读一读，重点强调"当作""耐心"等。

生：分男女生读。

师：将生词放回课文中，请学生尝试读带生词的句子。

二、针对课文提出问题，完成课前导读中的任务

师：复习在上一课中学到的提问方法（针对部分和全文提问）。

生：边读课文边思考，在便利贴上记录下自己的问题。

师：让学生和同桌交流自己提出的问题，哪些是针对课文部分提出的，哪些是根据全文提出的。

生：在交流的基础上再读课文，提出新的问题。

三、结合课后问题清单感知三种提问角度

其一，请学生尝试读问题清单中的三个问题；其二，请学生尝试读三个发现，得出相应结论（还可以从"内容""写法""启示"等角度提出问题）；其三，出示教材中学生提出的其他四个问题，请学生尝试从"内容""写法""启示"三个角度将问题进行分类，由其他学生判断问题分类是否正确，进一步感知从"内容""写法""启示"三个角度提出的问题。

四、探究三种提问方法

（一）学习针对"内容"提出问题

师：齐读第一个问题：无线电波和超声波是一样的吗？

师：课文哪一段写到了"无线电波"？〔预设（第八自然段）：雷达利用天线发射无线电波，当这些电波遭遇到障碍物时，会被反射回来，然后被雷达接收到，并在荧光屏上显示出来〕

师：动画演示，选学生结合演示进行讲解

师：课文哪一段又写到了"超声波"？〔预设（第七自然段）：蝙蝠就是这样，它们通过口腔发出超声波，然后用耳朵接收反射回来的信息〕

师：动画演示，请学生结合动画演示进行讲解。

师：请学生从"个人问题清单"中，筛选针对课文"内容"提出的问题。

（二）学习从"写法"角度提问

其一，请学生尝试阅读第二三自然段，对比飞机和蝙蝠的图片，找出它们的相似之处。

生：飞机和蝙蝠都能安全飞行，飞机较常见，雷达却相对陌生。通过引入飞机，可以激发读者对雷达的兴趣，为后面理解雷达和蝙蝠的关系做铺垫。

由教师完成小结：原来"为什么这样写"是对"写法"的提问。

其二，寻找支架：除"为何这样写"外，还有哪些问题是关于"写法"的思考呢？

其三，引导学生思考，寻找启发词。例如：为什么要写……？为什么不写……？针对写法提问为什么先写……？为什么后写……？为什么详写……？为什么略写……？

其四，再读课文，针对"写法"继续提问，旁批在书上。

其五，由学生进行汇报，教师相机汇总学生总结的方法，如写作顺序、文章结构、修辞手法、描写手法、详略得当、说明方法等。

（设计意图：学生在这个部分中要学习如何从"写法"的角度进行思考，提出相关问题，这是本节课的难点。为了帮助学生克服这个难题，教师就需要在学生遇到困难的地方搭支架。教师给学生提供了一些激发思考的词汇，比如，"为什么这样写"和"怎

样写"，帮助学生提出问题。在这个过程中，我们需要引导学生努力思考，从不同的视角思考，让他们的思维能够扩展开来）

（三）学习从"启示"角度提问

其一，请学生朗读问题清单中的第三个问题。

其二，结合插图2思考：蝙蝠探路的原理还可以应用在哪些领域？

其三，了解仿生学。

其四，请学生看看自己的"个人问题清单"，哪些是针对"启示"而提出的问题，或者你还能提出哪些针对"启示"的问题，学生之间可交流后再进行汇报。

其五，教师相机总结启示：请学生联系生活实际谈谈感想，请学生谈谈收获。

五、问题的筛选，归并和分类

其一，小组合作学习，整理组内学生提出的问题，将相同角度的问题归并在一起，删去重复的问题，写在"小组问题清单"上。

其二，小组汇报，出现错误分类时，可让学生再读一读课后清单中的问题，感受三种提问方法。

六、筛选问题，理解文本

其一，在学生的汇报中，教师适时选出有代表性的，对理解课文有帮助的问题，以便师生共同解答问题，例如，科学家是如何揭示蝙蝠飞行奥秘的呢？

探究：是根据哪些段落提出的问题？勾画朗读相关语句，抓出关键词。借助表格，从试验方式和试验结果等方面理解课文。

试验次数	试验准备	试验方式	试验结果	试验结论
第一次	绳子，铃铛	蒙眼睛	铃铛一个不响	与眼睛无关
第二次	—	塞耳朵	铃铛响个不停	与耳朵有关
第三次	—	封嘴巴	铃铛响个不停	与嘴有关

其二，教师带领学生学会抓住文中的关键词，感悟科学家严谨的科学态度。

总结：《一个豆荚里的五粒豆》这个童话故事教会我们如何从部分和全文两个角度进行思考。而《蝙蝠和雷达》这篇科学说明文教会我们如何从内容、写法和启示等角度提出问题。阅读不同文体的文章后，我们能够发现新的提问角度，从而提出更多有价值的问题。

第二课时

【教学目标】

1. 在拓展短文的阅读中，引导学生运用所学方法，尝试从内容、写法、启示等角度进行提问。

2. 会写"达、蚊"等13个生字。

【教学过程】

一、迁移运用提问策略

其一，复习针对内容、写法和启示等角度进行提问的方法；其二，自主阅读课后材料，提出自己的问题；其三，组内交流，说说自己提出了哪些问题，是从哪个角度提出的；其四,再次阅读,继续提问;其五,教师相机选出有助于理解文本的问题,帮助解决。

(设计意图:学用必须结合,二者缺一不可。这个环节的设计有两个目标:一是让学生运用上节课所学的阅读方法,从不同的角度思考并提出疑问;二是评估学生对本节课的学习情况)

二、集中识字、写字

其一,书写"驾驶"时要注意"马"的不同,可采用形声字的构字方式记忆,"驶"的右边是"史"。

其二,"系"的第一笔是横撇。

呼风唤雨的世纪

◎ **文本解读**

一、文本地位解读

《呼风唤雨的世纪》是本策略单元第三篇课文。本单元的主题是"奇迹与问号",语文要素是"阅读时尝试从不同角度去思考,提出自己的问题"。本文旨在运用学习前两篇课文的方法,引导学生综合运用多种方法提问,选择合适的方法迁移运用。

二、文本内容解读

《呼风唤雨的世纪》主要介绍了整个 20 世纪的科学技术发展历程。课文以简短的篇幅,展现了跨越时空的丰富生活场景,人类正不断从依赖自然走向主动创造,在这一百年间利用科学技术创造的奇迹,改善了人们的物质生活和精神文化生活。课文列举了"程控电话""因特网"等技术,形象说明了科学技术改变着人们的生活,引用唐诗赞叹科学技术飞速发展取得的巨大成就,用名人名言强调科学技术创造着人类的美好生活。这些内容有利于学生从不同角度提出自己的问题。

本文同样呈现了学习伙伴提出的问题。这些问题角度丰富,有针对课文内容提出的,也有从得到的启示角度提出的;有针对局部提出的,也有针对全文提出的。教师编排学习伙伴的问题旨在帮助学生打开思路,展开多角度思考空间,提出更多的问题。

课后第一题和第二题让学生分类整理提出的问题,并筛选出有助于理解课文内容的问题。通过这种方式可以引导学生对提出的问题进行分析,能从大量问题中筛选出更有价值的问题,从而提高学生提问的水平。

课文插图描绘的是一位宇航员在太空中漫步的画面,有助于学生感受现代科学技术的成就。

三、文本语言解读

《呼风唤雨的世纪》是一篇科学说明文，它的语言客观性、逻辑性等特点较强，详情如下：

其一，客观性。客观性是这篇文章的首要特点，它追求客观准确，注重事实陈述和论证，避免主观情感色彩的介入。其二，逻辑性。本文按照20世纪是一个呼风唤雨的世纪—科学技术对改变人类生活的现实意义—科学技术对人类生活的意义—引用名言以点明文章的中心的逻辑关系进行排列组合，使文章结构清晰、条理分明。其三，准确性。本文用词准确、精练。其四，清晰明了。本文注重表达的准确和清晰，语言简练、直观。其五，具体性。本文通过具体的实例、事实等支撑其论证和阐述。其六，中性。本文写作中不带有作者个人的情感色彩，不强调个人观点和立场。它着重于客观的描述和解释让读者自行获得对事物的认知。

本文采用作比较、举例子等说明方法体现了20世纪人类利用科技取得的非凡成就，语言生动、准确，逻辑性强。

四、文本结构解读

本课采用总分总的写作方法，使得原本枯燥的说明变得条理清楚，有条不紊，课文结构如下：

第一部分（第1自然段）：指出20世纪是一个呼风唤雨的世纪。
第二部分（第2自然段）：科学技术对改变人类生活的现实意义。
第三部分（第3~4自然段）：科学技术对人类生活的意义。
第四部分（第5自然段）：引用名言，点明文章的中心。

五、文本情志解读

《呼风唤雨的世纪》是中国科学院和中国工程院"双院士"路甬祥的作品，作者仅用短短几百字就清楚地介绍了一百年间的科学技术发展带给人类的变化。在统编教材中，这一课的语文要素是"质疑"。教师要借用这一篇课文，训练学生提出问题、梳理问题的能力，提高提问的质量，提升学生的语文素养。同时，本文通过简洁、准确的描述，让学生看到一幅幅科学改变人类生活的美好画面，激发学生对未来生活的畅想，以点燃学生探索科学的兴趣。

六、文本教学化解读

（一）尝试运用学到的提问策略自主提问

教师引导学生回顾前两课学到的提问方法，然后自主运用学到的方法，边读课文边提问，并在组内整理交流，筛选对理解课文最有帮助的问题。

借助课后清单中的问题，与学习伙伴讨论并说说这些问题，哪些是对理解课文有帮助的。从而引导学生发现课后清单中的问题一不影响对课文内容的理解，问题二和问题三则有助于师生理解课文的情况。

（二）借助问题进行深入思考，以便理解课文

利用学生筛选出的问题引导学生理解课文，如学生可能会提出如下问题："现代科学技术出现之前，人类生活是怎样的？出现之后，人类生活发生了怎样的改变？"通过解决这个问题，可让学生读一读课文第三四自然段，说说现代科学技术出现前后人类生活有什么不同，还可让学生交流自己了解的现代科学技术出现前人们的生活，以及高科技给人们生活带来的便利，进一步加深对课文内容的理解。

◎ 教学设计

第一课时

【教学目标】

1. 认识"唤""纪"等12个生字，会写"唤""纪"等15个生字，会写"呼风唤雨""世纪"等17个词语。

2. 能给问题分类，并筛选出对理解课文最有帮助的问题。

【教学过程】

一、复习导入

第一，回顾提问策略。

正确的提问能帮助我们提升阅读的能力。通过前两篇课文的学习，你学到了什么？

第二，结合预习情况，理解题目，随文识记生字"唤""纪"。学生齐读课文题目，随文识记生字"唤"，与题目中的"呼"字同结构识记；生字"纪"要注意写好关键笔画。

第三，再读题目，质疑。课文题目为什么叫"呼风唤雨的世纪"？"呼风唤雨"指的是什么？谁可以"呼风唤雨"？

由教师完成小结：真正有效的学习往往从学会提问开始，这节课就让我们继续在问题中开展学习活动。

二、自读全文，初设问题清单

（一）初读课文，圈点批注

其一，读准字音，读通句子，不理解的词句圈画出来。其二，思考本文讲了什么内容。

（二）汇报交流，整体感知

（三）用 PPT 出示本课生字词，考查学生的识记效果

（四）默读课文

你能提出哪些问题？填写"《呼风唤雨的世纪》个人问题清单"。

《呼风唤雨的世纪》个人问题清单

我的提问	提问角度	
	局部	整体
预设：为什么说 20 世纪是呼风唤雨的世纪？		
预设：为什么人类在上百万年的历史中黑暗无光？		

（五）全班交流自己的问题清单

（设计意图：初读全文，整体感知内容后，学生带着思考自读课文，尝试提出相关问题，填写个人问题清单。之后，由学生随机汇报问题清单，在班内交流，试着通过查字典、结合课前预习等方法，请学生把自己能找到答案的问题删掉。这是一个初步解决问题的学习方法）

三、小组合作，学习筛选问题

（一）小组合作学习

在小组内进行初步交流，统计各小组提出的问题数量，明确筛选问题的必要性。

（二）小组内交流讨论，练习筛选问题

（三）筛选问题，学习策略

1. 了解问题的类别

我们一起来看一下，课文中对这三个问题是怎么判断的，课后习题给了我们一个很好的思路，它们都是属于什么样的问题？学生可以通过看课文中对题目的界定来理解三个问题是怎样的问题。

2. 回归文本，研究问题

（1）课本中为什么这么判断呢？

问题一："什么是程控电话？"为什么说它是不影响课文内容理解类的问题呢？我们一起走进文本去看看"程控电话"在课文什么地方（第四自然段）。谁想对这类问题谈谈你的想法？

（2）出示第二自然段。

问题二："忽如一夜春风来，千树万树梨花开"是什么意思？20 世纪的科学成就为什么可以用这句诗来形容？为什么说这样的问题可以帮助我们理解课文内容？

（设计意图：通过思考、阅读解决这样的问题有助于我们理解课文内容，这类问题就是需要师生在课堂上来研究和解决的）

问题三：现代科学技术给我们带来的全是好处吗？

我们来看第三个问题，有没有同学跟他提一样的问题呢？你是怎么想到提这样的问题的？

（设计意图：通过思考、讨论，我们就知道哪些问题不影响我们对课文内容的理解，哪些问题有助于我们理解课文内容，哪些问题引发我们深入思考。按照这个思路来考虑，同学们再把自己的问题和书上面提到的问题，分别放到这三个栏目分分类，筛选出对课文理解有帮助的问题。从提出问题、形成个人问题清单，到小组整合、筛选出小组问题清单，再到提问方法的提炼总结，在这个过程中，学生可以边阅读边思考，从个人提问到集体讨论，完成了对问题的精简、筛选、整合，进行了一个完整的思辨过程，体现了"思辨性阅读与表达"这一学习任务群所承担的教学价值）

四、课后作业

结合课文内容和生活经验，师生尝试解决问题清单中的问题，如有不明白的地方请做好标记，下节课进行讨论和交流。

五、课堂小结

第二课时

【教学目标】

1. 借助问题理解课文内容，感受科学技术给人类生活带来的巨大变化。

2. 联系生活实际理解课文最后一句话的意思。

【教学过程】

一、借助问题，理解课文

（一）出示问题清单

第一，现代科学技术出现之前，人类生活是怎样的？现代科学技术出现之后，人类生活发生了怎样的改变呢？

第二，为什么说20世纪是一个呼风唤雨的世纪？

第三，"现代科学技术必将继续创造一个个奇迹，不断改善我们的生活"，联系生活实际，谈谈自己对这句话的理解。

（二）小组合作学习

学习任务一：

自学：默读课文第三四自然段。

互学：讨论现代科学技术出现之前，人类生活是怎样的。出现之后，人类生活发生了怎样的改变呢？

交流提示：出现前……出现后……（引导学生提炼：农耕社会、现代社会）

学习任务二：

小组合作讨论：为什么说20世纪是一个呼风唤雨的世纪？

交流提示：

其一，我知道呼风唤雨的意思，我也能区分发现和发明的意思，分别是……

其二，在 20 世纪这一百年间，人类利用现代科学技术获得了（　　），使人类的生活大大改观；20 世纪，人类（　　）（　　）（　　）（　　）。所以，20 世纪是科学技术飞速发展的世纪，是人类生活发生巨大变化的世纪，是呼风唤雨的世纪。

学习任务三：

小组合作交流："现代科学技术必将继续创造一个个奇迹，不断改善我们的生活"，联系生活实际，谈谈自己对这句话的理解。

交流提示：

其一，你可以从下面选择角度去交流；其二，联系生活实际说说现代科学技术创造了哪些奇迹；其三，未来科学技术将会给我们的生活带来怎样的变化呢；其四，这些奇迹怎样改善着我们的生活。

二、再读课文，提出新问题

由学生再次默读全文，想想自己还有哪些不懂的地方。然后引导学生尝试提出新问题。

三、归纳方法，梳理课文内容

（一）归纳学习方法

阅读课文时我们先提出问题，然后筛选问题，最后借助问题深入思考，理解课文。筛选问题后查阅资料解决；保留帮助理解课文的问题；保留可引发深入思考的问题。

（二）课文梳理

《呼风唤雨的世纪》主要介绍了 20 世纪初至 20 世纪末这一百年间的科学技术发展历程。首先，文中先概括"20 世纪是呼风唤雨的世纪"来引出下文，然后回应疑问指出"依靠科技呼风唤雨"，随后用事例证明"科技改变生活"，最后点明主旨"科技使生活更美好"，以此表达了科学技术发展的辉煌的事迹及灿烂的前景，激发学生对未来生活的畅想，点燃学生探索科学的兴趣。

四、拓展延伸，课堂演练

其一，拓展延伸：同学们，20 世纪是呼风唤雨的世纪，20 世纪还有哪些奇迹般、出乎意料的发现和发明呢？

其二，结束语：这节课我们借助问题进一步理解了课文，认识到在享受 20 世纪科技成果的同时，也应该立志为 21 世纪做点儿什么。

蝴蝶的家

◎ **文本解读**

一、文本地位解读

《蝴蝶的家》是本单元的第四篇课文。"不断提出问题并进行思考"是这篇文章表达上的主要特点，这一点正好和这个单元的语文要素相吻合，"阅读时尝试从不同角度去思考，提出自己的问题"。这一课位于本单元的末尾，是第四篇课文。通过前面三篇课文的学习，学生已经树立起了问题意识，能够主动提出问题，有了提问的意识与习惯，并且懂得了有些问题可以从整体上问，有些问题则可以就某一部分去问；有些问题关注的是课文内容，有些问题则要关注语言表达，或关注写作方法。有了问题自然要进行思考，尝试解决问题。学生已经知道了有些问题与课文学习的关系不大，可以不深究；有些问题关系到对课文内容的理解和对语言表达效果的体会，需要合作探究。因此，教师在教授这篇课文时，一定要紧扣这一课的表达特点。

二、文本内容解读

《蝴蝶的家》是一篇散文，讲述了"我"为雨中的蝴蝶深感担忧，不断找寻蝴蝶的家而最终无果。文章篇幅短小，行文简洁，极富童真童趣。全文以问题贯穿能激发学生的好奇心，使其产生浓厚的阅读兴趣。

本文以"蝴蝶的家到底在哪里"为线索，自始至终都在找寻"蝴蝶的家"。第1~2自然段从大雨中的青鸟、麻雀联想到柔弱的蝴蝶怎么经得起猛烈的风雨，"我"为蝴蝶担忧，想知道蝴蝶在这大雨中躲在哪里。第3~5自然段展开联想，不断寻找蝴蝶的家，从屋宇到麦田、树林、园里的花，从桥下到树叶下……最终难求其解。文末作者在无奈中为读者留下悬念和期望。

本文插图画的是四只色彩斑斓的蝴蝶，有助于学生从直观上感受蝴蝶的美丽，理解"我"为什么为蝴蝶着急。

三、文本语言解读

《蝴蝶的家》是一篇富有趣味性的文本。从文体上看，这是一篇散文，是一篇表达对自然界中小生命的怜爱之情的散文。作者并不是要向读者介绍蝴蝶的家到底在哪里，而是告诉读者他多么关心蝴蝶的家到底在哪里，因为他担心下大雨的时候蝴蝶无法保护自己，即使一个女孩对他说一番安慰的话，他依然为蝴蝶担心。

本文采用了大量的反问、设问、排比和反复等修辞手法来加强作者的语气，强烈表达作者着急的心情。其一，本文生动有趣的语言激发了学生对自然世界奇妙现象的探索欲望。其二，课文中运用对比衬托的写法，层层铺垫，反复强调"蝴蝶的家在哪里"。其三，拟人化的手法，设问句的运用，增强表达效果。

四、文本结构解读

这是一篇言辞优美的散文，作者构思独特，以问题和思索为主线，以不知雨天蝴蝶躲藏在哪里而着急的情感贯穿全篇，真切地表达了作者对幼小生灵的关爱之情。

第一部分（第1~2自然段）：对蝴蝶的担忧。直抒胸臆，写作者对蝴蝶的担忧和关爱之情。

第二部分（第 3~4 自然段）：猜想与追寻。写"我"对蝴蝶的家一遍遍设问、猜想、找寻、否定，表现了"我"对蝴蝶命运的担忧和关爱。

第三部分（第 5 自然段）：女孩的心声。写一个女孩儿对蝴蝶的家的美好猜想。

第四部分（第 6 自然段）：苦寻无果。以苦寻无果结束，给人留下无尽遐想的空间。

五、文本情志解读

《蝴蝶的家》是著名作家燕志俊先生的一篇散文作品，文章言辞极为优美，又情感真挚。阅读这篇文章，我们能够真切地感受到作者为下雨时蝴蝶能否安然无恙而担心的急切之情，也能体会到作者对幼小生灵浓浓的关爱之情。比如，开篇处作者将蝴蝶和青鸟、麻雀进行对比，提出问题："下大雨的时候，青鸟、麻雀这些鸟都要躲避起来，蝴蝶怎么办呢？"紧接着，作者描述了下大雨时的恶劣天气，并再次提出问题："这样的天气它们能躲在哪里呢？"从作者的提问中，我们能够感受到作者为蝴蝶的担心，对蝴蝶的关爱。再如，课文第 3~4 自然段更是集中发问并思索，作者以蝴蝶的家在哪里为主线，开始了一连串的追问与思索，引发了读者的思考，也让读者感受到了作者对蝴蝶深深的关爱之情。

六、文本教学化解读

本课是一篇略读课文，教师应放手让学生综合运用提问策略进行阅读。初读时，应让学生自主阅读，让他们从不同角度大胆提出自己的问题并记录下来。然后，通过对问题分类，发现学生提问的不足之处，让学生再读课文提出更多问题。最后，筛选出对理解课文有帮助的问题，尝试解决这些问题，加深对课文的理解。

（一）梳理提问方法，鼓励自主提问

首先，引导学生交流前面几课学习的提问方法，并做简单归纳。例如，可以针对课文的局部和整体提问，可以从课文的内容、写法、启示等不同角度进行提问。教师给学生充足的时间开展独立阅读，将问题写在课文旁边或后面，或者用小纸条、问题清单等自己喜欢的形式记录。本篇课文以问题贯穿全文，具有典型的"问题导引"特征。学生独立提问后，采用小组学习的方式，通过组内交流，拓宽提问角度。然后，再读课文提出更多的问题。

（二）给问题分类，进一步丰富问题

学生提问后，给自己提出的问题分类。从内容、写法、启示等角度分类，也可以把问题分成针对课文局部和整体提的两类问题。同桌之间进行讨论，互相帮助解决困难。学生对问题进行分类后，开展小组交流，说说自己提出了哪些问题，分别是从哪些角度提出的，提出的问题有哪些不足。交流后，教师让学生再读课文，试着提出更多问题。

（三）筛选出有助于理解课文的问题并尝试解决

这个环节用活动的形式开展教学，先让学生以小组为单位整理好问题清单，然后筛选出有助于理解课文的几个问题，由其他小组进行回答。教师根据学生作答的情况，相机帮助学生解决问题，如对于作者为什么要反复写"我为蝴蝶着急"这一问题，教师可让学生勾画文中写"我"为蝴蝶着急的语句，再反复朗读这些语句，说说自己的感受，从而体会这样写有助于表达"我"非常急切的心情。

统整提升

单元总结课

【教学目标】

1. 结合"交流平台"部分，联系学生的阅读体验，梳理学到的提问策略。

2. 让学生体会到运用提问策略进行阅读的好处，知道在阅读中要自己运用提问策略。

【教学过程】

一、"交流平台"部分

其一，请学生读四句话；其二，结合本单元所学谈谈体会和收获。

二、梳理提问策略

（一）回顾《一个豆荚里的五粒豆》

提问策略：针对文章内容提问（标题、部分、整体）。

例1　针对部分内容提问

a. 句子中"发明"和"发现"能否替换，为什么？（词语）

b. 这一段写了什么？在文中起什么作用？（语段）

例2　针对整体内容提问

a. 课文主要讲了什么？（内容）

b. 小女孩是一个怎样的孩子？（中心）

（二）回顾《蝙蝠和雷达》

提问策略：从不同角度提问（内容、写法、启示）。

例子1　针对写法提问

a. 为什么作者把"蝙蝠"比作"没头苍蝇"？（修辞）

b. 作者是按照什么顺序来写的？（写作顺序）

c. 为何作者详述第一次试验的准备，却没写第二、三次试验的准备？（详略）

d. 作者为什么要使用这么多数字？（说明方法）

例子 2 针对启示提问

a. 生活中还有哪些发明是受到了动物的启发？（联系生活）

b. "龟兔赛跑"告诉了我们什么道理？（启发）

（三）回顾《呼风唤雨的世纪》

提问策略：筛选对理解课文有帮助的问题。

a. 问题不影响对课文内容的理解

b. 问题可以帮助理解课文内容

c. 问题可以引发深入思考

三、思维导图

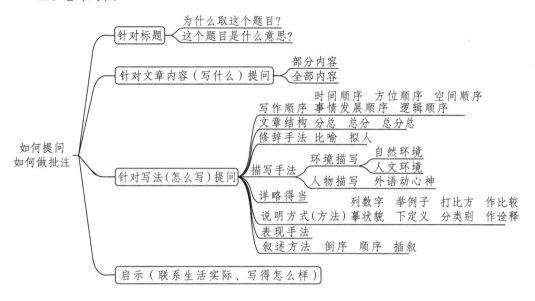

教后拾贝

统编版小学语文教材从三年级到六年级，共编排了四个阅读策略单元，旨在帮助学生提高阅读能力。小学语文四年级的提问策略单元，与普通阅读单元有所不同的是，教师在备课和教学时要注意不要孤立地看待每一篇课文，要将已学的提问策略和新知识联系起来。《一个豆荚里的五粒豆》和《蝙蝠和雷达》《呼风唤雨的世纪》是对提问策略的示范和指导，每篇课文都有一套有效的提问模式，教师在教学时一定要将提问策略的运用落到实处，由内容的提问到写法和启示的提问，再到问题的有效筛选，层层递进，再通过《蝴蝶的家》来检测提问策略的综合运用。在教学中，随时关注学生的知识生成。

一、在教学中，重在鼓励

教师最开始教授提问方法时，学生很难提出有深层次的问题，特别是对全文和写法的提问，教师不要着急，应帮助学生搭建支架，寻找启发性的短语，再通过后面课文和课后资料的训练，使其慢慢理解和运用各种提问策略。

二、重视小组协作

在教学中重视小组合作学习，使学生在合作中能从其他同学的提问中获得启示，打开思路，提出更多的问题，避免以教师的提问代替或限制学生的思考。

三、运用多种方式教学

教学时教师要提醒学生关注旁批、泡泡语和课后习题，借助学习单和小组合作达到教学目标。

第四章　有效提速，高效阅读

——小学语文五年级上册提高阅读速度策略单元

单元概览

　　"阅读要有一定的速度"，随着信息时代的发展，提高阅读速度是现代社会学习和工作必不可少的一项技能。学生进入高学段后，课内外阅读量逐渐增加、阅读种类更加丰富，掌握并运用提高阅读速度的方法，对于快速获取有效信息、增加阅读量、扩大知识面等作用很大。设置这一单元旨在引导学生在总结前期学习经验的基础上，系统地习得提高阅读速度的方法，并自觉运用到阅读实践中。

一、探寻编排意图，理清学习目的

　　统编版小学语文五年级上册教材编排方式仍按专题组织内容，有六个常规单元，一个习作单元，一个阅读策略单元：要求阅读要有一定的速度，并学习提高阅读速度的方法。

　　《小学语文课程标准》对小学生的阅读速度有明确的要求，要达成阅读总量的要求，势必要提高阅读速度。

二、研读单元整体，找准语文要素

（一）关注首页，明确目标

　　这个单元的学习目标是快速阅读策略。"单元导语"部分从人文底蕴和语文要素两个方面明确了本单元的三个阅读要求：一是"阅读要有一定的速度"，这是提示阅读效率的意识。二是"学习提高阅读速度的方法"，这是提示要学习快速阅读的方法。三是"结合具体事例写人物的特点"。所以，本单元的阅读教学要围绕这三个要求，进行整体教学。

（二）聚焦文本，解读重点

提高阅读速度的方法有很多，比如跳读、略读、遮盖法阅读等，但哪些方法是小学语文五年级的学生在课文学习和课外阅读时必须要掌握的呢？这是我们需要厘清的，其实编者全都告诉了我们，他们就藏在四篇不同文体的课文导语里：集中注意力，不回读，连词成句地读，借助关键词句读，带着问题读。

教材在讲授方法时，并没有将方法概念化，而是用学生一看就明白的语言在表述。将每一个方法都落实到文中一个可操作的地方。比如，如何带着问题读，你只要带着一个问题阅读就可以了，这就需要教师做到"心中有知识，口中无术语"才可以。

在课文后设置有情境对话，通过与学习伙伴的交流和与文前的提示相照应，将阅读方法具体化，并引导学生交流自己在阅读过程中的感受和收获，相互启发和借鉴，其他几项课后题关注的是学生对课文内容的理解。

（三）勾连例文，渗透写作方法

本单元的习作内容是"漫画老师"，表达训练要素是"结合具体事例写出人物特点"。在教授《将相和》这一课时，可以积极建立联系，在学习快速阅读的方法中有意识地渗透一些写作方法。

（四）围绕园地，巩固策略

"交流平台"部分重点回顾和提炼了"提高阅读速度的方法"。

"词句段运用"部分提示学生在阅读时要及时概括语句的意思，帮助学生提高阅读的速度。

这一单元紧密围绕"提高阅读速度"这一阅读策略，分步学习提高阅读速度的具体方法，训练目标体现出不断递进的特点。这四篇课文虽然题材不同，但每一篇课文的编排都为学生提高阅读速度提供了有效的方法指导和实践运用的机会，一课一得，体现了单元编排的整体性。

三、紧扣要素，有效落实方法

基于本单元课文编排的层次递进性，教学时教师应循序渐进地落实教学目标。我们以"聚焦重点，建立阅读方法群"的理念进行了大单元教学设计。在教学前不要求学生预习，以免破坏学生的阅读兴趣。在整个单元学习前，用一个课时集中扫清单元生字词的阅读障碍，为阅读策略的落实做好准备。

以下是我们围绕"提高阅读速度的方法"这一语文要素落实的教学设计：

第一，《搭石》——关注"集中注意力""不回读"。

环节一：课前游戏，激发阅读期待

环节二：计时速读，交流阅读方法

环节三：考察理解，整体感知

第二，《将相和》——关注"连词成句地读"。

环节一：速读计时，把握学习内容

环节二：游戏激趣，初识扩大视域

环节三：巧借方法，妙用连词成句

环节四：连词成句，聚焦人物形象

第三，《什么比猎豹的速度更快》——关注"关键词句"。

环节一：回顾速读方法，形成阅读方法群

环节二：计时速读不回读，交流阅读体会

环节三：带着问题速读课文，分享阅读收获

提高阅读速度非一日之功，对快速阅读策略的教学也不能毕其功于一"课"。学生从有所认知到形成能力，再到养成习惯，最终形成素养这是一个长期的过程。学生阅读速度的提升，不仅需要方法的指导，也需要持续的阅读实践。本单元的阅读策略运用仅仅是一个开始，在以后的阅读生活中要反复运用在其中学到的方法，使学生的阅读速度和阅读理解能力得到双重提升。

四、单元教学建议

本单元是阅读策略单元，旨在引导学生学习提高阅读速度的方法，并自觉运用到阅读实践中，逐渐形成良好的阅读习惯。

围绕"学习提高阅读速度的方法"这一语文要素，教材做了有层次、有梯度的安排，介绍相应的提高阅读速度的方法，在实践中循序渐进地落实教学目标。每篇课文均编排了学习提示，与课后练习相照应，介绍提高阅读速度的具体方法。在中学段年级初步学会默读，做到在不出声、不指读的基础上，《搭石》作为本单元开篇，引导学生养成阅读时"集中注意力"的阅读习惯，学习不回读的阅读方法，这是学生提高阅读速度的基础和起点；通过《将相和》一文学习扩大视域的方法，引导学生尽可能连词成句地读文章；通过《什么比猎豹的速度更快》引导学生结合文章段落特点，抓住关键语句迅速把握课文内容。语文园地中的"交流平台"部分对本单元学习的相关方法进行了梳理和总结；"词句段运用"还提示学生在阅读时及时概括语句的意思，也可以提高阅读速度。整个单元为学生提高阅读速度提供了有效的方法指导和实践运用的机会。本单元教学时需要教师注意以下几个问题。

第一，"提高阅读速度"不等同于"快速阅读"。本单元重在关注和指导学生的阅读过程，强化学生阅读时的"速度意识"，让学生了解和掌握提升阅读速度的一般方法，以提高阅读效率。要避免把本单元理解为"快速阅读方法训练"单元，更不能把阅读课上成"速读方法"的机械训练课。

第二，要把握好"提高阅读速度"与"阅读理解"之间的关系。"提高阅读速度"不是一味地求快，它与阅读理解的要求是同步的。没有同步的理解，再快的阅读速度都没有意义。本单元编选的课文都要求精读，既要学习提高阅读速度的方法，也要实现理解内容的目标。"提高阅读速度"的意识要贯穿整个学习过程中，无论是初步感知课文内容，还是深入研读课文，阅读都要讲求速度。

第三，要不断引导学生反思自己的阅读行为。学生的阅读速度有快有慢，理解能力有高有低，要注意创造机会引导学生相互分享阅读经验。一方面，有助于学生之间互相借鉴、取长补短；另一方面，也有助于学生检测自己的阅读效果，找出不足，进而有意识地运用提高阅读速度的方法。本单元课文不建议安排预习，教学时可以引导学生有意识地记录自己的阅读时间，经过一段时间的学习后与之前的阅读速度进行对照，体验阅读速度提升的成就感。

第四，引导学生在课外阅读中加强提高阅读速度方法的运用。学生阅读速度的提高不是一蹴而就的，更不是有了方法、策略就能运用自如，需要在大量的阅读实践中不断练习。提高阅读速度的方法不仅要在本单元的学习中运用，也要在以后的课内外阅读中不断实践这些方法。教师可以使用与教材配套的《同步阅读》进行阅读拓展，也可以使用"快乐读书吧"中推荐的书籍进行阅读实践，引导学生在真实的阅读中，有意识地运用多种方法提高阅读速度，养成良好的阅读习惯。

导读领航

单元导读课

【教学目标】

1. 了解本单元的人文主题。

2. 了解本单元的语文要素：一是阅读要素（提高阅读速度）；二是习作要素：结合具体事例写出人物的特点。

3. 初步了解提高阅读的方法。

【教学过程】

一、课程导入，感知主题

教师可出示《一目十行》故事，请学生一边看一边思考，请学生谈一谈从故事中得到了什么启发。故事中的肖刚看书速度极快，能一眼看完十行文字。这节单元导读课，我们也一起来学习提高阅读速度的方法。

二、细读导语，探索策略

导入：请同学们翻开书本，仔细阅读本单元的导语。聪明的你能思考出本单元的主题是什么吗？

师：本单元是阅读策略单元，学习提高阅读速度的方法就是本单元的主题，也是本单元的学习重点。请你拿出导读空间加油站，把单元主题认真地写好。现在就让我们走进课文，一起探索提高阅读速度的窍门吧。

三、初步感知，领悟方法

（一）学习《搭石》提高阅读速度方法

师：同学们，在开始阅读课文前，请你准备好以下工具：闹钟和笔。

看来同学们已经准备好了，请同学们默读课文，并记下你所用的时间，注意读的时候要集中注意力，遇到一些暂时不能理解的词句时，如果这些词句不影响我们理解文章内容，不要停下来，继续往下读。例如，"汛期"是本课生词，如果不理解它的意思也不要慌张，继续往下读，因为个别生字词不影响大家对课文内容的理解。

由教师完成小结：同学们阅读时可以一边读一边想象画面，想象课文描写的情境，可以帮助我们集中注意力，遇到不懂的地方，可以在旁边打个问号，但不要回读。这两个是我们提高阅读速度的小窍门。

（二）学习《将相和》提高阅读速度方法

请同学们默读《将相和》，要求同学们记录下所用的时间，尽量连词成句地读，不要一个字一个字地读。

同学们默读一个语句时，如果按照逗号的间隔拆开来读，就比较慢了，如果眼睛扫过一整句就快多了。

请同学们标出重要语句，如蔺相如已经做好了两手准备来对付秦昭王了。

由教师完成小结：请学生带着问题来读文章，这也是加快阅读速度的一个好方法。

（三）学习《什么比猎豹的速度更快》提高阅读速度方法——借助关键词

请同学们默读课文《什么比猎豹的速度更快》，要求用尽可能最快的速度阅读，一边读一边思考你有什么发现，并记录下你阅读课文所用的时间。

（预设：是的，这篇课文基本上每个自然段都介绍了一种事物，这个事物就是关键词。而每个自然段讲的又都是一个事物比另一个事物速度更快。因此，我们可以运用找关键词句的方法来提高阅读的速度）

那么如何快速地找准关键词句呢？

为了同学们更好地理解，教师可以第三自然段为例进行说明。

（预设：在这段话中，第一句讲的是猎豹比鸵鸟的速度快，第二句讲的是猎豹到底有多快，第三句说的是猎豹的速度是最快的。综合来看，这段话的关键词句是猎豹比鸵鸟的速度更快）。

由此可知，借助关键词句不仅可以提高阅读速度，还可以快速了解主要内容。

（四）提高阅读速度方法

通过学习，师生了解了快速阅读的几种方法：一是阅读时要集中注意力，不要回读；二是阅读时要尽量连词成句，不要一个字一个字地读；三是通过抓取关键词句来提高阅读速度；四是带着问题来阅读。除此之外，我们还要注意提高速度和阅读理解要同步进行，不能只追求阅读速度。而且阅读速度的提高不是一蹴而就，同学们在平时的阅读过程中要有意识地运用多种方法加强训练。

四、导读课小结

本单元是围绕提高阅读速度编排的阅读策略单元，初步总结了提高阅读速度的方法：阅读时要集中注意力，不要回读；要尽量连词成句地读；要学会抓取关键词句提高阅读速度；带着问题阅读。课后，同学们要尝试运用这些方法继续阅读其他的文学作品以提高阅读速度。

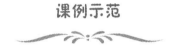

课例示范

搭　石

◎ 文本解读

一、文本地位解读

《搭石》一课是统编版小学语文五年级上册第二单元的第一篇精读课文，旨在引导学生养成阅读时"集中注意力"的阅读习惯，学习不回读的阅读方法，这是训练学生提高阅读速度的基础和起点。

二、文本内容解读

《搭石》是一篇意境优美、生活气息浓郁的散文。作者通过对家乡环境的介绍，反映出搭石在人们生活中的重要作用，借助对乡亲们"摆搭石、走搭石"等几个生活画面的细致描写，赞美了乡亲们无私奉献的美好品质和家乡的淳朴民风。

三、文本语言解读

本文语言风格质朴生动，截取了农村生活中几个平凡的极具画面感的场景：摆搭石、走搭石，处处体现着乡亲们美好淳朴的情感。本文通过运用借物喻人的手法展开平实叙述，语言朴素而秀美，具有诗情画意，字里行间洋溢着浓郁的生活气息。

四、文本结构解读

全文按照"介绍搭石—摆放搭石—走搭石—赞美搭石"的顺序展开，可以分为三个部分。第一部分（第1自然段），从家乡的生活环境谈起，介绍了什么是搭石。第二部分（第2~4自然段）具体写搭石在人们生活中的作用和意义，描写了乡亲们摆搭石的场景，乡亲们走搭石的美好画面，选取典型事例，描写了乡亲们走搭石时互相礼让、尊老爱幼的情景。第三部分（第5自然段）点明主旨，揭示搭石承载着乡亲们美好的情感。

五、文本情志解读

本文是当代著名诗人刘章在离开生活了48年的家乡进入城市之后，看到城市的种种，不由深深怀念家乡，怀念家乡的景、人，怀念平凡普通的搭石所呈现的家乡人淳朴的心灵。于是，他截取了农村生活中几个非常平凡的镜头：秋凉在即，人们精心挑选平整方正的石头摆放在小溪中，经几番精心踩踏；急着赶路的老人，发现搭石不稳，及时调整，直到搭满意后才肯离去；一行人走搭石，动作协调有序、声音嗒嗒、清波漾漾、人影绰绰、充满了诗情画意；如果两个人同时过溪，乡民招手礼让或闲话家常；若是谁偶遇老人，则会蹲身下伏，背其过溪……通过摆搭石、走搭石这些画面，作者赞扬了家乡人们之间美好的情感，赞扬那些无私奉献、一心为他人着想的乡民。

六、文本教学化解读

《搭石》一课的文前的阅读提示告诉学生阅读时要"集中注意力、不要回读"，让学生试着带着这种方法进行阅读实践，并根据要求记下自己的阅读时间。

在学生阅读课文时，教师要尽可能营造相对安静的学习环境，阅读过程中不随便插话，不要配音乐。所谓不要回读是指在阅读过程中遇到不太理解的地方，不要停留太久或不要反复地读。

◎**教学设计**

第一课时

【**教学目标**】

1. 用较快的速度默读文章，学生能集中注意力，做到不回读，初步实现阅读策略的迁移运用。

2. 品读作者细致描写的典型事例，抓住关键词句，感受"搭石"之美。

【**教学过程**】

板块一：读篇章页，整体感知

教师请学生谈一谈初看《搭石》时，会产生什么疑问（预设：作者为什么要写搭石？他和《搭石》有什么关系）。

由教师完成小结：看到一篇文章的题目或者一本书的名字，我们就会在脑海中产生一系列问号。这就是我们之前小学语文四年级学过的一种阅读策略——提问。带着问题去书中寻找答案，这样我们的阅读会更有趣，也更高效。

今天我们要学习的这个单元也是有关阅读策略的，请大家把课本翻到导语部分。谁来说说你看到了什么？并谈谈你的理解。

由教师完成小结：在信息爆炸的时代，在课外阅读不断增加的当下，这正是我们亟需的本领，提高阅读速度，可以帮助我们读更多的书，获取更多的信息。

在单元右下方还有两行文字，为我们指明了本单元的学习方向：从阅读的角度看，本单元引导我们学习提高阅读速度的方法；从习作角度看，本单元引导我们结合具体的事例写出人物的特点。

请学生先来大致浏览一下本单元的四篇课文，它们都是精读课文，每课的题目下方都写了提高阅读速度的方法。有了对本单元的一个整体上的认识，这节课就来测测你们的阅读速度究竟怎么样。

板块二：拓展阅读，实践策略

一、记录时间，检查阅读效果

首先，课前老师了解到大家已经读过《搭石》了，你学习了哪些提高阅读速度的方法（预设：集中注意力、不停留、不回读。什么是回读？指目光重新扫视前面读过的文字）？

其次，接下来有个问题咱们来共同思考一下：阅读的速度是不是越快越好？

由教师完成小结：提高阅读速度不等同于快速阅读，我们不能一味求快，而忽略了对文章的理解。

再次，学生自主阅读课文，记录阅读时间。接下来，咱们换一篇文章《写作搭石的前前后后》来测测你们方法运用得如何，以及对文章的内容理解怎么样。结合文章前的学习提示，开始你的阅读，读完后记下时间，请学生举手示意。

最后，汇报时间，并检测阅读效果。记录阅读时间：用时几分钟？检测阅读效果：了解了哪些内容？

二、交流体验，总结阅读方法

第一，速度快的同学能不能分享一下你们的好方法？

由教师完成小结：通过文字想象画面，这样可以帮助我们集中注意力排除外界的干扰，提高阅读速度。

第二，这次你有没有遇到不懂的词语或不理解的地方？你怎么处理的？有回读吗？

由教师完成小结：不停留、不回读。当遇到不认识或难理解的词语时，如果这个词语不影响我们理解文章的大致内容，我们就可以跳过去，继续往下读。如果这个词对我们理解文章产生了影响，我们也别着急，可以先画一个符号标记上，通过联系下文或者等精读的时候再来解决它。

板块三：深入文本，品搭石之美

一、勾连背景，探写作缘由

其一，读完这篇文章，你知道作者为什么要写《搭石》了吗？从哪些地方你感受到了他对"搭石"的那份特殊情谊？

同学们非常敏锐地关注到"13""64""千万"这些数字。其实，这些数字背后就是作者对家乡美好事物搭石的一份深深的眷恋。

其二，是啊，当作者看到现实中的人们抢着挤公交，无序地横穿马路时，他的心深深地刺痛，也让他更加怀念从前……或许，这些就是作者写《搭石》前前后后最真实的写照，小小的搭石背后是作者对家乡"美"的执着信念。

二、小组合作，品"搭石"之美

过渡：正是作者对家乡"美"的执着追求，才有了《搭石》这篇文章。让我们带着这样的写作背景，再次品读原文，透过画面去深入感受一下搭石之美。

教师请同学们再次有感情地朗读课文，小组合作交流搭石之美，再由小组进行汇报，详情如下：

其一，美在韵律："嗒嗒的声音，像轻快的音乐。"

教师提议同学们合作来读出这种声音的美感：男生读前面的，女生读后面的，一起合作读一读。

引读：每当上工、下工，一行人走搭石的时候，动作是那么协调有序！前面的——（男生：抬起脚来）后面的——（女生：紧跟上去）前面的——（抬起脚来）后面的——（紧跟上去）前面的——（抬起脚来）后面的——（紧跟上去）抬起脚来，紧跟上去，抬起脚来，紧跟上去，抬起脚来，紧跟上去，嗒嗒的声音，像——（生：轻快的音乐）。

再看看这个句子，你还从哪儿体会到了美呢？

其二，美在画面：清波漾漾，人影绰绰。

是的，这既像一幅美丽的画，又像一首清新的小诗。谁能读出诗一样的感觉？无论是声音的美还是画面的美，都源于什么？

其三，美在动作——协调有序。

是啊，他们协调有序、不争不抢，看得见的美背后蕴含着看不见的美好情感。所以搭石之美更美在其协调有序。

其四，美在心灵。

从这平常的小事中，我们感受到了老人一心为他人着想的美好心灵；好一个"理所当然"，这里面藏着的是谦让的美，敬老的美。家乡的人们把许许多多美好的行为看成理所当然的事，假如遇到小孩来走搭石、假如搭石被水冲得七零八落……一块块普通的搭石，演绎着家乡人特有的淳朴、善良、谦让和敬老，一排排平凡的搭石是家乡的一道美丽风景，其实比这道风景更美的是走在搭石上的人！所以，作者在最后一个自然段发出这样的感叹——齐读最后一个自然段。

板块四：升华情感，迁移策略

一、引导学生在平凡中发现美、记录美

在作者的家乡，美就是秋天里溪水中那一块块排列整齐的搭石，美就是乡亲们从搭石上协调有序地依次而过，美就是年轻人俯下身子背老人过搭石的那一瞬间。其实，生活中到处充满美。希望同学们也能从平凡的事物中发现美、记录美！

二、板书设计

搭石

三、课外阅读，迁移策略

同时教师应提醒学生也能在日后的整本书课外阅读中，有意识地用上今天学习到的提高阅读速度的方法，用更少的时间，读更多更好的书，遇见更美的风景！

第二课时

【教学目标】

1. 用较快的速度默读文章，做到集中注意力、不回读。

2. 通过具体事例感受人性之美，《搭石》《加罗内的母亲》。

【教学过程】

（一）谈话导入

通过上节课的学习，我们感受到了《搭石》作者家乡人的质朴和善良，甘于奉献、不求回报。是的，爱是无私的，爱是博大的，爱贯穿于每个人的生命中。这节课就让我们走进意大利作家亚米契斯的作品《爱的教育》，通过几篇文章的阅读去感受那无处不在的爱，同时进一步练习集中注意力和不回读的速读方法。

（二）阅读《爱的教育》

采取集中注意力不回读的方法快速阅读，想想：你都知道了哪些内容？教师掌握好速读时间，留给学生交流的时间，让学生结合旁批中的问题再读文章，思考后交流。

例如，在《爱的教育》一文中加罗内失去母亲很伤心、难过，文中哪些语句能让你体会到这种心情？（预设："他刚刚进来……看着这些，他绝望地放声大哭起来。""他拿出许多天以来都没打开过的练习本和书……他又一次失声痛哭，把脑袋趴在胳膊上。""加罗内独自一人站在旁边望着我…… 你的母亲尚健在，而我母亲却辞世了！"）

再如，加罗内的母亲为什么要这么做？你体会到了什么？（预设：理解、关爱。）

读了文章，你感受到了什么？（预设：亲子之爱、师生之情、朋友之谊。）

将相和

◎文本解读

一、文本地位解读

《将相和》作为本单元第二篇课文，重点学习"尽量连词成句地读，不要一个字一个字地读"，即尽量扩大视域，能一眼看到多个词语甚至一句话，并能基于学生真实的阅读经历，在自主、反复的阅读实践中，加深对阅读策略的领悟运用。教学时，师生可以通过计时阅读和限时阅读来检测阅读效果。

二、文本内容解读

《将相和》这篇文章的构思创作紧紧聚焦于"通过具体事例写一个人，展现其特点"，此意图与本单元的习作"能抓住人物的主要特点，用一两件具体事例描写自己的老师"要求相吻合。课文以秦赵两国的矛盾为背景，按照时间发展顺序，依次讲了"完璧归赵""渑池会面""负荆请罪"三个故事，前两个故事中蔺相如屡次立功，被重用程度超过了老将廉颇，引起了廉颇的不满，才有了第三个故事。将相由"不和"转变到"和"，其中发生了什么，师生可共同解读。

三、文本语言解读

课文借助语言、动作描写表现人物性格。写蔺相如与秦昭王的斗智时，"完璧归赵"中的"撞柱"和"渑池会面"中的"同归于尽"最能体现蔺相如气势的场景。在欲"撞柱"前，蔺相如怒发冲冠，揭穿了秦昭王的险恶用心，并表明自己义无反顾的立场，使得秦昭王理屈词穷又不敢动怒。在欲与秦昭王"同归于尽"时，蔺相如也是先礼后兵，一再请求均遭到拒绝后，才使出"同归于尽"的有效威胁——"您现在离我只有五步远"。蔺相如在关键时刻的语言，句句掷地有声，透出令人生畏的巨大威力，也表现出他面对强秦不畏生死的勇气。

四、文本结构解读

本文以秦赵两国的矛盾为背景，依次写了"完璧归赵""渑池会面""负荆请罪"三个故事，每个小故事既具有相对的独立性，又联系紧密。前两个故事的结局，是第三个故事的起因，三个故事层层递进且结构清晰。

五、文本情志解读

《将相和》中的三个故事，赞扬了蔺相如的勇敢机智和不畏强暴及顾大局、识大体的可贵品质，也赞扬了廉颇勇于改过的精神，同时也表现了他们二人以国家利益为重的情怀。

六、文本教学化解读

《将相和》篇幅较长，适宜学生练习快速阅读策略。课文通过对"完璧归赵""渑池会面""负荆请罪"三个故事的记述，写出了将相之间由"和"到"不和"再到"和"的经过。文中人物形象栩栩如生，因果关系错综复杂。教授这一课，重点要解决三个难题：厘清文章的思路、弄清故事之间的联系、把握人物形象。本课的教学旨在引导学生快速读文，采取"自主阅读—小组交流—教师点拨"的学习方式，使学生体会在具体事例中写出人物特点的方法，同时培养学生快速阅读、捕捉信息、解决问题的能力。

◎**教学设计**

【教学目标】

1. 认识"璧、臣"等13个生字，读准多音字"强、划、削"。会写"召、臣"等12个字和"无价之宝、召集"等15个词语。

2. 学习"连词成句地读"，有意识地提高阅读速度。

3. 根据提示，用自己的话说说课文的主要内容。

4. 结合具体事例说出对蔺相如、廉颇的印象。感受作者用三件事写人，表现人物特点的方法。

【教学重点】

学习"连词成句地读"，有意识地提高阅读速度；并结合具体事例说出对蔺相如、廉颇的印象。

【教学过程】

第一课时

一、游戏体验，学习速读策略

（一）参与游戏（利用多媒体由易到难闪现词语或句子，比一比看谁记得多）。

呈现内容	呈现方式	呈现目的
①典礼（1秒） ②鼓瑟 击缶（2秒） ③完璧归赵 负荆请罪（2秒）	分三组逐渐增加字数呈现	体验视距拉得越长看到的越多
①上大夫 上卿 门客 大臣（2秒） ②怒发冲冠 同归于尽 毫不示弱 同心协力（4秒）	分两组"之"字形呈现	体验眼珠移动得越快看到的越多
①赵王接到秦国书信后又胆怯又着急，立即召集大臣进宫来商议（6秒） ②秦王连忙叫人拿出地图，把允诺划归赵国的十五座城指给蔺相如看（7秒）	分两组呈现	体验视距拉得越长、眼珠移动得越快看到的越多

（二）畅谈体验

怎样才能记得多？

预设：不要一个字一个字地阅读，要一眼扫过去，尽可能多地看到词语或句子；眼珠要快速移动；要集中注意力……

（三）知晓策略

你们说的正是我们这节课要学习的速读策略——尽量连词成句地读。

二、整体感知，体验速读策略

（一）计时速读，整体感知

> 阅读提示：
> 　用较快的速度默读课文，记下所用的时间。尽量连词成句地读，不要一个字一个字地读。边读边想：课文为什么叫"将相和"？

首先，读了课文，交流速读的体会。

预设1：一眼要尽可能多地看到词语或句子；要连词成句地读，不要一个字一个字地读……

预设2："鼓瑟"这个词语我不懂，但不影响理解课文内容，我就没有管它，继续往下读。教师追问学生，请他们说一说在阅读时跳过了哪些暂时读不懂的词语。

其次，连词成句地读、不停读、不回读，可以提高默读速读，同时也可以迅速捕捉到主要的内容。

最后，关注阅读时间，自评星级。

（设计意图：既可以加深学生对"尽量连词成句地读"的速读策略，又可以巩固"集中注意力、不停读、不回读"的阅读策略，巧妙地将两种策略融合运用；通过自评星级，有效增强学生速读的意识）

（二）静心默读，寻找答案

首先，静心默读，给学生留够默读时间。

其次，进行集体交流：读了课文，你知道了哪些词语的意思？

预设一：学生能依据上下文大致猜出"鼓瑟""击缶"是演奏某种乐器；"上大夫""上卿"是官职名称，教师出示图片及文字资料印证其猜测。

预设二：学生能依据上下文大致猜出"门客"指的是某一类人，但不清楚具体是什么人。教师出示关于介绍门客的资料，请学生用"尽量连词成句地读"的速读策略快速默读，并从中寻找答案。

（三）限时速读，讲好故事

阅读提示：

限时五分钟默读课文。尽量连词成句地读，不要一个字一个字地读。边读边想：课文围绕"将相和"写了哪几个故事？讲讲你最喜欢的故事。

首先，讲讲喜欢的故事。其一，课文围绕"将相和"写了哪几个故事？（板书设计：完璧归赵 渑池会面 负荆请罪）。其二，指名讲故事，其他同学边听边看，比比谁细节记得准。

其次，由教师完成课堂小结，如"将相和"的故事能跨越数千年，流传至今，从中我们认识了怎样的蔺相如和廉颇呢？下节课我们将继续走进"将和相"。

第二课时

一、回顾所学，梳理速读策略

（一）梳理策略

学生学会了哪些速读策略？运用这些策略快速读课文的时候教师要提醒学生注意哪些内容？

（二）回顾内容

课文围绕"将相和"写了哪几个小故事？用自己的话说说课文的主要内容。

（三）导入新课

"将相和"的故事发生在两千多年前的战国时期，到了汉代，司马迁记载了这个故事，司马迁善于通过驾驭充满矛盾的典型事件来塑造人物形象。

二、评价人物，运用速读策略

（一）速读，评价蔺相如

阅读提示：

你认为蔺相如是个怎样的人？用你喜欢的速读策略默读，在你认为可以作为理由的词句旁做一些标记，能找到几处标记几处。读完后，举手示意，记下自己所用的时间。然后填写个人观点记录卡。

首先，由教师示范引路：从谈话中你能感受到蔺相如是个怎样的人？为什么？

其次，由学生开展自主探究。

再次，师生开展共议交流。

最后，由教师提醒学生，发言的同学要先亮明观点，再论述支撑自己观点的论据；

其他同学要依据自己速读时的记忆与记录做出评价，发言同学的观点对不对？理由充不充分？每个人都依据"星级速读者"评价标准完成自评（兼顾阅读时间与理解程度）。

星级速度

【评价标准】
五星：阅读速度快（低于 4 分 55 秒），总结出了人物的核心品质，并且理由很充分。
四星：阅读速度较快（4 分 55 秒~5 分 4 秒），找到了人物的核心品质，理由不是太充分。
三星：阅读速度一般（5 分 5 秒~5 分 14 秒），找到了人物的品质与理由，理由不太充分。
二星：阅读速度有些慢（5 分 15 秒以上），评价人物有观点有理由，但都比较单一。

【评价结果】《将相和》全文 1526 个字，我使用了_____的速读策略，用时_____，是_____星级速读者。

其一，完璧归赵、渑池会面体现了蔺相如的机智、勇敢、缜密的人物性格特征。

预设：学生容易抓住蔺相如的语言和动作感受其机智勇敢，由教师先引导学生结合生活体验读"怒发冲冠"这一部分，加深理解；相机勾连"渑池会面"中蔺相如与秦王针锋相对的画面：还能从哪里能感受到蔺相如的机智、勇敢？

请学生演一演，读出谈判双方语气。

请学生想一想，发现疏漏：有没有发现这段话中不合情理的地方？

预设：秦国本就比赵国强大，渑池又在秦国地界，蔺相如在此说要跟秦昭王拼了，秦昭王失了面子，定会恼羞成怒，赵惠文王和蔺相如绝不能全身而退；蔺相如是一个文官，五步之内不可能伤得了秦昭王。

请学生查一查，明白真相（限时），战国时期有一个风俗，颈血溅身是最不吉利的事情。

预设：学生应该能抓住蔺相如的语言感受到他"虑事周全"的性格特征，则由教师相机引导学生了解第六自然段中蔺相如对赵王说的那段话，并加深其感受，同时引导学生从其他地方感受到其虑事周全的性格特征。

（设计意图：发现疏漏，进而关联原文一举数得；"想一想"，使学生思维的深度和缜密度得到发展和提升；"查一查"将学生的视野引向原著，产生阅读原著的期待；"限时"的要求促使学生在阅读实践中学习快速阅读方法）

其二，着重分析负荆请罪的故事，表明蔺相如与廉颇二人为国为民顾全大局，请学生用自己的话讲一讲自己的理解。

其三，回归整体。说说每个小故事反映出的蔺相如的品质有哪些？围绕"将相和"作者为什么要写这三个小故事？

（二）速读，评价廉颇

首先，自主探究。

阅读提示：你认为廉颇是个怎样的人？快速默读，在你认为可以作为理由的词句旁做一些标记，能找几处标记几处。读完后，举手示意，记下自己所用时间。然后，填写个人观点记录卡。

其次，开展共议交流。

其一，负荆请罪，请学生通过语言，感受其人物形象：粗鲁无礼、居功自傲、心胸狭隘……

请学生通过心理和动作，感受其人物形象：勇于改过。

其二，通过课外资料全方面了解廉颇这一人物形象（预设：骁勇善战、战功显赫）。

师：廉颇作为一代名将，为什么从三个小故事中仅能看到他身上的一个闪光点？速读课外资料，说说从中你又看到了怎样的廉颇？（骁勇善战、战功显赫）

廉颇者，赵之良将也。赵惠文王十六年（前283），廉颇为赵将伐齐，大破之，取阳晋，拜为上卿，以勇气闻于诸侯。

最后，由教师引导学生回归文本，廉颇虽然有时粗鲁无礼、心胸狭隘，但他勇于改过、骁勇善战，真不愧是"赵之良将"，再加上蔺相如的机智勇敢、不畏强暴、顾全大局。此二人同心协力保卫赵国，从而成就了"将相和"这一永垂史册的佳话。

三、交流分享，内化速读策略

请学生说一说，通过学习对"提高阅读速度的方法"又有了哪些新的认识或体会？

预设：速读有方法，一眼扫过去要尽可能多地看到词语或句子；速读有好处，有利于克服走神的毛病，扩大阅读量，增加知识面，提高学习效率；通过本课的学习，学生认识到"提高阅读速度"和"理解内容、评价人物"同样重要。

（设计意图：方法学习要遵循"在实践中体验感悟，在行动后反思内化，在新的情境中灵活迁移"的原则。而反思性学习是学生丰富认知结构的关键环节，随着学生心智的成长，因此教师应适当抓紧抓实）

附：个人观点记录卡

我认为蔺相如是个_____的人，理由如下： 理由1： 理由2： 理由3： ……	我认为廉颇是个_____的人，理由如下： 理由1： 理由2： 理由3： ……

什么比猎豹的速度更快

◎ 文本解读

一、文本地位解读

《什么比猎豹的速度更快》是一篇介绍物体运动速度的说明文，其教学内容重在引导学生学习"借助关键词句"把握课文内容的方法，从而提高学生的阅读速度。

二、文本内容解读

从人们最熟悉的自身奔跑速度开始介绍到鸵鸟、猎豹、游隼三种动物的速度，接着谈到天空中的飞机、太空中的火箭、流星体的速度，最后说到光速。本文在写法上也具有独特之处：一是题目设问，激发读者的阅读期待；二是段落的表达方式相似，运用准确的数据，借助比较说明每个自然段基本上讲的都是一种物体要比另一种物体的速度快，脉络清晰。

三、文本语言解读

《什么比猎豹的速度更快》是一篇科普说明文。本文语言简洁明了，通俗易懂，运用了列数字、作比较、举例子等说明方法通过对比介绍了世界上速度最快的物体是什么，最后说明世界上速度最快的物体是光，给人留下了深刻的印象。

四、文本结构解读

在学习提示中提出通过"借助关键词句"把握内容从而提高阅读速度的方法。一是本课篇章结构特殊，每一自然段在表达上有相似的特点——讲的都是一种物体要比另一种物体的速度快；二是每一自然段都有关键词句，能帮助学生快速了解自然段的意思，从而把握主要内容。

五、文本情志解读

本文为我们介绍了比猎豹的速度更快的物体，由动物到飞机、火箭、流星体再到光，速度一个比一个快，最终得出结论：科学家认为光的传播速度是最快的。学习本文旨在激发学生热爱科学、探索宇宙奥秘的兴趣。

六、文本教学化解读

《课程标准》强调，阅读说明性文章要抓住要点，了解文章的基本说明方法。作者主要运用了作比较、列数字等方法，列举比猎豹速度更快的物体，最后说明世界上速度最快的物体是光，给人留下深刻的印象。文本条理清晰、层次分明，段落之间衔接得很紧密，采用了段首提出问题，段尾给出答案的表达形式。因此，教学时，应充分发挥学生的主体作用，采用读一读、画一画等方式进行自主、合作、探究的学习方式，引导学生学习作者介绍事物时所采用的说明方法。同时，引导学生提高默读的速度，了解文本的主要内容，是这篇文本的一个训练重点。教学时，教师应指导学生学习借助关键词句，用较快的速度默读文本以提高阅读速度。首先，在文本中，快速阅读依然要遵循以理解为前提的要求，在学生初读后，以习题的方式进行检测。其次，在学生阅读的过程中，仍需要提示学生综合使用之前的不停下来读、不回读和连词成句的阅读方法。

◎ **教学设计**

第一课时

【教学目标】

1. 认识4个生字，掌握多音字"冠"，积累"猎豹、冠军"等词语。

2. 学习借助关键词句快速默读的方法。

3. 带着问题阅读，深入理解内容。

4. 厘清写作顺序，初步感知说明方法。

【教学过程】

（一）活动导入，激发兴趣

教师利用数字化教学方式闪现段落，引导学生结合用快速阅读方法，说说每段的主要内容：

金星上有真正的"酸雨"……液滴还没有落到地面上就蒸发掉了。

——金星上有真正的"酸雨"

地球上下雨不是什么稀罕事……每颗行星都有其独特的大气和天气。

——每颗行星都有其独特的大气和天气

由学生进行交流，教师完成小结：找出中心句、借助关键词句、采用扫读的方法等均可提高阅读的速度。

（二）快速默读，把握内容

教师应引导学生用较快的速度默读课文。要求：集中注意力不回读；连词成句地读，默读时关注关键词句。

教师启动计时器（提示：学生在读完后应及时记下自己的阅读时间）。

教师应组织学生进行交流。

完成课后作业2，根据内容，请学生按运动速度的快慢给下面的物体排序；把握文章主要内容，教师分别找不同阅读速度的学生进行交流，并说说自己的阅读方法。教师应引导学生关注文中的一些关键词句。

（三）自主学习，检测字词

学生借助课后生字条自学，教师出示词语检测：

冠军　陆地　俯冲　搭乘　赤道　火箭　轻易　发动机　手电筒　高速公路　呼啸而过　难以置信

（四）带着问题，再读课文

学生提出自己感兴趣的或不懂的问题，教师应加以梳理。学生带着问题再读课文，与同学进行讨论。

谈谈对猎豹、游隼、飞机、流星体等物体的认识。

（五）感悟表达，学习写法

1. 本文在表达上有什么特点？

每一段讲述一种物体，而且总比上一段所写物体的速度快（课件依次出现相关物体图片和速度）。

2. 本文是说明文，采取了哪些说明方法？这样写的好处是什么？

（1）列数字、作比较。

教师应引导学生结合具体的句子进行交流，初步感知说明文的写作方法。

（2）好处。

列数字：准确无误，令读者信服。

作比较：更形象、更直观。

（六）整合阅读《人类的脚步》

其一，学生读第一段，教师结合旁批中的问题对学生进行引导，例如，人类文明经历了哪两次大飞跃？

其二，学生运用抓关键语句的方法速读文章，并找到答案。教师应掌握速读时间。

其三，文章第一段在全文中有什么作用？（预设：中心句）

其四，你还有其他收获吗？

由教师完成小结：阅读文章时，学生可以带着自己感兴趣的问题，借助关键语句进行快速阅读，可以采取跳读的方法，提高阅读的效率。

（七）板书设计

什么比猎豹的速度更快

人—鸵鸟—猎豹—游隼—声音—喷气式飞机—火箭—流星体—光

列数字 作比较

第二课时

【教学目标】

其一，带着问题阅读以下文本，带领学生探寻科学的奥秘。

其二，教师运用借助关键词句和文章结构的方法引导学生进行快速默读，了解文本的主要内容。

【教学过程】

（一）课程导入

同学们，我们处在一个日新月异的时代，科学的飞速发展，正在以前大家认为不可能的事情一步步变为现实。"互联网""人工智能""虚拟现实"……这些不再是一个个陌生的学术名词。它们正通过各种看得见、摸得着的科技产品，进入人们的日常生活。这节课，我们就来读一组科学类文章，来感受科技的力量。

（二）明确要求

我们可以采取从《什么比猎豹的速度更快》中学到的速读方法来阅读后面的拓展文章：带着问题阅读；借助关键词句，把握核心信息；抓住关键事物，了解文章内容。

（三）阅读《奇妙的克隆》

第一，翻阅文章，你发现了什么？

请学生以小标题的形式，围绕主题描写其主要内容。教师提醒学生在阅读时要关注文章结构。

第二，带着文章旁批中的问题，快速阅读相关内容，圈画出相关语句。

提示：以问题为导向，找到相关部分，不理解的部分与旁批中的问题无关的部分可以跳读。

由教师掌握速读时间，并提出以下问题：

什么是克隆？现在人类可以克隆出什么？

从鲫鱼到黑斑蛙，再到小灰鼠，从克隆技术的不断进步中，你体会到了什么？

"克隆羊"的诞生，为什么在全世界引起了轰动？

克隆技术将怎样造福人类呢？

第三，全班交流。

（四）阅读《人类和自然斗争的武器》《新能源，正在改变世界》

1. 看到这两个题目，你最想知道什么？

与自然斗争的武器有什么？

什么是新能源？新能源有哪些？

2. 带着问题快速读文章，圈画出关键语句（由教师掌握速读时间）。

3. 学生之间进行交流。

4. 你是怎样快速找到这些问题的答案呢？

（五）阅读《机器人的"智商"》《除了地球，其他星球上会下雨吗》

教师引导学生自由阅读，教师引导学生交流学生感兴趣的部分。

（六）总结

通过相关阅读，我们了解了科技创造的奇迹，感受到了科技发展的速度，科技的成就也在不断改变着人们的生活。希望同学们在平时阅读书报、看电视时，多关注科技发展的新成就。

（七）板书设计

妙想科学

文章结构　带着问题　关键语句

统整提升

单元总结课

【教学目标】

总结归纳提高阅读速度的方法。

【教学准备】

多媒体课件

【教学过程】

一、课程导入

同学们，我们第二单元的学习，有一个提高阅读速度的训练主题，也就是平时说的"速读"。如何实现速读呢？结合学过的四篇课文，有哪位学生愿意说说速读的方法吗？

二、合作探究

第一，请大家先翻阅前面的四篇课文，查找速读的方法，然后开展小组交流。

第二，由小组进行汇报。

第三，教师相机评价，并帮助学生总结。

《搭石》这篇课文要求我们用较快的速度默读课文，并集中精力、不回读，以此了解主要内容；《将相和》这篇课文教给我们要连词成句地读，从而提高阅读速度；《什么比猎豹的速度更快》这篇课文教给我们借助关键词句提高阅读速度，了解课文内容。

第四，学生结合自己的阅读经历，说说本单元学习中尝试了哪些提高阅读速度新方法，还有哪些方法用得不熟练。

第五，教师鼓励学生要在今后的课内外阅读中运用提高阅读速度的方法，明确告知学生小学阶段的阅读速度要求（默读一般读物每分钟不少于 300 字），并鼓励学生平时要加强练习。

三、读中感悟

其一，由教师进行总结：请将课本翻到语文园地读一读"交流平台"部分，看看这四位同学总结的速读方法是否全面。

其二，由学生自读，或由教师请学生朗读。

其三，开展学生交流：这四位同学总结的提高阅读速度的方法是什么呢？由教师请学生回答。

其四，教师再次总结：提高阅读速度，要集中注意力读，尽量连词成句地读，不回读，带着问题读，暂时忽略不懂的词语，还要抓住关键词句，捕捉有用的信息。

四、拓展练习

首先，学生知道了提高阅读速度的方法，但还要不断练习以提高其阅读理解能力。

其次，教师出示练习进行巩固训练

请在半分钟内提取下面几句话的信息，用一个简单句子为"嫉妒"下定义。

①嫉妒是一种缺陷心理。

②嫉妒是人人都具有的。

③嫉妒是不足为奇和无可厚非的。

再次，教师引导学生自学，然后全班进行交流。

最后，教师总结并出示答案。

五、总结

这节课复习并总结了单元训练的速读方法，在以后的学习中，请学生继续练习使用这些速读的方法，以提高其阅读效率。

六、板书设计

提高阅读速度的方法

集中注意力，忽略难懂词，不回读

连词成句地读

抓关键词

带着问题读

教后拾贝

统编版小学语文五年级上册第二单元的人文主题为：阅读要有一定的速度。语文要素为：学会提高阅读速度的方法，结合具体事例写出人物的特点。针对统编教材的双线结构特点，两线均衡递进，共同强化语文学科的综合性和实践性。在教学过程中的课堂形式和教学方法上要与普通阅读单元相区别，因此在如何提高阅读速度方面，笔者有以下启示。

一、把握"五个一"，用好阅读策略

其一，明确一个概念："提高阅读速度"不等于"快速阅读"。

其二，把握一对关系："提高阅读速度"与"提高阅读理解质量"之间的关系。

其三，遵循一条规律：学生学习的规律应顺应学生身心发展的规律和特点，以学定教，顺学而导。

其四，指导一种方法：检验学生是否理解课文的主要内容，能否说出印象深刻的画面和人物形象。

其五，养成一种习惯：引导学生在课外阅读中运用已经习得的方法策略以提高阅读速度。

二、教学五步骤

其一，引导学生关注学习提示，明确训练重点。

其二，在阅读中有意识地运用速读方法，同时记录自己所用的阅读时间。

其三，学生阅读完毕后，由教师出简单的测试题，检验学生阅读的理解效果。

其四，引导学生交流阅读感受。

其五，运用学习到的方法再次阅读，在实践中进一步提高阅读速度。每一篇课文都有不一样的训练重点和方法。

三、以第二单元的课文为例

《搭石》一文主要引导学生关注阅读速度，引导学生集中注意力且不回读。在阅读课文时，提醒学生用较快的速度默读课文，遇到不懂的词语不要停下来，学生用计时器记下阅读时间；在阅读完毕后，出示简单的检测题如"文中主要讲了哪些内容?""阅读完课文你看到了几个场景?"等，让学生意识到阅读速度和理解课文内容并重；学生之间相互交流阅读方法，带着交流成果继续阅读。多次反复的阅读，不仅可以提高学生的阅读速度，而且可以提高学生的理解能力。

《将相和》一文主要引导学生学会连词成句阅读，"扩视域"的一目多字连读。首先，阅读不应停留在一个个单字，而是由一系列连续的字、词、句、段组成的文章，其操作程序是"眼停—回视—扫视"。在阅读的过程中，看到一个字的字形经常先于读出这个字的读音，这种视觉先行的做法叫作"视读广度"。在阅读《将相和》时，应该提醒学生尽量拉长"一眼看到的距离"，把字连成词，把词连成句，视觉先行越长，阅读速度越快。可以通过出示字数不同的卡片，增加学生一眼能看到的内容。例如：一目二字（召集）；一目四字（允诺、示弱）；一目六字（能耐、负荆请罪）；一目八字（攻无不克、战无不胜）；一目十字（胆怯、理直气壮、同心协力）；一目一句（他脱下战袍，背上绑着荆条，到蔺相如门上请罪）。

《什么比猎豹的速度更快》借助关键词句，关注文体特点。学生带着问题展开阅读以提高阅读速度；学生能够迅速在文中找出每一段的关键词，梳理出文章的框架结构；借助每一段的明确关键词句把握课文内容，提高阅读速度；借助课后题将整篇课文贯穿起来，从而让学生更深刻地体会如何通过关键词句来提高阅读速度。

在本单元结束后，教师带领学生回顾学习心得，梳理总结提高阅读的方法，提示学生在日常生活中不断加强阅读方法练习，熟练运用各种阅读方法，促使学生成为积极的阅读者。

第五章　明确目的，精准阅读

——小学语文六年级上册有目的地阅读策略单元

单元概览

小学语文六年级上册第三单元是统编教材第四次以阅读策略为主题的单元内容，围绕"有目的地阅读"这一策略进行编排，是对前面阅读策略（预测、提问、提高阅读速度）的综合和提升。其目的在于引导学生学习并掌握基本的阅读策略，逐渐形成运用阅读策略的意识，养成有效阅读习惯，增强阅读能力，爱上阅读。

本单元要素包括：了解阅读目的与策略，提高阅读效率，培养阅读兴趣。这些要素的获得有利于学生更好地掌握阅读本领，提高其阅读理解能力。

本单元教学应将语文要素贯穿其中，让学生通过本单元的学习，掌握有目的地阅读的方法和策略。具体来说，教学可以从以下几个方面展开：

其一，了解阅读目的。在教学中，教师可以引导学生了解不同类型文本的阅读目的，如小说、散文、诗歌等，以及如何根据不同的阅读目的选择合适的阅读策略。

其二，培养阅读兴趣。教师可以引导学生阅读自己喜欢的书籍或举办读书分享会等，激发学生的阅读激情，培养学生良好的阅读习惯。

其三，提高阅读效率。在教学过程中，教师可以教授学生一些阅读技巧，如快读、略读、精读等阅读方法，帮助学生提高其阅读效率。

理解文本意义：通过本单元的学习，学生能理解文本的基本意义，主要包括文本的主旨、结构、语言特点等，并能够用自己的语言概括文本内容。

其四，评价与反思。在阅读过程中，教师可以引导学生对所读文本进行评价和反思，如分析文本的优缺点、探讨文本的主题等以提高学生的辩证思维能力和阅读能力。

本单元教材主要包括《竹节人》《宇宙生命之谜》《故宫博物院》，这些文本不仅涵盖了不同的文体和主题，而且具有不同的阅读目的和阅读难度，对于这些文本的解读，可以从以下几个方面展开。

第一，文本主旨。通过阅读文本，教师可以引导学生理解各文本的主旨，即文本所要表达的核心思想或观点。例如，《竹节人》讲述了一个有关童年趣事的回忆，表达了作者对传统玩具的怀念和对童年的眷恋；《宇宙生命之谜》则探讨了宇宙中是否存在其他生命体的科学问题，引发学生对宇宙的思考和好奇心。

第二，文本结构。教师通过分析文本的结构，帮助学生理解文本的层次和组织。例如，《故宫博物院》按照时空顺序介绍了故宫的历史和文化背景，并通过多个景点的内容让读者了解故宫的建筑风格和文化价值。

第三，文本语言。本单元的文本语言风格各异，有叙述、说明、议论等不同类型。教师可引导学生关注文本中的关键词、句型、语法等语言要素，并对重点、难点加以讲解和练习，提高学生的语言运用能力。

第四，文本背景。在阅读文本之前，教师可以介绍相关的背景知识，帮助学生理解文本。例如，《竹节人》涉及传统玩具和童年记忆的话题，教师可以引导学生回忆自己的童年玩具或者了解传统玩具的文化背景。

通过对单元教材的深入解读，教师可以更好地把握教学重点和难点，有针对性地开展教学活动，提高学生的阅读能力和阅读兴趣。同时，教师还可以根据教材内容自行设计一些阅读活动或练习题，进一步巩固和拓展学生的阅读知识和能力。

本单元教材编排是依据学科知识和学习过程而形成有内在逻辑联系的结构体系，遵循了一定的顺序和逻辑。

单元页里的人文主题引用了杨绛先生的一句话"读书好比串门儿—隐身的串门儿"。这个比喻让学生感受到阅读的兴趣，也为本单元的阅读策略学习设置了特定的情境，让学生在运用本单元策略进行阅读时，要带着不同目的、去不同"人"家里"串门儿"，探寻不同文本的趣味。所以本单元的安排，主要体现在以下几个方面。

首先，阅读目的与阅读策略呈逐步深化的特征：本单元的单元导语首先提出了有目的地阅读的概念，教师应引导学生了解阅读的目的、学习阅读策略。《竹节人》《宇宙生命之谜》《故宫博物院》应按照阅读目的和难度的不同而层层深入，帮助学生逐步掌握阅读方法和技巧。

其次，阅读技能的强化：在每篇课文的后面都附有相应的阅读练习和活动，这些练习和活动旨在强化学生在阅读过程中学到的阅读技能和知识，如提取信息、概括中心思想、推断文本意义等。这些阅读技能的强化训练有助于提高学生的阅读理解能力和阅读速度。

最后，跨学科内容的融合：在本单元的第三篇课文《故宫博物院》中还附有一些与历史、地理相关的阅读材料，这些阅读材料有利于帮助学生了解与文本相关的文化背景，同时也体现了语文学科能与其他学科融合的特征。

本单元教材围绕有目的地阅读这一策略，设置了以下任务和活动。

1. 单元总任务

本单元的总任务是让学生通过阅读不同类型的文本，了解并掌握有目的地阅读方法和阅读技巧以提高学生的阅读效率和理解能力。

2. 每课任务

通过阅读《竹节人》，教师引导学生了解与童年回忆的主题，理解作者对传统玩具的怀念和对童年的眷恋。同时，学生要学习如何运用阅读技巧，如略读、精读等阅读方法，提高阅读速度和效率。

通过阅读《宇宙生命之谜》，教师引导学生探讨宇宙中是否存在其他生命体的科学问题，了解文本中提及的科学家的研究过程和方法。同时，学生要学习如何提取文本中的关键信息，概括中心思想，提高自身阅读理解能力。

通过阅读《故宫博物院》，学生要了解故宫的历史和文化背景，探究其建筑风格和艺术价值。同时，学生要学会推断文本意义，理解作者的观点和意图，提高自身的批判性思维和阅读能力。

在每篇文本的后面，还设置了一些与阅读相关的练习和活动，如阅读理解题、阅读笔记、阅读分享等，旨在帮助学生巩固所学的阅读技巧，提高其阅读能力和兴趣。

总之，本单元的教材围绕"有目的地阅读"这一策略，设置了相应的任务和活动，旨在帮助学生逐步掌握阅读技巧和知识，提高自身的阅读能力和兴趣。同时，教材还注重与其他学科的融合，拓宽了学生的视野和知识面。

导读领航

单元导读课

【教学目标】

1. 会写 28 个生字，会写 39 个词语。

2. 了解什么是"有目的地阅读"。

3. 根据不同的阅读目的，选择合适的阅读材料，并运用恰当的阅读方法，完成阅读任务。

【教学重点】

了解"有目的地阅读"的方法、步骤，选择合适的阅读材料。

【教学难点】

根据不同的阅读目的，教师引导学生选择合适的阅读材料和恰当的阅读方法，培养学生养成良好的阅读习惯。

【教学过程】

一、激发兴趣，明确主题

前文我们学习了"预测""提问""提高阅读速度"等基本的阅读策略，进一步提高了我们的阅读效率，为广泛的阅读打下了坚实的基础。本单元我们将学习"有目的地阅读"策略，成为一名积极的阅读者，积极探究和学习我们未知的知识……

二、目标定向，自主阅读

首先，教师出示单元页，明确单元目标和单元要求。

其次，明确什么是"有目的地阅读"。

根据阅读的需要，运用合适的阅读方法完成阅读任务。根据阅读目的对阅读材料进行筛选，选择合适的阅读材料，减少无关材料和不重要的材料对阅读的干扰。当阅读内容确定后，引导学生还要运用学过的阅读策略，选择合适的阅读方法，达到实现快速阅读的目的：明确阅读任务，筛选阅读材料，选用，阅读方法实现阅读目的。

再次，请学生带着阅读任务，阅读三篇文章并完成下列表格。

请学生想一想如何才能顺利地完成阅读任务。

题目	阅读任务	阅读主要部分	采用阅读方法
《竹节人》	讲一个有关教师的故事		
《宇宙生命之谜》	宇宙中，除了地球外，其他星球是否也存在生命		
《故宫博物院》	选择一个景点，游故宫的时候为家人讲解		

最后，由教师引领学生总结阅读方法：快速阅读全文、筛选相关内容、仔细阅读。

三、预习反馈，夯实基础

第一，由学生自读出示的生字词，并圈画出难读或不会读的字词。

A. 生字

豁　凛　疙　瘩　棍　裁　筹　橡　雕　踩　颓　沮　趴　屉　谜　尚　氧　倾　揭　斑　燥　漠　磁　抵　御　素　盗　培

B. 词语

疙瘩　疲倦　冰棍　橡皮　颓然　沮丧　抽屉　威风凛凛　呆头呆脑　别出心裁　技高一筹　念念有词　忘乎所以　心满意足　发达　理论　类似　适当　氧气　提供　能源　昼夜　神秘　观测　拍摄　斑点　枯萎　干燥　抵御　因素　考察　培养

第二，由课件出示生字，根据情况交流并识记，对难记的字进行反复强化。

第三，开展小组交流，教师重点指导学生掌握"豁、颓、屉、斑、御"的书写。

第四，根据课文内容完成以下练习。

《竹节人》这篇文章回忆了作者童年时代_____、_____、_____的事情，表现了_____，表达了_____。

《宇宙生命之谜》是一篇_____，主要介绍了这个问题的研究和探索。

《故宫博物院》是一组_____文本，由_____篇材料组成，有对_____说明性文字，有关于_____的故事，有来自官方网站的_____和_____。

四、合作交流，点拨指导

其一，学生与学生之间交流生字词的认读和识记，由教师重点指导难读的字和难写的字。

其二，根据人物的动作、语言、神态、心理等不同的描写方法，指导学生理解词语的含义。

其三，点拨并指导学生能从整体上把握文章内容并初步了解"有目的地阅读"策略。

五、总结提升，实现迁移

教师带领学生解决在预习中还有哪些不明白的问题，并开展课外阅读，由教师引导学生。

学生带着阅读任务"苏州园林有哪些特点"完成对《苏州园林》的延伸阅读学习。

学生完成阅读任务后，教师布置作业如下：第一，将本课整理的难写字词誊写在练习本上。第二，梳理"有目的地阅读"方法步骤。

六、板书设计

有目的地阅读
明确任务—筛选内容—选用方法—实现目的

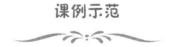

课例示范

竹节人

◎ 文本解读

一、文本地位解读

《竹节人》是统编版小学语文六年级上册第三单元——阅读策略单元"有目的地阅读"的第一篇课文，承继了前面"预测""提问""提高阅读速度"这三个阅读策略单元。通过学习提示，布置了三个不同的阅读任务，旨在引导学生体会阅读同一篇文章，学生的阅读目的不同，他们在阅读时应关注的内容和应采用的阅读方法也会不同。

二、文本内容解读

《竹节人》这篇课文回忆了童年时代的"我"和伙伴们制作竹节人、玩竹节人及在课堂上沉迷于斗竹节人被老师发现后并没收节竹人的过程，后来却发现老师自己一个人偷偷玩竹节人的事情。

三、文本语言解读

本文是一篇回忆性文章，语言夸张且精练准确，并富有童真童趣，较贴近学生的生活。作者精心布局了搏斗竹节人的几个有趣情景的顺序，用生动的语言使语言的形式与情感表达实现高度统一。作者的叙述语言节奏随着搏斗的升级和激烈程度而递增。开始斗竹节人的时候，虽然也在抒情但还是有所克制，比如用"不知疲倦""神气"等词叙述，紧接着用了"大呼胜利"，流露出作者童心未泯的真性情。

四、文本结构解读

本文主要叙述了三部分内容，分别是第一部分（第 1~4 自然段），描写了制作竹节人的过程。第二部分（第 5~19 自然段），描写了斗竹节人的事件。第三部分（第 20~29 自然段），描写了老师没收竹节人并迷上了它。

五、文本情志解读

《竹节人》这篇课文主要写了"我们"用毛笔做竹节人、"我们"斗竹节人、老师没收竹节人、老师玩竹节人这几件事。既表现了作者童年生活的快乐、有趣及爱师、尊师的师生情谊，又表达了作者对童年生活的留恋。

六、文本教学化解读

其一，通过快速阅读文本，结合生活经验，运用选读、细读等阅读方法筛选信息、提取信息，在制作玩具说明书的过程中体会"有目的地阅读"，初步感受"有目的地阅读"的思考路径。

其二，通过自主完成课外阅读任务，尝试对"有目的地阅读"这一阅读方法的迁移运用。

◎教学设计

第一课时

【教学目标】

1. 通过分析任务，选取阅读内容、阅读方法，完成玩具制作指南。
2. 通过比较任务，明确阅读目的不同，选取的阅读内容和阅读方法就不同。

【教学过程】

课前谈话：

首先，创设情境，出示图片，猜猜图片中不同年代的玩具。

其次，这些玩具承载着三代人的童年记忆，它们是哪个年代的玩具？请学生根据不同年代将玩具归类。

最后，三代人的童年玩具，其不同点和相同点是什么？

一、结合导语，明确阅读目的

其一，出示篇章页，阅读单元导语，明确本单元的目的。

同学们，今天我们将走进阅读策略单元。关于读书，杨绛先生告诉我们，引读——像串门儿一样读书，真好玩儿。这个单元有什么学习要求呢？这个单元，我们要学习有目的地阅读。

其二，揭示课题，引入情境。

我们要串的第一个门儿是《竹节人》。"竹节人"是一种什么玩具？

预设：竹节人是一种传统玩具、民间玩具。

这篇课文记录了那个年代的人、事、物，一个小小的竹节人将带着我们穿越时光，来到爷爷奶奶的童年时代。

其三，明确任务一。请学生阅读这篇课文，教师引导完成三个任务。

带着不同的任务进行阅读会有不同的收获，这节课师生可以从"写玩具制作指南，教别人玩这种玩具"开始，由教师进行指名读。

（设计意图：本节课从"竹节人"的情境引入，一开课就让学生明确本单元要学习"有目的地阅读"、本课要完成三个不同的学习任务。以学生童年生活为载体，以语文实践活动为主体，以人文主题为引领，以完成学习任务为目的，布局本课学习要素）

二、制作玩具指南，建构阅读程序

（一）分析任务，关注内容

第一，要完成玩具指南，我们需要知道些什么？

资源包里给学生提供了一些生活中的指南，学生可以选几张来看看。给学生筛选资源包的时间，请他们自主查看各种玩具指南并发表观点。

预设：做法、玩法、材料……

竹节人制作指南

材料		
工具		
制作步骤	第一步	
	第二步	
	第三步	
	第四步	
注意事项		

竹节人玩法：（　　　）——（　　　）——（　　　）——（　　　）

第二，要完成竹节人玩具指南，该怎么开展阅读呢？

预设：在阅读时就要直接关注与任务有关的内容。

第一步：快速默读课文，找出描写竹节人制作和玩法的相关段落，做上记号。

第二步：提取有用信息，填一填"竹节人制作指南"。

第三步：圈出关联词，列一列竹节人的玩法。

（二）选用方法，完成指南

第一，四人小组分工合作完成玩具指南，由两人完成制作指南，由两人完成玩法指南，然后再整合，完成后拍照。

第二，拍照上传，全班交流。

完成这份指南，学生是如何做的？

预设：直接抄写的小组（关注了信息）。有步骤的小组（关注了信息的处理）。

第三，通过对比，建构程序。

首先，对比相同点。

预设：选用方法、提取信息等。

制作：材料（毛笔杆、纳鞋底的线）、做法、工具、注意事项等。

玩法：基本玩法、花样玩法。

由教师完成小结：两组都关注了材料、制作和玩法的具体动作，这些信息都独属于玩具指南的语言。而且，两组都选用了相同的方法，就是把这些信息从课文中提取出来（由学生生成板书）。

其次，对比不同点。

提取了信息以后，两份指南又采取了不一样的做法，你觉得哪一份指南一看就知道是怎么做和怎么玩的，为什么？（预设：信息的整理、排序等）

完成这样的指南，提取了信息以后，还有很重要的一步，是什么呢？（预设：整理、排序、分步骤、加序号）

由教师完成小结：信息提取很重要，之后还需要进行整理（由学生生成板书）。

第四，激起学生朗读的兴趣。

有了这个玩具指南，我们就可以边读边玩了。

一个人玩，就一个人来读（播放视频），引读课文；或两个竹节人搏斗，两人读，两人玩，引读课文；或加道具、取名号，玩法好多呀，这么多的花样，我们也变着花样读……传统玩具我们也会玩了，第一个任务完成了！

（设计意图：把学生现有的经验作为新知识的生长点，引导学生从原有经验中完成玩具指南。设计富有挑战性的学习任务，通过制作玩具指南促使学生完成自主、合作、探究学习。比如，完成玩具指南后，回忆自己的思维过程，建构"有目的地阅读"的步骤：先分析任务需求，再明确关注内容，然后选择恰当方法）

三、通过比较，有目的地阅读

（一）课后拟定阅读规划

由教师拟定阅读规划，带领学生体会传统玩具给人们带来的乐趣。其一，要完成这两个任务，我们需要按步骤操作（板书设计：分析任务—关注内容—选用方法）。其二，照着样子，同学们也给其他任务做阅读规划，该关注什么内容？选择什么样的方法？

跟学习小伙伴的交流也许会给我们启发，选择一个任务，开始规划吧！由教师选定两个任务，一部分学生完成任务一，另一部分学生完成任务二。

（二）建构阅读策略

看板书，通过对比，你今天有什么发现吗？

预设：同一篇文章，任务不同，阅读时要关注的内容不同，可选用的阅读方法也会不同（板书：目的不同，方法不同）。这是由我们自己拟定的阅读规划，那这条阅读路径适用吗？

下节课我们就照着规划去做，继续学习"有目的地阅读"这一阅读方法。

（设计意图：本节课通过阅读规划使学生思维可视化；通过变化情境，进行比较思维方法训练，使学生进一步感知"有目的地阅读"，初步建构起什么是"有目的地阅读"，明白为什么要"有目的地阅读"，如何进行"有目的地阅读"，培养学生的思维能力）

第二课时

【教学目标】

1. 通过复习，唤醒学生"有目的地阅读"的意识。

2. 通过自主完成课外阅读任务，引导学生对"有目的地阅读"进行迁移运用。

【教学过程】

一、体会传统玩具的乐趣

（一）明确任务，回忆方法。

首先，由全班学生齐读本节课第二个学习任务。

其次，复习梳理"有目的地阅读"的方法：明确任务（干什么）—速读筛选（读什么）—细读处理（怎么读）—完成任务（怎么样）。

（二）带着任务，速读筛选

首先，自由阅读课文，想想哪些地方写出了传统玩具给人们带来乐趣。

其次，全班交流，找到相关内容。

（设计意图：学生为完成阅读任务筛选内容，明确阅读目标，缩小阅读范围，降低阅读难度，为完成阅读任务提供阅读材料）

（三）细读处理，交流感悟。

首先，由学生完成相关阅读内容，完成学习单。

阅读任务二	相关内容	阅读方法	阅读感悟
体会传统玩具给人们带来的乐趣			

其次，全班学生进行交流。运用了哪些阅读方法来体会传统玩具给人们带来的乐趣？

预设一：抓关键词，分析想象。

通过跳读抓住名号、战斗、动作、配音、观战、偷玩等关键词句，想象画面，分析细节，体会情感。

预设二：多样朗读，体会乐趣。

有感情地进行朗读，分角色朗读，由教师重点指导学生读打斗声，请学生齐读体会其中的乐趣。

讲一个有关老师的故事。

结合阅读提示，明确阅读任务。速读筛选找到文中与老师相关的内容。细读处理，由学生独立完成相关学习任务单。

（设计意图：此环节虽简单，但非常有必要，它指向明确，具有指导意义。这个学习任务偏重于叙事，需要把握事情的前因后果来讲述故事。学习单的介入，为学生梳理文中老师的故事提供了一个思维路径）

由学生讲述文中有关老师的故事。

首先，可联系生活创造性复述故事。其次，可举行全班"故事大王"比赛。

（设计意图：讲述文中老师和竹节人的故事，在进行课堂教学时教师要放手让学生独立完成，教师给予适时的方法引导，帮助学生把故事讲清楚、讲明白、讲生动、讲得更吸引人，实现语言的迁移与运用）

二、总结方法，迁移运用

阅读金波的作品《一起长大的玩具》，完成以下延伸阅读任务：选择一种玩具，写出玩具制作指南；体会兔儿爷各种扮相的趣味；选择一种玩具，讲述一个关于这个玩具的故事。

（设计意图：此环节旨在激发学生在阅读时形成策略意识，在充分尊重学生个性的基础上进行有目的地阅读。在读一篇文章或一本书的时候，要能自觉运用阅读策略，成为真正的阅读者）

宇宙生命之谜

◎ **文本解读**

一、文本地位解读

本课是学生有了"有目的地阅读"的意识之后，复习抓住关键信息进行阅读的策略再巩固。

二、文本内容解读

《宇宙生命之谜》是一篇科普说明文，介绍了科学家对地球之外其他星球是否有生命存在进行研究和探索，并最终说明到目前探索的情况为止，地球之外是否有生命存在仍然是一个未解之谜。作者在行文中紧紧扣住"谜"来编排文章。作者先引出"地球之外其他星球是否有生命存在"这个话题并从理论上提出猜测：地球绝不是有生命存在的唯一天体。接着，作者分析了生命存在的四个条件，对太阳系除地球、火星之外的六大行星进行分析，得出的结论是：这些行星中不可能存在生命，但还需要继续探索宇宙生命之"谜"。

三、文本语言解读

作为一篇科普性文章，其语言严谨、用词准确，富有很强的逻辑性。比如，"可以猜测，地球绝不是有生命存在的唯一天体。但是，人类至今尚未找到另外一颗有生命存在的星球"。前一句是从理论上提出的猜想，后一句是从目前的现实状况得出的结论，这是因为目前人类认知能力和技术条件有限，其探索范围有限，所以得出以上结论。"人们了解了生命起源的过程之后，认为至少应有这样几个条件……""至少"说明了生命存在的必要条件……课文中这样表达严谨的句子还有多处。

四、文本结构解读

这篇文章共有十个自然段，可以分为四个部分。

第一部分（第1～2自然段），引出"地球之外其他星球是否有生命存在"这个话题，并从理论上提出猜测：地球绝不是有生命存在的唯一天体。

第二部分（第3～4自然段），罗列了生命存在的四个必要条件，然后根据这四个必备条件，分析了太阳系中除地球和火星之外的六大行星都不可能有生命存在。

第三部分（第5～8自然段），主要讲述了科学家对火星的探索和研究，最后得出的结论是火星上是否有生命存在还有待进一步研究。

第四部分(第9~10自然段),告诉我们太空有可能存在生命,但是还需要人类继续不断地去探索,去研究。本文由"谜"导入,接着开始解谜,最后又由"谜"结束。文章既能够引起读者的阅读兴趣,又能让读者觉得余味未尽。

五、文本情志解读

本文介绍了科学家在探索"除地球之外其他星球是否也有生命存在"的艰难历程,说明了到现在为止,这一问题仍然是一个未解之谜。本文作者不仅表达了对科学家追求真知、不断探索宇宙奥秘的精神的敬佩,同时还激发了学生对科学的兴趣。

六、文本教学化解读

其一,师生根据阅读提示,明确阅读任务。其二,师生借助文中批注,梳理"有目的地阅读"的方法,掌握阅读经验。其三,师生借助课后任务,进行阅读实践,巩固"有目的地阅读"策略,重点放在教学时教师对学生阅读方法的指导和迁移运用上。

◎**教学设计**

第一课时

【教学目标】

1. 结合阅读提示,明确阅读任务。
2. 借助文中批注,围绕本节课要解决的疑问,归纳"有目的地阅读"的方法。
3. 运用阅读方法解决问题,感受"有目的地阅读"的思维过程,积累阅读经验。

【教学过程】

一、结合阅读提示,明确阅读任务

(一)联想已知,导入课题

同学们,我们通过对《竹节人》的学习,知道了在阅读同一篇文章时,因目的、关注的内容不同,采用的方法也会不同。这节课,我和同学们继续运用"有目的地阅读"策略,来探讨《宇宙生命之谜》。

(二)关注学情,相机指引

其一,读了课题,你会产生怎样的疑问呢?

……

同学们对"地球之外其他星球是否还有生命存在"这一话题都很感兴趣。关于宇宙生命之谜,多年来,人类一直在不断地探索。为了解决这个疑惑请大家阅读《宇宙生命之谜》这篇文章,请同学们快速默读课文,在读的过程中带着"课文主要写了什么"的问题进行思考。

其二,读完后由学生交流课文主要内容。

（三）默读提示，明确任务

其一，默读阅读提示，明确阅读任务。

宇宙中，除地球外，其他星球是否还有生命存在呢？

其二，通过提问的方式引导学生进一步分解阅读任务。

提问：科学家要研究这个问题，可能会从哪几个方面来进行研究呢？

由教师完成小结：通过分解阅读任务，可以帮助我们一步一步地解决问题（板书设计：明确任务、分解任务）。

（设计意图：在学生回顾已知晓"有目的地阅读"的基础上，创设具体的情境阅读，运用提问策略引导学生，清晰地分析阅读目的，这降低了学生完成任务的难度，为学生找到了更清楚地相应的阅读方法搭建支架，这增强了学习的针对性和目的性）

二、根据阅读任务，尝试获取信息

首先，为了完成这个阅读任务，我们应该怎样读这篇课文呢？

预设：与任务相关的内容要细读，必要时要多读几遍。与任务没有关系的内容，浏览一下就可以了，也可以不读（板书设计：筛选内容　有无关联）。

其次，由学生自由阅读课文，筛选出与阅读任务相关的内容。

再次，学生根据阅读任务来选择合适的阅读方法，在表格中记录自己完成阅读任务时采用的阅读方法，找出与阅读任务相关的内容（板书设计：选择方法）。

阅读任务	我采用的阅读方法	我关注的内容
除了地球外，其他星球上是否也有生命存在？		

最后，由学生在小组内汇报交流，小组其他同学进行评价或补充。

为解决这个问题，我是这样读的：我采用的阅读方法是＿＿＿＿＿＿＿，我关注了文章中的这一部分内容＿＿＿＿＿＿。

三、借助课文批注，学习阅读方法

其一，请学生注意段落之间的过渡：文中的"学习小伙伴"又是怎样阅读课文的，我们一起来看看课文的批注。

其二，请学生细读课文旁边的批注，看看"学习小伙伴"的这些批注对应了哪些段落，他批注的主要内容又是什么？

其三，请学生对比自己和"学习小伙伴"的阅读方法，用另外一种颜色的笔把"学习小伙伴"好的阅读方法添加到表格里。想一想"学习小伙伴"的哪些方法好？

阅读任务	我采用的阅读方法 （添加"学习小伙伴"的方法）	我关注的内容
除地球外，其他星球上是否也有生命存在？		

其四，学习并使用"学习小伙伴"的阅读方法来解决问题。

其五，小组内交流学习，由小组长记录要点。

在完成这个阅读任务时，我学习和使用了"学习小伙伴"的＿＿＿＿＿＿＿＿阅读方法，我认为这个方法的优势是＿＿＿＿＿＿。

其六，由每小组代表进行全班交流，由其他小组进行评价或补充。

（设计意图：每次汇报是建立在学生学习掌握新知的基础上，把新的知识纳入已有的知识体系，形成新的图式，这能体现学生在本节课学习时阅读能力的增长点）

其七，师生共同梳理阅读方法。

"学习小伙伴"运用了一些阅读方法：浏览课文，筛选与阅读目的相关联的内容；寻找中心句，判断是否需要细读；抓关键词，把握整段话意思；提取关键信息，提高阅读速度；对阅读信息不准确的内容，要查找相关资料再读（板书设计：浏览、找中心句、抓关键词、提取关键信息、查找资料）。

其八，整理分析阅读得出的信息，交流汇报"除地球外，其他星球上是否也有生命存在"的答案（板书设计：得出结论　整理分析）。

（设计意图：师生在交流的过程中梳理方法，在整理分析的过程中形成阅读结论，从而实现"使学生熟练掌握阅读"这一目的）

四、回忆过程，总结方法

同学们，我们一起来回顾这堂课，为了解其他星球上是否存在生命，我们是怎么阅读文章的？

由教师完成小结：真实的阅读往往都是有目的的，"有目的地阅读"是可以帮助我们解决问题的。下节课，我们继续运用这些方法进一步探究《宇宙生命之谜》。

（设计意图：总结本节课所学的"有目的地阅读"的路径，习得各种"有目的地阅读"的方法，并让学生认识到"有目的地阅读"的重要性，激发学生的阅读兴趣和探究意识）

五、板书设计

　　　　　　　　　　　　　　　明确任务：分解任务
　　　　　　　　　　　　　　　筛选内容：有无关联
　　有目的地阅读　　　　　　选择方法：浏览、找中心句、抓关键词
　　　　　　　　　　　　　　　　　　　　　提取关键信息、查找资料
　　　　　　　　　　　　　　　得出结论：整理分析

第二课时

【教学目标】

1. 根据课后任务由教师带领学生进行阅读实践，巩固"有目的地阅读"这一阅读策略。

2. 根据阅读任务，有针对性地选择阅读方法来解决问题，感受"有目的地阅读"这一阅读过程，丰富学生的阅读经验，巩固阅读方法。

【教学过程】

一、回顾已知，积累阅读方法

同学们，我们今天又来到《宇宙生命之谜》这一文本中"串门儿"了，还记得上节课探讨的"除了地球外，其他星球上是否也有生命存在"这个问题时，我们是怎么读文章的吗？（板书设计：宇宙生命之谜）

由学生进行汇报，其他学生进行补充交流。

由教师完成小结：先明确阅读任务，再筛选内容确定阅读重点，选择阅读方法获取信息，整理分析再得出结论，这就是"有目的地阅读"的路径（板书设计：有目的地阅读）。

二、借助课后任务，巩固阅读策略

大家一起来看看这节课要完成的阅读任务，我们又该怎样阅读文章呢？

其一，出示阅读任务学习单。请学生读一读学习单，先明确自己的阅读任务，再回到课文中，利用"有目的地阅读"这一阅读策略尽快找到答案（板书设计：明确任务）。

阅读任务学习单

阅读下面的两个任务，选择其中一个任务，由学生进行自主探究。 科学家是怎样判断其他星球有没有生命的呢？人类是否有可能移居火星？
为完成这一任务，你是怎样阅读文章的，把你的阅读过程写在下面的思维导图中。 （　　　）——（　　　）——（　　　）——（　　　）——（　　　） 我得出的结论是：_____。

其二，学生开展自主阅读，完成阅读任务学习单中的任务。

（设计意图：以阅读任务学习单的方式，让学生更加明确本课的阅读目的，同时增强他们对阅读过程的监控意识和策略意识，提升学生的自主阅读的能力。思维导图的设计着重引导学生将阅读的思维过程写出来、说出来，让学生阅读的思维过程可视化）

其三，选择同一任务的四名学生组成一个学习小组，在小组内交流自己的阅读过程，组内的其他成员对他所用的阅读方法是否恰当进行评价（板书设计：选择方法　综合运用）。

其四，结合小组成员的意见，再次阅读文章的相关内容，理清思路，优化阅读方法，调整阅读速度，修改阅读任务学习单（板书设计：理清思路　调整速度）。

其五，由教师引导学生：对于得出的不准确的信息，我们应该怎么办呢？

预设：可以查找资料辅助判断，可以借助文章的上下文进行验证。

其六，学生补充课外查找的相关资料。

其七，分小组展示汇报阅读任务学习单，其他同学对其阅读方法的使用和得出的结论进行评价，并补充相关交流意见。

评价单

评价内容	星级评定：五级为优秀，三级以上为良好
能根据阅读目的，选择合适的阅读材料	☐☐☐☐☐
能根据阅读目的，选择恰当的阅读方法	☐☐☐☐☐
展示形式新颖，汇报清楚准确	☐☐☐☐☐

其八，由教师对学生相机引导（板书设计：验证信息　得出结论）。

其九，板书设计：明确任务—筛选内容—选择方法—综合运用—理清思路—调整速度—验证信息—得出结论。

（设计意图：阅读策略的掌握，要学生在真实的阅读中不断地迁移运用加以巩固。在阅读过程中引导学生根据阅读目的选择恰当的阅读方法，并在阅读过程中随时调整阅读计划和阅读策略，让整个阅读过程处于动态之中）

三、总结提升，迁移运用阅读方法

同学们，回忆一下我们在《宇宙生命之谜》的几次"串门儿"中，关于"有目的地阅读"，你有了哪些收获？

教师应留给学生足够的时间进行交流。

由教师完成小结：通过学习，你们收获了很多"有目的地阅读"的好方法！以后，这些阅读的好方法会陪着你们一起"串门儿"，会帮助你们解决问题，还会让你们的学习过程变得更有趣，希望你们以后可以多用这些方法！

（设计意图：以杨绛先生的"串门儿"做结语，引导学生回顾阅读策略，根据不同的阅读目的选择不同的阅读方法，监控自己的阅读过程。鼓励学生把这些方法运用到其他文本阅读中去，逐步形成运用阅读策略的能力，期待学生成为爱思考、会总结、善运用的阅读者）

故宫博物院

◎文本解读

一、文本地位解读

《故宫博物院》是由四篇材料组成的一组非连续性文本，是一篇略读课文。

二、文本内容解读

课文由四份阅读材料构成。材料一是一篇说明文，文本沿着故宫的中轴线介绍了故宫建筑群的规模宏大、构造精美、布局统一等特点，表现了作者对故宫的热爱与赞颂之情；材料二讲述了太和门失火被毁及清光绪皇帝大婚复制"假太和门"的事；材料三是故宫博物院官方网站上的一幅截图，图中信息为向游客简单介绍故宫及参观故宫博物院的方案；材料四是一张故宫博物院的平面示意图。

三、文本语言解读

课文是一组非连续性文本，由四份材料组成，在这些材料中，既有文字介绍，也有图片提示，形式多样且内容丰富，用说明性文字和平面示意图对故宫博物院进行了全景介绍，语言简洁明了、平实易懂。

四、文本结构解读

在这四则材料中，材料一是一篇说明文，文本沿着故宫的中轴线，按照由南向北的顺序对故宫主体建筑进行了较为详尽的介绍。

全文分为四个部分：

第一部分（第1~2自然段）：从整体上介绍了故宫，包括故宫的名称、历史、形状、面积、风格等。

第二部分（第3~10自然段）：主要介绍了故宫的"前朝"，也就是三大殿。

第三部分（第11~15自然段）：简略介绍了故宫的"内廷"，对"后三宫"和御花园进行了主要介绍。

第四部分（第16自然段）：主要写站在景山上看到的故宫的景象。

材料二则讲述了有关太和门的故事，故事讲述的是清光绪皇帝大婚前一个月，太和门被烧毁，无数能工巧匠为了不影响皇帝大婚，他们在极短的时间内用扎彩棚的方式"重建"了太和门，并且达到了几可乱真的程度。

材料三是一张图片，截取了故宫博物院官方网站的部分内容，图中信息有对游客的欢迎及对故宫的介绍，温馨提示广大游客要按照顺序参观游览。

材料四是一张故宫博物院的平面示意图，这张示意图上用阴影标示出了目前故宫还未开放的区域，帮助游客规划游览路线。

五、文本情志解读

课文通过几个非连续性文本，给人们呈现了故宫博物院的各种情况，赞扬了我国古代劳动人民的智慧和才干。

六、文本教学化解读

第一，学生要能根据阅读目的，选择合适的阅读材料和相对应的阅读方法；第二，学生要能综合运用已学的各种阅读方法整合信息，完成"为家人设计故宫一日游参观路线图"，并能为家人讲解；第三，学生要能与同学交流分享"我在完成任务时，我是怎样读的"这一过程；第四，学生要能在"有目的地阅读"过程中感知古代建筑艺术的宏大精美，以增强其民族自豪感。

◎**教学设计**

【**教学目标**】

1. 能根据阅读目的选择合适的阅读材料。

2. 能综合运用浏览、细读、圈画关键词句、图文对照、收集资料等阅读方法提取整合信息，完成为家人设计"故宫一日游参观路线图"和"游览时给家人讲解"的任务。

3. 能和同学交流分享"完成任务时，我是怎么读的"阅读路径。

4. 能在"有目的地阅读"过程中感受古代建筑艺术的宏大精美，增强自身的民族自豪感。

【**教学过程**】

一、回顾方法，课程导入

同学们，前面我们已经学习了《竹节人》和《宇宙生命之谜》两篇课文，现在请大家回忆一下，在这两篇课文中，你学到了哪些"有目的地阅读"的方法？

由学生反馈，回顾总结"有目的地阅读"的方法（梳理阅读思维导图：细读、跳读……）为明确阅读任务—选择相关内容—选用适合方法，提取整合信息—完成阅读任务。

面对即将来临的国庆长假，肯定有很多家庭都想趁着这个长假出游，如果去北京的话，很多家庭就会选择去故宫博物院。现在，老师就提前带着同学们一起走进北京，走进故宫博物院，了解一下故宫的历史（齐读课题）。

（设计意图：这是一篇略读课文，开课前，让学生回顾前两课学习的"有目的地阅读"的方法，唤醒学生已有的知识经验，强化对阅读方法的掌握。同时，教师也创设了较为真实的、贴近生活的情境来激发学生的阅读兴趣，为完成本节课任务做好准备）

二、读导语，明任务

（一）明任务

为了这次出游顺利，我们得先做做旅游攻略，为出游做好准备。

出示课文导语中的两个任务，教师请学生进行朗读（板书设计：规划路线图、模拟做讲解）。

（1）为家人设计"故宫一日游参观路线图"。

（2）选择一两个景点，为家人游览故宫时做讲解。

（二）分解任务

交流：完成"故宫一日游，参观路线图"需要知道的关键要素。

预设：故宫博物院景点及方位，故宫博物院的参观规定，家人的需求。

交流：完成讲解景点需要知道的关键要素。

预设：景点的详细介绍，景点的相关知识。

（设计意图：在"国庆出游"这一真实的、生活化的情境中顺势提出为出游做准备，提出两个任务，这样就把任务、文本与生活体验自然巧妙地结合在了一起，既调动了学生完成任务的积极性，又将任务进行了适当的分解，既降低了学生完成任务的难度，又有助于学生更清楚地找到相应的阅读方法）

三、选读材料，完成任务

（一）走入课文，选择材料

首先，请学生进行整体感知：让我们带着任务走入课文中吧！快速浏览课文，想一想，这篇课文讲述了什么，与往日所学的课文有什么不同呢？

给学生快速浏览课文的时间，请他们思考问题、交流反馈、相机梳理完成下表。

多文本组合			
材料一	材料二	材料三	材料四
说明文	故事	网站截图	平面示意图
主体建筑	"太和门"的故事	游览须知	景点方位

其次，请学生选择材料：课文由四则材料构成，从多形式、多角度介绍故宫，让读者对故宫有更全面的了解，如果要完成两个任务，你觉得重点应该阅读哪些材料呢？标注在课文导语的任务后面。

其一，为家人设计"故宫一日游"，画一张参观故宫路线图（材料一、三、四）。

其二，选择一两个景点，为家人游览故宫时讲解（材料一、二）。

（设计意图：本环节引导学生从整体上感知文本内容，感受非连续性文本的特点，再根据不同的任务选择恰当的阅读材料，减少无关紧要的材料和不重要的材料对阅读的干扰）

（二）运用阅读方法、完成任务

首先，一个是规划一条路线图、一个是介绍景点，同学们，如果是你，为了完成任务你会怎样阅读相关材料呢？

出示自主阅读提示：其一，读一读，利用相关阅读材料为家人规划一条路线图，模拟介绍景点，在学习单或故宫博物院平面示意图上完成。其二，想一想，完成任务时，我选用了哪些阅读方法，我是怎么读的？

由学生开展自主阅读，完成任务。

其次，展示交流：你是怎么阅读材料完成任务的，和我们分享一下吧！

抽选学生进行展示和汇报，由学生进行互评、教师相机指导。

任务一：规划一条路线图

第一步，细读材料三，圈出参观规定的关键信息：自南向北单向参观、入午门、出神武门。

第二步，细读材料一、圈出景点、方位、路线等关键信息，结合关键信息和家人需求规划路线图，再利用材料四的平面示意图检查路线图是否合理（教师相机梳理）。

第三步，图文对照阅读材料四和材料一，一边读文本了解景点，一边看图确定位置，再结合家人的需求，在平面示意图中快速规划路线。

第四步，查找资料，关注最新信息：材料三和材料四下方明确提示这两则材料都是2016年的信息，这些信息现在会不会有变化呢？这就需要我们去查找相关资料，关注最新信息，能更科学地规划参观路线。

任务二：模拟讲解

在游览的过程中，你又会为家人介绍哪些景点呢？为了讲解景点、你又是怎么阅读的已知材料，用到了哪些阅读方法呢？由学生介绍景点及阅读路径，预设如下：

第一步，介绍太和殿。

跳读细读：材料一中详细介绍太和殿这一景点的是第4~9自然段，阅读时，我们就可以跳过材料一的其他自然段，仅细读第4~9自然段，圈出太和殿的位置、大小、特色、用途等关键信息。

组合阅读：细读材料二，了解"太和门"的修复故事。综合利用材料一和材料二中的关键信息，将提取到的信息概括转化成自己的话语，像导游一样一边引导家人观看，一边细致讲解景点。

第二步，介绍其他景点。

选读与景点有关的内容，发现课文中对景点的介绍十分简单，需要上网或去图书馆查找资料完成任务。

第三步，听完他们的介绍，你有什么感受呢？

故宫博物院的恢宏、壮观、精美深深吸引着我们，真想马上走进故宫，欣赏古代建筑艺术的瑰宝。

（设计意图：策略单元的学习主要强调培养学生的自主阅读实践能力，在课堂中要让学生动起来、做起来。在自主阅读中恰当运用方法解决实际问题完成任务。在反复练习中，要明白针对不同目的，我们应该读什么、怎样读。在合作交流中，巩固强化方法和目的之间的关系，明确为什么要这样读，将阅读策略的学习与实践运用相联系，实现学生思维能力的拓展。同时也理解了课文内容，感受到古代建筑的宏伟精美，增强民族自豪感）

四、总结方法，迁移内化

（一）回顾内容，总结方法

同学们，这节课我们在明确任务之后，根据任务选择了合适的材料，通过浏览、细读、跳读、对比读、组合读等多种方法，准确提取相关信息，整合相关信息，最终完成任务，经历了一个完整的"有目的地阅读"过程，这样的阅读能帮助我们解决生活中的实际问题，让我们的阅读能力更高效。

（二）延伸任务，迁移读法

其一，提供阅读材料。为了顺利地与家人进行"故宫一日游"，你还想阅读哪些补充材料呢？

同学之间分享信息、材料以实现有用信息的整合。

其二，延伸阅读任务。故宫在向我们招手，课后请大家带着"优化路线图和讲解内容"的任务，继续阅读补充材料，让故宫之行更愉快、更美好！

（设计意图：只有将已学的知识迁移运用到新的学习情境中进行反复练习，才能转化为自己的能力。此处布置延伸阅读，完成"优化路线图和讲解内容"任务，可使学生在同质化情境中迁移运用已学的阅读方法，内化这些方法发展其阅读能力）

统整提升

单元总结课

【教学目标】

1. 培养学生根据不同的阅读任务，选择恰当的阅读材料的能力。
2. 培养学生根据不同的阅读目的，选用合适的阅读方法的能力。

【教学重点】

培养学生根据不同的阅读任务，选择合适的阅读材料和恰当的阅读方法。

【教学过程】

一、导入新课，激发兴趣

教师导入新课：同学们，这一单元我们学习了三篇课文，你从中有什么收获呢？（学生自由回答）。教师引导学生走进语文园地，比一比各位学生对阅读方法的掌握程度，看看谁的收获会更多？

二、学习"交流平台"部分，总结方法

其一，读一读，找规律。

> 学习了这个单元，我知道了要根据任务选择合适的材料。比如，要为家人计划"故宫一日游"，应该重点阅读材料一、材料三和材料四

> 读文章时，与阅读目的关联性不强的内容，不需要逐字逐句地读，这样可以提高阅读速度。比如，带着"写玩具制作指南，教别人玩这种玩具"这一任务读《竹节人》，有关玩竹节人的有趣经历这部分内容，浏览一下就可以了

> 我逐渐养成了一个习惯，读书时先想想阅读的目的，再有针对性地选择适合的阅读方法

师："交流平台"部分主要向我们讲述了什么？

生：根据不同的阅读任务，选择合适的阅读材料和恰当的阅读方法。

其二，回顾这一单元的三篇课文，想一想，学习《故宫博物院》后你学会了什么？

教师引导学生交流："根据学习任务，选择合适的阅读材料。"如"要为家人设计'故宫一日游'，画一张参观故宫路线图"，我们应该重点阅读材料一、材料三、材料四。如果要介绍太和殿这一处景点则要仔细阅读材料一、材料二、材料四。

其三，想一想，学习《竹节人》，你学会了怎样阅读？

教师引导学生交流："读文章时，与阅读目的关联性不强的内容，大致浏览一下就可以了，不需要逐字逐句地读，这样可以提高我们的阅读速度。"比如：斗竹节人的有趣经历这部分内容，可以采用浏览阅读的方法。这样就可以提高阅读速度，提高学习效率。

其四，学了《宇宙生命之谜》这篇课文后，你学会了哪些阅读方法？

教师引导学生交流，引导学生总结出"浏览、找中心句、勾画关键词、提取关键信息、收集阅读资料"等。

其五，想一想，围绕"有目的地阅读"这个阅读策略，你从本单元的学习中还有哪些收获和体会呢？

教师引导学生交流：明确阅读任务，筛选阅读材料，选用阅读方法，实现阅读目的。

由教师完成小结：我们在阅读文章时应根据阅读目的来选择阅读方法，这是提高我们阅读效率的一个行之有效的策略。我们在读比较短的文章时，这种方法好像没什么用，但当我们在阅读篇幅较长、内容复杂的材料时，这种方法就显得非常实用了。所以，大家在阅读时一定要先弄明白阅读的目的，再有针对性地选择合适的阅读方法，这样可以加快阅读速度，提高我们的阅读效率。

三、以所学课文为阅读材料再次进行阅读任务及阅读方法的训练

第一，确定阅读材料，出示阅读目的。

在前面两个单元几篇课文中，篇幅较长的是《开国大典》，请你们翻到这一课，根据下面提供的三个阅读任务选择相应的阅读方法，看看大家是否能快速而高效地完成阅读任务。

阅读材料：《开国大典》。

阅读任务一：我想了解中华人民共和国第一次升国旗的场景。

阅读任务二：我想通过阅读感受毛主席的伟人风采。

阅读任务三：我对阅兵式比较感兴趣。

第二，学生先自主选择阅读目的，然后分组交流，最后汇报阅读方法。

四、总结

当学生掌握了"有目的地阅读"这一阅读策略后，在今后的阅读文章材料中，我们更要不断巩固、运用此阅读方法，有针对性地选择合适的阅读方法，养成良好的阅读习惯。

教后拾贝

一、阅读策略的传授是否到位

本单元的重点是有目的地阅读，因此，教师在教学过程中需要关注是否将阅读策略传授到位。具体来说，教师需要观察学生是否能够根据不同的阅读目的选择合适的阅读策略，是否能够灵活运用阅读技巧，是否能够理解文本的主旨和结构等。如果发现学生没有掌握相应的阅读策略，教师需要重新设计教学策略，加强对学生的针对性指导和练习。

二、激发学生的阅读兴趣

阅读对于学生来说，不仅是一种技能，更是一种享受。如果学生对阅读没有兴趣，就会影响其阅读的积极性和阅读效果。因此，教师在执教过程中要关注怎样才能激发学生的阅读兴趣。我们可以通过引入一些趣味性的阅读材料、开展阅读分享会、评选阅读之星等方式，激发学生的阅读兴趣和阅读热情。

三、教学评价的多样性

教学评价是教学过程中不可或缺的一环，通过评价可以了解学生的学习情况，为教师提供反馈和改进建议。在本单元的教学中，教师需要注意评价的多样性，不仅包括作业和考试成绩的评价，还包括学生的学习态度、参与度、合作精神等方面的评价。同时，教师还可以设计一些开放性的评价题目，让学生自由发挥，从而更好地了解学生的阅读水平和思维能力。

四、小组合作的实效性

在本单元的教学中，小组合作是一种重要的学习方式，通过小组合作可以提高学生的协作能力和口语表达能力。但是，在小组合作的过程中，也容易出现一些问题，如学生参与度不足、合作效率低下等。因此，教师需要注意小组合作的实效性，加强对小组合作的指导和监督，确保小组合作能够达到预期的效果。

综上所述，统编版小学语文六年级上册三单元的教学需要教师关注阅读策略的传授、学生阅读兴趣的激发、教学评价的多样性和小组合作的实效性等方面，不断反思和改进教学策略和方法，提高教学质量和效果。同时，也需要教师在日常教学中持续关注学生的阅读状态和阅读需求，为学生提供更加个性化和精细化的阅读指导和帮助。

下　篇

第六章　习作策略，让生命在自由表达中升华

——走近小学语文习作单元

习作教学在语文教学中起着至关重要的作用，通过这种方式，我们可以帮助学生提高口头和书面表述能力，并加强他们的阅读理解能力。通过规范的口语表达，我们可以促进学生智力的发展，丰富其生活经历。为了体现习作教学的重要性，统编语文教材特开辟出专门的习作单元，强调教师应对学生进行更富针对性的习作方面的指导。

新的教材中，小学语文课程中的习作单元让学生有更多的练笔和练习机会，从而增强他们的写作水平。每一个单元都会围绕一个特定的主题开展，包含精读课文、略读课文及许多与之相关的练习。单元以导读为开端，简要介绍写作主题和写作目标，让学生明确学习重点。随后是精读课文，这些课文与单元主题紧密相关，有助于学生掌握所学的写作技巧和表达方式。精读课文之后，教材还设有"交流平台"部分，在总结课文中的写作方法和技巧后，教师应助力学生梳理和巩固其所学。"初试身手"部分环节则为学生提供了写作练习，让他们尝试运用所学写作技巧和表达方式。"习作例文"部分亦为其题中应有之义，均为优秀作文之范例，有助于学生了解和掌握写作重点与写作难点，为学生提供写作思路和参考。

每个习作单元以习作活动结束，总结和提升本单元学习内容，助力学生巩固其所学，学以致用。以小学语文三年级上册习作单元为例，该单元以"观察与发现"为主题，通过精读课文《搭船的鸟》《金色的草地》帮助学生掌握观察和发现的技能。在"交流平台"部分，学生可以总结和梳理相关技巧。在"初试身手"部分，学生们尝试利用所学知识观察周围的环境，并记录下来。通过"习作例文"部分，学生可以更好地理解如何将观察和发现转化为有意义的写作素材。单元习作能让学生根据所学进行作文实践，巩固学习内容。

统编小学语文教材的习作单元编排合理、结构清晰、内容丰富，旨在提升学生写作技能和语文素养。通过"精读课文""交流平台""初试身手""习作例文"等部分，实现系统的阅读、分享、实践、练习和总结，学生循序渐进提高自身写作能力，并养成良好的写作习惯。

习作单元单独编排的现实意义如下：一是强化写作能力提升，二是提升综合素质，三是激发兴趣和创造力，四是促进知识巩固和运用，五是推动教育教学改进。

经过精心编排的独立习作单元受到了教师、学生和家长的广泛认可，并获得了热烈的好评。他们认为，这种编排使写作教学更具系统性和整体性，使学生从写作思路构建

到语言表达运用，都得到了系统性训练。此外，独立编排的习作单元通过创设有趣情境，引导学生主动参与写作过程，提升写作兴趣。通过提高个人的写作能力，我们希望能够激发他们的想象力和创造力，促进他们的创新思维。

根据年级不同，统编版小学语文的习作单元的内容也各不相同。从小学语文三年级起，每一册书都包含一个独立的习作单元。这些习作单元都是围绕某项关键的习作能力编排的，例如，小学语文三年级突出"观察""想象"两大能力训练，这是"习作之两翼"。小学语文四年级和五年级，重点关注小学生习作的四大基本类型的主题：记事、描绘景色、描绘物品和描写人物。"围绕中心意思写"是小学语文六年级上册的习作单元，它涵盖了选材的基本要求。小学语文六年级下册的"表达真情实感"则更多地关注表情和达意的内容。

通过使用统编版小学语文教材的习作单元，学生可以获得大量的写作实践机会，从而提升写作能力。

首先，我们将通过导读来了解每个习作单元的写作主题和写作目标，帮助学生更好地理解并掌握所学内容的重点。接着是精读课文，这些课文都是经过精心选择的，与单元主题紧密相关，有助于学生掌握相关的写作技巧和表达方式。

其次，在精读课文之后，教材设置了"交流平台"部分，总结了本单元课文中的写作方法和写作技巧，帮助学生梳理和巩固所学内容。"初试身手"部分，教师给学生提供了一个小型的写作练习机会，让他们尝试使用在这一单元中学到的写作技巧和表达方式来完成作业。为了让学生更好地掌握写作技能，我们在教材中应发挥"习作例文"部分的优势。这些例文都是优秀的作文范例，可以帮助学生了解和掌握本单元的写作重点和难点。

最后，每个习作单元都对本单元的学习内容进行了总结和提升，以帮助学生巩固所学内容，达到学以致用的目的。

以小学语文三年级上册的习作单元为例，《搭船的鸟》和《金色的草地》这两篇精读课文，通过教学能让学生掌握"观察和发现"周围环境的技能和方法。在"交流平台"部分，学生可以总结和梳理本单元所学的"观察和发现"周围环境的技巧。在"初试身手"部分，学生可以尝试运用所学技巧和方法观察身边的事物，并写下自己的发现。通过对《我家的小狗》和《我爱故乡的杨梅》两篇文章的学习，学生可以更好地理解如何将观察和发现的细节转化为实际的写作素材，从而达到更好的写作效果。在单元习作中，学生可以根据所学进行作文实践，进一步巩固学习内容。

总之，统编版小学语文教材的习作单元编排合理、结构清晰、内容丰富，旨在帮助学生提高写作技能和语文素养。经过习作单元各个板块的学习，学生将循序渐进地掌握写作技巧和写作方法，从而提高学生的写作能力，并形成良好的写作习惯。

将习作单元单独编排，对于学生提升写作素养至关重要，是具有非常重要的现实意义的，主要体现在以下几个方面：

其一，强化写作能力的提高。习作单元的单独编排突出了写作在语文学习中的重要性，通过专门的训练和指导能帮助学生提高写作水平，培养其写作能力。

其二，提升综合素质。习作单元的设置不仅要求学生掌握基本的写作技巧，还注重培养学生的思维能力、观察能力、想象能力和表达能力，这些能力的提升有助于提高学生的综合素质。

其三，激发兴趣和创造力。习作单元的编排通常具有趣味性和启发性，能够激发学生的写作兴趣和创造力，让他们在写作中体验到写作乐趣。

其四，促进知识的巩固和运用。习作单元通常会结合已学的语文知识进行练习，这有助于学生对已学知识的巩固和运用，提高学生的记忆力。

其五，推动教育教学的改进。习作单元的单独编排对语文教育教学的改进具有一定的推动作用，它强调了写作在语文教学中的地位，促进了语文教育的全面发展和提高。

在将"写"作为独立单元进行编排和使用后，许多来自教学一线的教师、学生和家长都进行了积极反馈。以下是主要的反馈意见：

第一，独立编排的习作单元使得写作教学更加系统化、整体化。与之前的写作分散在各个单元不同，现在的习作单元更加注重学生写作能力的全面提升，从写作思路的构建到语言表达的运用，都得到了系统的训练。

第二，独立编排的习作单元通过创设有趣的情境，我们可以引导学生积极参与写作活动。通过这种编排方式，学生可以更加专注于写作，并且能体验写作的乐趣，从而激发他们对写作的热情。

第三，通过独立编排的习作单元，学生能够在更加稳定和连续的写作训练中逐步提高自己的写作能力。这种渐进式的训练方式让学生更容易取得进步，从而增强他们的写作自信心。

第四，通过独立编排的习作单元，我们鼓励学生展现他们的想象力和创造力，并培养他们的创新思维能力。在写作过程中，学生需要独立思考、拓展思路，这有助于他们发展创新思维能力，提高其综合素养。

第五，采用独立的习作单元，可以让教师更轻松地完成教学设计和实施。教师能够根据习作单元的内容和要求，有针对性地制订教学计划和目标，提高教学效果。

总的来说，独立编排的习作单元在提高学生的写作兴趣、提升学生的写作能力、培养创新思维能力及方便教师教学等方面都取得了积极的效果，这种方法在推动习作教学方面发挥了显著的作用。

虽然习作单元的单独编排好处多多，但笔者认为仍有一些需要注意的地方，列举如下：

首先，教师应更加关注学生的写作过程，并给予学生更具针对性的指导，帮助他们逐步提高写作技能和方法。通过课堂讨论、范文欣赏、模拟练习和学生互相评价，我们可以更好地落实这一过程。

兴趣是最宝贵的财富。因此，教师应利用各种资源来创设情境激励学生去探索和思考，让他们能够更加深入地关注日常生活。为了激发学生的写作热情，我们可以举办各种写作比赛和文学社团活动，鼓励他们积极参与。

其次，在学生能力培养方面，教师应培养学生的自主学习能力，包括独立选题、收集素材、构思谋篇等。学生可以在教师的指导下，通过互联网、图书馆等渠道获取写作资源，提高学生的自主学习能力。教师应该致力于培养学生的写作技巧，包括审题、构思、选择素材和组织文章等方面。教师还可以通过课堂练习、课后作业等形式，引导学生逐步掌握这些技能。

教师应该关注每个学生的独特写作风格，教师应该重视学生的个体差异，为每个学生提供更具针对性的专门指导。

最后，教师应通过多种不同的评价方法，如学生自我反馈、互相评估和教师评估来指导学生关注自己的写作问题，并帮助他们提高写作水平，应该积极肯定学生的长处和进步，并鼓励他们不断努力。

第七章 学会留心观察，让鲜活素材记录童趣

——小学语文三年级上册习作策略单元

单元概览

在统编版小学语文教材中，从三年级开始，每册均安排了一个独立的习作单元，进行了阶梯式的语文核心素养提升训练，其主题分别为观察、想象、写事、描景、写物、写人、围绕中心意思写和表达真情实感，涵盖了小学生习作的八个关键能力，这八个关键能力并没有集中教学，而是通过其他阅读适度拓展，在"习作单元"进行有机穿插和重点训练，这不仅符合学生的成长规律和认知规律，也体现了习作教学的有序性、阶段性和持续性。

本单元是小学阶段第一次出现的习作单元，语文要素是"体会作者是怎样留心观察周围事物的"，习作要求是"仔细观察，把观察所得写下来"。围绕"留心观察"这一主题，教材编排了《搭船的鸟》《金色的草地》《我家的小狗》《我爱故乡的杨梅》。四篇课文以动物、植物和场景为观察对象进行描写，生动且充满想象，为学生勾勒出一个五彩缤纷的世界。

一、单元编排意义

（一）横向比对

本单元在"单元导语""精读课文""交流平台""初试身手""习作例文"等部分，都强调同一个关键词"观察"。由此可见，培养学生的"留心观察"是本单元的训练重点。

本单元用罗丹的名言开篇，告知我们要学会观察，习作之门的钥匙便掌握在我们的手中，并点明了需要学习的语文核心要素：体会作者是怎样留心观察四周事物的；仔细观察，把观察所得写下来。两篇精读课文《搭船的鸟》《金色的草地》从不同角度写观察，《搭船的鸟》体现在"抓住由静到动的特点进行细致观察"，《金色的草地》体现在

"连续观察，并留意事物的变化"，而"交流平台"部分则对这两篇课文中蕴含的习作要素进行了总结。

"初试身手"部分则提供了两个事例，第一个事例旨在提示学生：日常可见的事物，只要我们留心观察，就会有新的、不一样的发现。第二个事例客观记录了对芒果的观察，旨在提示学生：为了更进一步的了解事物，可以对事物进行多角度、多感官的观察，同样也会有新的发现。而《我家的小狗》《我爱故乡的杨梅》则为学生提供了观察与习作的范例，以课后题和旁批的形式对细致的观察进行点评，巧妙地提示了学生有哪些观察方法。《我家的小狗》在观察方法上着重抓住事物的突出特点，描写不同场景中的不同表现；《我爱故乡的杨梅》在观察方法上强调"多角度、有顺序地写出变化"，单元习作《我们眼中的缤纷世界》引导学生运用从"精读课文"部分和"习作例文"部分学到的方法，观察一种动物、植物或一处场景完成一篇习作。所以，本单元各个课文之间是层层递进的关系："单元导语"明晰要素、"精读课文"习得方法、"交流平台"归纳方法、"初试身手"尝试写作、"习作例文"范例引导、"单元习作"成果展示。在阶梯式的引导下，学生水到渠成地形成"习作单元"成果。

《搭船的鸟》抓住动静特点 → 《金色的草地》连续观察，留意事物的变化 → 《我家的小狗》抓特点，写出不同场景的表现 → 《我爱故乡的杨梅》多角度，有顺序写出变化

（二）纵向梳理

语文课程标准明确指出：小学生作文就是要用恰当的语言文字把自己看到的、听到的、想到的或自己经历的事情表达出来。所以，在习作的起步阶段以"观察"为主题是特别符合学情的。因此，小学语文三年级教材中多次习作都是以"观察"为训练重点，逐步搭建阶梯上升的构架，如小学语文三年级上册便安排了三个单元培养观察能力。第二单元"写日记"是离不开观察的。第五单元是习作单元，旨在培养学生"学会留心观察，并将观察所得写下来"的语文素养。第六单元中把身边的美景介绍给别人，这便提高了观察的要求，不仅要善于发现，还要能够发现"美"的原因，同时还要围绕一个中心进行描写。由此，不难看出，"观察"能力的养成，是呈梯度上升逐步培养的。

小学语文年级	观察要求	培养目标
三年级	留心观察	意识
四年级	养成留心观察的习惯	习惯
五年级	在留心观察的基础上，关注观察的方法	方法
六年级	培养观察能力，能细致观察景物的变化	能力

而这条主线在小学语文三年级下册教材的编排同样得到了延续，同时也对学生的写作能力提出了更高的要求，不仅要写出自己的观察，还要写出自己的感受、自己的心情及自己有趣的发现等。

二、施教精准

在提升学生语文核心素养的前提下，着重培养学生留心观察事物的能力，大致可以从以下两个方面展开。

第一，留心身边的每件事物，在观察中通过对声音、气味、颜色等多角度、多感官的体验，逐步培养学生的观察力，形成下意识观察的行为。在《搭船的鸟》一文中，郭风就因为具有这种敏锐的观察力，在一次平常的"探亲"之旅，发现了翠鸟羽毛的美丽与捕鱼灵敏的身手，给旅途平添了许多快乐。《金色的草地》这篇文章的作者之所以会赞叹"多么可爱的草地！多么有趣的蒲公英！"，是因为他有一双善于观察的眼睛，在平凡的大自然中看到一片草地的神奇。《我爱故乡的杨梅》这篇文章之所以把杨梅的味道写得那么具体可感，是因为作者调动了多种感官进行观察。

第二，研读课文，学习观察小窍门。怎么"留心观察"？从阅读的角度来说，无论是"精读课文"部分还是"习作例文"部分，并不是直接讲观察方法的，但是我们能够从字里行间感知到观察方法是细致观察、连续观察、多感官参与观察，形成以下观察路径。

其一，由静止到动态：《搭船的鸟》这篇课文中，人们先看到的是静止在船头的翠鸟，在反复观察中感受到它美丽的外形，接着看到了"翠鸟眨眼之间就从水中叼起一条小鱼"这一过程。观察动态事物比静态事物要难得多。观察动态事物需要有敏锐的动态捕捉力，因为一不留神就会看不清过程。

其二，由整体到局部：《金色的草地》这篇课文中，从整体上看，蒲公英草地早上是绿色的，中午是金色的；单独来看，早晚的蒲公英花瓣是合拢的，中午的蒲公英花瓣是张开的。我们观察的时候，既需要观察事物的整体面貌，又需要观察其中的部分或个体的独特之处。

其三，由常态到变化：《我爱故乡的杨梅》这篇课文中，杨梅的刺、杨梅的色、杨梅的味，从生涩到成熟始终处在变化中，唯有长期而细致的观察，方能发现其差异。在生活中，观察变化不定的事物，除观察其常态外，还需要长时间的观察，留心每个阶段的不同之处，考察其观察的耐力。

教师在教授小学语文三年级上册第五单元时，了解"观察"单元的编排特点；基于各要点确定提升学生"观察"能力的单元的教学目标；科学施教可实现学生"观察"能力的有效提升。

导读领航

单元导读课

【教学目标】

1. 体会细致观察的重要性。

2. 观察时既要注意我们熟悉的事物，也要留心观察不熟悉的事物，更要注意事物的变化过程。

3. 细致观察时记得要调动多种感官，不仅可以用眼睛看、耳朵听、鼻子闻、嘴巴尝，还可以用手去感受。

【教学重难点】

1. 观察时既要注意我们熟悉的事物，也要留心观察不熟悉的事物，更要注意事物的变化过程。

2. 细致观察时记得要调动多种感官，不仅可以用眼睛看、耳朵听、鼻子闻、嘴巴尝，还可以用手去感受。

【设计思路】

学习本单元时，学生在课堂上通过文本的学习，掌握了观察方法，课后选取观察对象进行观察，并写出自己的观察所得。学生在这一过程中学会了将从课上习得方法运用到课下实践操作的迁移学习。

【教学过程】

一、选择观察对象

（一）了解本单元的语文要素和习作要求

首先，出示本单元的篇章页，明白本单元是习作单元，并朗读名言"生活中不缺少美，只是缺少发现美的眼睛"，使学生初步了解观察的重要性。

其次，明白本单元的语文要素和习作要求，体会作者是怎样留心观察周围事物的；请学生仔细观察，把观察所得写下来。

（二）创设活动情境、明确学习任务

由教师布置班级，开展"我是观察之星"的学习活动，并在单元学习时根据学生的《观察记录单》和完成的习作情况评选出班级的"观察之星"。

（三）明白观察任务，确定观察对象

观察记录单

观察时间		观察地点	
观察对象			
观察中有什么有趣的发现（文字、视频、图片)?			

二、学习观察方法

（一）读《搭船的鸟》，学习观察方法

1. 观外形，找发现

其一，观看插图，自己组织语言说一说翠鸟是什么样子的。

其二，在课文中找出作者是怎样对翠鸟的外形进行描写的，从中体会和学习作者细致和准确表达的能力。

作者的观察顺序为从整体到局部，抓住了翠鸟颜色鲜艳的特点，还使用了边观察边作比较的方法。

2. 观捕鱼，抓动作

其一，划出翠鸟捕鱼时表示动作的词语，体会作者观察角度和方式。

其二，由教师播放翠鸟捕鱼的视频，学生仔细观察并说说视频中翠鸟是如何捕鱼的，并用自己的语言讲出来。

3. 小组合作学习，理解留心观察的好处

首先，请各位学生带着问题自读第一段：作者还对哪些事物做了细致观察？（对雨声，船夫的外貌、动作是如何描写的）

其次，带着问题自读第三段：为什么作者的疑问、联想和猜测会让我们感受到作者观察的角度和方式？（作者一边观察一边思考，思考让观察变得更有趣；作者可以带着好奇继续观察，这解答了自己的疑问）

4. 记录观察之所获

其一，出示海鸥的图片，引导学生进行观察，尝试用自己的话按照从整体到局部的顺序描述海鸥的外形特点。

其二，播放海鸥捕鱼的视频，观察海鸥捕鱼的动作，并尝试用自己的话说一说。

其三，将海鸥捕鱼的过程用文字描写出来，并交流习作片段。

（二）读《金色的草地》，掌握观察方法

其一，看到这个题目，你有什么问题？

首先，学生围绕"金色的草地"进行提问，由教师总结学生的问题。其次，学生再自读课文，通过朗读课文，解答自己或者同学的问题。

其二，同桌之间交流课文内容，整理并分享作者在不同的时间里观察中的发现，完成以下表格。

时间	颜色	原因
	_____的草地	
	_____的草地	
	_____的草地	

由教师完成小结：我们一定要做一个生活中的有心人，留心观察生活。在观察的过程中，我们要做到一边观察一边思考，提出自己的疑问，并发现其中的原因，真正做到细致观察。

其三，合作学习，完成下面的思考任务。文中哪些地方可以感受"我"观察的细致？

其四，课堂小练笔，学以致用。观看含羞草视频，说说你的发现。仔细观察，把含羞草的变化写下来，并进行互评和修改。

三、自学"习作例文"部分，尝试表达

（一）借助批注自读

批注指明了作者的细致观察，请学生延展阅读《我家的小狗》，一边读一边做批注，发现小狗的淘气与可爱之处。梳理《我爱故乡的杨梅》中作者的多角度观察，聚焦作者的细致观察。

（二）同学之间共读

同伴之间进行合作学习，结合自己的批注，借鉴同学的批注，讨论分享自己的感受，体会在观察中融入自己想象的乐趣。

四、我是小小观察员

（一）回顾、体会观察的好处

其一，请学生找出课文中作者细致观察的句子，说说自己读这些句子的感受。其二，通过阅读，学习作者是如何有新发现的。其三，作者通过细微的观察，对事物有了

哪些更深的了解？其四，分享自己对观察对象有哪些更多、更深的了解。

（二）感受观察的趣味

其一，教师带领学生回顾之前所学的观察方法，引导学生在观察、描写海鸥和含羞草的过程中，抓住其各自的特点，按一定顺序描写，把动物的动作或者植物的变化过程写清楚。

其二，教师带领学生结合作者的观察和写法，说说各自的观察发现，体验观察的乐趣。

（三）展示"观察记录单"

其一，出示学生的观察对象，可以是植物、动物、人物等；

其二，分享自己的观察方法；

其三，小组内互读"观察记录单"，推荐并展示各自的"观察记录单"。

（四）方法回顾，选择内容

其一，回顾习得观察的方法，如抓特点、多角度、多感官、按顺序去描写，同时还可以结合观察时事物的变化、心理活动去描写。

其二，教师引导学生思考，并结合各自的"观察记录单"，每位同学各自写最想写的观察到的内容。

（五）构思腹稿，课堂写作

其一，学生确定观察对象及观察方法后，先构思再当堂完成观察习作。

其二，学生完成习作后，先进行初步修改，并进行自评。

项目	自评情况
题目是否新颖	
写作格式是否正确	
句段是否通顺	
是否运用较恰当的方法把观察的事物写清楚了	

其三，小组内进行传阅后，说说自己最喜欢其他同学写的什么内容，如果是自己的话，自己会如何观察与写作同一主题？

其四，师生共同完成修改习作的任务。

课例示范

搭船的鸟

◎ 文本解读

一、文本地位解读

《搭船的鸟》是统编版小学语文三年级上册第五单元习作策略单元中的一篇精读课文，本单元的主题是"观察"，语文要素是"体会作者是怎样留心观察周围事物的"和"仔细观察，把观察所得写下来"，这是本单元的第一篇课文，选编《搭船的鸟》的目的：一是引导学生留心观察周围的事物，就会有新的发现；二是引导学生观察时一定要细致，因为细致观察可以让我们对事物有更多的发现和认识。

二、文本内容解读

本文以一个孩子的口吻，描写了"我"和母亲坐船去乡下外祖父家，在途中发现一只搭船的翠鸟，"我"对它进行了仔细观察。文中一个"搭"字就使鸟儿具有了灵性，将鸟儿人格化，同时也体现了鸟和人在自然中和谐相处的画面。课文开篇交代了见到翠鸟的经过，接着重点描写我被翠鸟美丽的外貌吸引，同时也引发了"我"的疑问，最后"我"看到翠鸟捕鱼的敏捷动作后，通过母亲的介绍，"我"知道了翠鸟搭船的原因，点明了主题。这样一次平常的探亲之旅，因为"我"留心观察周围事物得以认识了一位可爱的新朋友——一只"搭船"的翠鸟，这充分说明了留心观察周围环境的好处。

课后题旨在引导学生体会作者观察的细致，第一题旨在引导学生了解"我"的观察所得。第二题旨在引导学生重点掌握第四自然段中的动词，想象翠鸟捕鱼时的情景，进一步体会"我"观察翠鸟捕鱼动作的细致。

文本中配有一幅插图，描绘了翠鸟停在船头的情形，这有助于学生更加直观地感受翠鸟外貌的美丽。

三、文本语言解读

《搭船的鸟》一文语言浅显、生动形象、清新自然、字里行间透露出浓浓的生活情趣，适合引导学生通过自主阅读去感受和领悟文中的意境，获得阅读的快乐。

（一）凸显主题

本单元的主题是"留心观察"。那我们应该如何留心观察周围的事物？《搭船的鸟》这篇课文为学生提供了很好的范例，文中描述了"我"有一次去乡下外祖父家的乘船之旅，原本是平淡无奇的，一位不速之客却吸引了"我"的注意。文中的"我"不仅留心观察了翠鸟美丽的外形特点，还进一步观察了翠鸟捕鱼时动作之敏捷。留心、细致的观察让"我"的旅途不仅充满了乐趣，更增长了见识。

（二）表达清晰有序

文章的开头先写"我"和母亲坐在船舱里，听雨打船篷、看船夫摇橹。接着写雨停了，一只翠鸟站立在船头。先是其艳丽的外形吸引了我的注意。接着，"我"描写了翠鸟一系列敏捷的捕鱼动作。最后，"我"描写母亲告诉"我"这是一只翠鸟及翠鸟搭船的目的。这样点明了课题，使全文浑然一体。全文将静态与动态相结合，听觉描写与视觉描写交互穿插进行，多角度、多感官的细致观察让我们对周围的事物有了更深的了解。

（三）充满童真童趣

本文以儿童的角度进行写作，语言清新自然，尤其是口语化的表达，与行文的儿童视角相契合，较自然融洽，贴近生活、贴近儿童视角，如"它什么时候飞来的？""难道它要和我们一起到外祖父家里去吗？"等心理描写勾画出儿童热爱自然、探索世界的好奇心理。

《搭船的鸟》是一篇适合小学三年级学生阅读的优美文章，它以生动的语言和朴素的笔触展现了人与动物和谐相处的场景，表达了"我"对自然、动物和生活的热爱。

四、文本结构解读

以"搭船的鸟"为题，以一个孩子的口气写了他在大自然中认识翠鸟的过程，字里行间流露出孩子对大自然的热爱。在文章结构上，"我"以搭船的鸟为线索，以时间为顺序，用清新的笔调描述了"我"在雨中乘船的所见与所闻。文中先写雨中一只彩色的鸟儿吸引了作者的注意，接着写了它如何捕鱼，最后写了它如何飞走。这种简单的线性结构，较符合小学三年级学生的认知特点，有助于他们逐步掌握基本的写作技巧。

五、文本情志解读

《搭船的鸟》以一个孩童的口吻，绘制了一幅人与动物和谐相处的美丽画面。文本中，一只色彩鲜艳的翠鸟出现在乘船的旅行中，它不仅大胆地与人同行，而且还在船上捕鱼，展现出其聪明和敏捷。文本用浅显易懂的语言，通过细腻的描写，表达了作者对这只鸟的喜爱，不仅让我们看到了大自然的美丽和神秘，也让我们感受到了人与动物和谐相处，以及唤醒人们对生命的尊重和保护。

六、文本教学化解读

《搭船的鸟》作为本次习作单元的精读课文，专门指向习作学习，其目的是促进学生习作能力的提升。因此，在朗读课文、理解课文内容的基础上，对积累语言方面可以不做过多要求，本文的要求应着重引导学生体会仔细观察带来的好处，围绕培养观察能力为主线展开教学。对于这篇课文，我们可以从以下几个方面展开活动进行教学。

（一）整体感知，了解观察对象

由学生大声朗读课文，教师引导学生边读边思考，课文从哪些方面对翠鸟进行了细致观察？你是从哪几个段落看出来的？精读是走进文本的重要方式，学生带着问题朗读课文，并紧紧围绕课后习题和单元语文要素来思考作者从哪些方面对翠鸟进行了细致观察。阅读后学生不难发现，课文第二自然段和第四自然段对翠鸟的外形和捕鱼的动作进行了细致观察。正因为其细致观察，文中"我"才有这么多的发现，教师相机引导学生留心观察周围环境及日常生活，这是写好文章的重要一步。

（二）赏析外貌，体会有序观察

默读课文第二自然段，圈出体现翠鸟美丽的词语，思考以下问题："我"是按照什么顺序描写翠鸟外貌的？"它的羽毛是翠绿的，翅膀带有一些蓝色，比鹦鹉还漂亮，它还有一张红色的长嘴。"由教师引导学生感受文中"我"在观察和描写翠鸟外形时是有一定顺序的，而不是杂乱无章的。文中"我"先介绍了羽毛的颜色，接下来又介绍了翅膀的颜色，最后又描写了它红色的长嘴，这是"从整体到局部"的观察方法，让学生感受到留心观察是有序的。

（三）聚焦捕鱼，感受观察细致

由学生自读课文第四自然段，圈出表示翠鸟捕鱼动作的词语，并用自己的话说一说捕鱼过程。

第一，请学生圈出表示翠鸟捕鱼动作的词语，如"冲、飞、衔、站、吞"，体会翠鸟速度快、动作迅猛，翠鸟捕鱼的动作这么快，文中"我"都看得仔细，可见文中"我"在观察时的专注力。

第二，还可以让学生用上这些动词，用自己的话说一说翠鸟捕鱼的过程。

第三，请学生学习分解动作观察法，我们身边的事物很多都是处于运动变化之中的，如何把这些变化之中复杂多变而又转瞬即逝的连续动作观察清楚呢？在细致观察的基础上，用动作分解法来观察和描述，就是把几个连续的动作一一分解开，把每一个动作看清楚，写清楚，再把分解的动作连起来。从习作角度看，小作者仔细观察的过程，为学生习作起到了很好的示范作用，这恰恰是以课文为样本，帮助学生建立方法意识，提醒学生注重习作方法的运用。

（四）观察习作实践

首先，由教师出示动物图片，请学生填写观察记录单，并进行交流。学生观察动物后能描写的地方很多，我们一定要抓住动物有特点的地方，不需要面面俱到。先由教师引导学生观察，请学生用自己的话表达这是一只怎样的动物。教师一定要提醒学生进行有序观察，一定要抓住有特点的地方。

其次，请学生运用本课学习到的观察方法，课后继续观察自己喜欢的一种小动物的活动情形，并简要记录观察所得。

只有看得准，才能写得活。这个观察实践主要训练学生仔细观察，只有在日常生活中，学生把小动物活动的每一个动作都观察清楚，学会有序观察，才能发现日常生活的美。

◎教学设计

【教学目标】

1. 正确、流利、有感情地朗读课文，会认 4 个生字，会写 13 个生字，掌握多音字"啦"。

2. 通过反复诵读，感受翠鸟的美，体会文本中表达的情感。

3. 展开小组讨论，对课文的思想内容及情感进行体验和交流。

4. 培养学生留心观察周围事物的习惯。

【教学重难点】

感受翠鸟的美，学会留心观察日常生活中的周围事物。

【课前准备】

课件、生字词卡片，翠鸟、鹦鹉图片。

【教学课时】

2 课时

【教学过程】

第一课时

一、观察图片，引入新课

首先，由教师向学生展示"鹦鹉"的图片，从而认识"鹦鹉"一词（用课件展示鹦鹉图片，让学生欣赏）。

其次，由教师对本节课学习进行导入。鹦鹉是鸟类中很漂亮的一种鸟，而且它还会模仿人说话，所以有一个成语叫"鹦鹉学舌"。今天我们要认识的却是另一种鸟，一种比鹦鹉还漂亮的鸟。它是一位小朋友在去外祖父家的船上偶然遇见的，它到底长什么样子呢？带着这些疑问让我们一起走进课文——《搭船的鸟》。

最后，由教师针对课文的题目，请学生谈一谈自己的疑问（由学生进行交流，教师相机选择学生进行交流）。

二、初读课文，认识生字

其一，请学生自由朗读课文，遇到不认识的字，可以借助工具书，也可以向教师或同学请教，争取读准字音、读通课文。

其二，小组之间交流，互助识字。

其三，小组可以选择自己喜欢的方式朗读课文，主要的朗读要求为声音洪亮、正确流利。

其四，检查朗读情况，以小组汇报的形式各小组进行朗读自查。

其五，识字过关的方法如下：开火车认读，分角色认读（全部读对的同学，教师奖励他们一张小笑脸）。

三、整体感知，指导书写

（一）整体感知课文

其一，由学生齐读课文，教师提出问题：文中的小朋友都从小鸟的哪些方面进行了细致观察？这是一只什么鸟？

其二，教师根据学生课前提出的疑问，再读相关段落。

（二）指导生字书写

其一，分析记忆字形。教师一方面要鼓励学生开动脑筋加强记忆（如用"加一加""换一换"的方法、新旧字比较法），同时还要从汉字的构字特点（结构、偏旁等）方面对其予以指导，如搭、答，悄、消，吞、吴。

其二，书写指导。指导学生按笔顺规则写字，并注意汉字的间架结构，力求做到把字写美观，注意细节。如"父"字要先撇后捺且撇捺要舒展。"翠"字的最后一横要写长，"嘴"字的口字旁要靠左上方。

四、拓展

1. 请学生书写本课生字

2. 回家后，把课文的内容讲给家人听一听。

第二课时

【教学目标】

1. 通过学习课文，认识搭船的鸟是一只外形美丽、捕鱼敏捷、聪明伶俐的翠鸟。

2. 品读文中描写翠鸟的语句，体会作者是怎样描写其细致观察翠鸟的外形、动作的过程的，又是如何把翠鸟的特点介绍清楚的。

3. 引导学生留心观察身边事物，尝试运用细致观察的方法观察自己感兴趣的事物。

【教学重难点】

品读文中语句，教师应引导学生留心观察身边事物，并尝试运用所学观察方法。

【教学过程】

1. 课前导入时教师可梳理语文要素，围绕主题展开谈话，如同学们，今天你们到这里来和老师一起上课，你们高兴吗？那回家后，爸爸妈妈可能会问："今天给你们上课的老师长什么样儿呀？"你打算怎么给爸爸妈妈介绍我呢？

（评价：谢谢你夸我！你关注到了我的穿着。你关注到了我的体型。你也很漂亮！你的牙齿也很白！你笑起来也很好看！）

2. 同学们看得真仔细，这样有意识地看就叫观察！

3. 你们观察到了老师这么多的特点，谢谢你们把我介绍得这么好！希望今天我们能度过一段难忘的时光。

（设计意图：通过提问，激发学生的观察能力，调动学生的积极性）

一、回顾课文，整体感知

首先，请学生齐读课文，由教师总结相关内容。

其次，这只"搭船的鸟"，是作者和母亲坐船到乡下外祖父家去的路上遇到的。一路上，作者观察到了哪些事物呢（出示自学提示）？请学生打开课本，自由朗读课文，在文中找出答案。

最后，谁来说说，作者观察到了哪些事物？

二、逐段学习

1. 作者观察到了这些事物，同学们读一读。下面，就让我们跟随作者踏上这段旅程吧（出示第一段）。

2. 谁来读一读？

3. 坐在船舱里，作者看到了什么？

4. 那他又听到了什么呢？（如：发出沙啦沙啦的响声）（课件出示，天下着雨……）这声音真好听，我们来读一读这句话。

5. 这里有一个表示声音的词语，同学们找一找。（沙啦沙啦）

6. 谁来读一读雨点打在船篷上的声音？我们一起来读一读吧。

7. 同学们，我们把这个词语放回句子里，根据老师的提示再来读一读。（生读）

三、学习第二段（翠鸟外形）

1. 后来，雨停了。作者又观察到了什么？（出示第二段）请一个孩子来读一读。

2. 他看见什么了？（预设：一只鸟。这是一只什么样的鸟？）请学生们阅读后回答。

3. 这就是作者初见翠鸟的整体印象。孩子们读一读。

4. 同学们，什么是彩色呢？

5. 那翠鸟有哪些颜色呢？请在文中用横线勾画出表示颜色的词语（汇报，出示颜色词）。

6. 这么多漂亮的颜色，谁来读一读？

7. 这只鸟实在是太美啦！上课前我就把它画下来了（出示黑白鸟），但是，来不及涂色，谁来帮帮我，我该怎么涂色呢？

（请学生用自己的话进行描述。你怎么知道该这样涂色啊？能不能用文中的句子告诉大家呀？）

8. 出示：它的羽毛是翠绿的，翅膀上带着一些蓝色，比鹦鹉还漂亮。它还有一张红色的长嘴。

（出示彩色鸟）我想，涂好色的翠鸟一定是这样的。我们一起来读一读，

9. 多么美丽的翠鸟啊，它让我想起了一句名言：生活中不缺少美，只是缺少发现美的眼睛。

10. 作者就有这样一双发现美的眼睛，他细致观察，抓住了翠鸟的颜色美，写出了它的外形特点（板书设计：外形）。

（设计意图：通过学习一些描写事物颜色的词语，让同学们知道作者在观察翠鸟的外形时，是从哪个方面进行细致观察的，从而习得观察方法）

四、学习第三段

1. 看到这样一只美丽的鸟儿站在我们的船头，你会想些什么呢？（哄，你好奇了，有疑问了），作者也非常好奇，他心里有了好多的疑问（出示第三段）。该怎么读呢？

预设：读出疑问的语气。（对呀，你看，三个问号呢！）还有什么好的建议呢？

2. 学生们读：哇，这么大声，把鸟儿吓跑啦！我们轻轻地读一读。

五、学习第四段（捕鱼动作）

1. 是呀，它站在那里做什么呢？（出示第四段）

2. 它在干什么呀？

3. 请同学们把翠鸟捕鱼的动作词圈出来，如：冲、飞、衔、站、吞等。

4. 谁来读一读这些动作词。先引导学生读一读，再引导学生来做一做这些动作吧。假如我们的手是一只翠鸟，橡皮是小鱼儿。

5. 现在我们把这些动作词放回句子里，带着动作来读一读。

6. 同学们看，老师这儿有一段文字也是描写捕鱼的。（出示）大家自己读一读，想想他跟作者写的有什么不一样？

7. 咱们把他和作者写的对比一下，你发现了什么？少了三个词语，来读一读。

8. 同学们观察仔细。这些词能去掉吗？为什么？（快，什么快？入水、捕鱼、吃鱼）

9. 翠鸟捕鱼的速度快得惊人，有资料显示，它几秒钟就能捕到鱼，是名副其实的捕鱼高手，同学们能不能将翠鸟的动作描写读好呀？和你的同桌一起练一练吧。

10. 同学们读得真热闹！谁来当着全班同学的面儿读一读？

11. 想不想听老师读？

12. 老师跟你读的有什么不一样？（神态动作语气）

13. 对，带着表情，加上动作，语气有高低起伏，这样就能读得更好。我们来试试。

14. 同学们一起读。

15. 尽管翠鸟捕鱼的动作很快，但是仍然没有逃过作者那双敏锐的眼睛。作者就是通过细致观察，抓住这一个接一个的连续动作，把翠鸟捕鱼过程写清楚的（板书设计：动作）。

（设计意图：学生从起点出发，通过对比的方法，体会将动态写清楚的必要。圈出表示动作的词，感受作者是如何写清楚的，符合学生思维特点，使学生直观感受捕鱼的

动态过程。借助动作词，复述捕鱼过程，实现语言内化，再次感受动作词的妙处。至此，对动态建立初步感知，即通过一连串动作来呈现）

六、学习第五自然段

1. 哦，原来翠鸟搭了我们的船，真的不是去外祖父家里做客的，而是……（出示第五自然段）女生读。

2. 作者说，翠鸟"搭"了我们的船，你体会到了什么？（翠鸟聪明，作者把翠鸟当成人，作者喜爱它）

3. 是啊，作者就是把翠鸟当作同船的乘客，同行的朋友，一路上，有了翠鸟的陪伴，让他平淡的旅程充满了快乐！

所以，他喜欢这只"搭船的鸟"。

七、总结拓展

1. 同学们，让我们回顾本节课学习的内容。一段平常的探亲之旅，作者却观察到了这些事物（出示观察到的事物），同学们读一读。

2. 这都是他"留心观察"的结果。

3. 在这些事物中，他对最感兴趣的翠鸟进行了重点观察，并对翠鸟的外形和捕鱼的动作进行了"细致观察"。

4. 这只美丽的、敏捷的翠鸟给作者留下了深刻的印象，也给他平淡的旅途增添了许多快乐。

5. 其实，我们的生活中还有很多美好的事物，只要你留心观察，就会有很多收获。最近老师就留心观察了我们家养的一只大公鸡，今天我把它带来了，你们想看吗？（图片）

6. 谁来说说，这是一只什么样的大公鸡呢？（请三个同学）

7. 你们在生活中有没有观察到什么呢？想一想，来说一说。

8. 你看，留心身边的事物，细致观察，就会发现生活中的很多美好。

八、作业布置

1. 师：同学们，我们生活在大自然中，身边也有许多的事物等我们去发现。家门口、上学途中、课外活动、上课瞬间、与人交流、收到的一份小礼物、别人的某个小动作……细心的你，都有怎样的发现呢？请你说给大家听。

2. 课外练笔：把你观察到的一个事物或现象，用一段通顺的话写下来。

金色的草地

◎ 文本解读

一、文本地位解读

《金色的草地》是统编版小学语文三年级上册第五单元第二篇精读课文。本单元的主题是"留心观察"，语文要素是"体会作者是怎样留心观察周围事物的。"《金色的草地》着重描绘了四幅主要场景：金色草地，兄弟俩草地上玩耍，草地变色和喜爱草地。重点描绘了"草地变色"的场景。这几幅画面都是经作者细致观察所得，因此，本课除学习细致观察外，教学重点是激发学生留心观察的意识，培养学生留心观察的习惯，学习留心观察事物变化的方法，最终达成"仔细观察，把观察所得写下来"的习作要求。

二、文本内容及文本语言解读

《金色的草地》主要讲述了在俄罗斯乡下两个小朋友（兄弟俩）玩耍的故事。文中先描述了兄弟俩住处窗前的那一大片草地，绿色草地在蒲公英盛开时就会变成金色；接着描述了兄弟俩的玩耍情景，他们会趁对方不注意，将蒲公英的绒毛吹到另一个人的脸上，从字里行间都能感受到他们在草地上玩耍时的自由自在、无拘无束；然后，描写了"我"无意中发现了草地颜色的变化，在经过耐心的等待和细致入微的观察后，"我"找到了草地颜色变化的原因；结尾则抒发了作者对草地、对蒲公英的喜爱之情。

（一）文题新颖，契合主题

这篇课文的题目是《金色的草地》，在我们的意识里，一提及草地，一般想到的就是绿油油的草地或枯黄的草地，而《金色的草地》完全为我们打开了另一个视角，原来草地也可以是金色的。这一点契合本单元的主题"生活中不缺少美，只是缺少发现美的眼睛"。草地为什么会是金色的呢？这一新颖的题目便激发了学生的阅读兴趣。

（二）巧用修辞，探索秘密

"蒲公英的花就像我们的手掌，可以张开、合上。当蒲公英的花朵张开时，花瓣是金色的，草地也是金色的了；当蒲公英的花朵合拢时，金色的花瓣被包住了，这时草地就变成绿色的了。"文中巧用比喻的修辞手法探寻了草地颜色变化的秘密，将蒲公英的花比作我们的手掌，在一开一合中展示了草地颜色变化的原因。这一黄一绿的变化，藏着无穷的秘密，更激发了学生的探索之心。

（三）生动描写，尽显快乐

课文第二自然段中有很多生动的描写。由"我和弟弟常常在草地上玩耍"这一中心句为总起。看，我装作"一本正经"，让弟弟猝不及防，那"使劲一吹"，劲儿十足，白雪飘飞，状如雪花。弟弟并不是束手就擒，"假装打哈欠"，伺机还击，你来我往，好不热闹。这并不"引人注目"的蒲公英却成了兄弟俩的玩具，给他们的生活增添了无限乐趣。

（四）恰当用词，准确表意

第一自然段写到"草地上长满了蒲公英"，一个"满"字就描绘了草地上蒲公英的旺盛存在，数量之多不容忽视，为下文"我"的发现做了铺垫。

第三自然段写到"我发现草地并不是金色的，而是绿色的"。"不是……而是……"这组表示并列关系的关联词，突出了草地的颜色和作者过去对草地认知的不同，为作者连续、仔细地观察蒲公英的变化埋下了伏笔。

文章第四自然段写到"从那时起，蒲公英成了我们最喜爱的一种花"。一个"最"字准确地写出了兄弟俩对蒲公英的喜爱之情。

三、文本结构解读

（一）开门见山，点出题目

"我们住在乡下，窗前是一大片草地。草地上长满了蒲公英。当蒲公英盛开的时候，草地就变成金色的了。"由此可以看出，文章开篇就点题了，为后文描写观察蒲公英、发现草地颜色的变化打下了基础，并在自己细致入微的观察下，弄明白草地颜色变化的原因。

（二）中间叙事，渗透方法

第二自然段描绘了兄弟俩在住处窗前的一大片草地上自由自在、无拘无束、尽情玩耍的情景，字里行间都充满了童真、童趣，让读者和兄弟俩一起都真切地感受到了大自然的乐趣。

第三自然段写作者很早去钓鱼的时候发现了草地颜色变化的现象。于是作者从早上、中午、傍晚不同的时间，连续且仔细地观察，找到了草地颜色变化的原因。

这普普通通的草地，是他们常常玩耍的乐园，但是经过作者连续且细致的观察后，发现了草地颜色的变化，还有变化背后的原因。作者的这些新奇发现都源于他对生活中寻常事物的留心观察。这篇课文能带给学生很好的启发，教师可以相机引导学生留心观察身边的缤纷世界。

（三）结尾抒情，升华主题

第四自然段写"多么可爱的草地！多么有趣的蒲公英！"作者用这两个感叹句总结了全文，还表达了作者对草地、对蒲公英的喜爱与赞美之情，从而抒发了作者对大自然的热爱之情。

四、文本情志解读

作者通过对兄弟俩在草地上快乐玩耍的场景描写，让读者在字里行间能感到他们的无拘无束、自由自在，同时，他们的天真烂漫也感染了读者。然后作者对草地颜色的变化产生了疑问，经仔细观察得出了草地颜色变化的原因，又让人感受到作者由感性喜爱上升为思辩的过程，给人以启发。

五、文本教学化解读

（一）读读草地

古人云"书读百遍，其义自见"。因此，品读文章是读懂文本的第一步。而读懂文本是有层次的，需要经历"读正确、读流利、读出画面、读出情感"等步骤。

（二）想象画面

当读到文本中这几句话"草地上长满了蒲公英。当蒲公英盛开的时候，这片草地就成了金色的了"时，教师相机引导学生，让他们展开大胆想象（同学们的脑海仿佛浮现出一朵朵盛开的蒲公英，片片金色的花瓣在阳光的照射下闪闪发光，犹如给大地铺上一层软软的绒毯，微风吹来，绒毛轻轻拂过脸颊等画面）。教师通过引导学生开展大胆想象，引发学生对蒲公英的喜爱之情。

（三）再现情境

文中写到兄弟俩在草地上快乐玩耍的场景。教师可以请学生上台表演，把弟弟跑，哥哥吹蒲公英，弟弟假装打哈欠，把绒毛朝哥哥脸上吹的场景再现。通过学生生动的表演，可以形象地表现和传达出蒲公英带给兄弟俩的快乐。

蒲公英的花瓣就像我们的手掌，可以张开、合上。教师可引导全班学生跟着表演手掌张开、合上，让学生边读边表演手掌的一张一合，让学生很轻松、愉快地理解了草地变色的原因。

（四）体会情感

《金色的草地》以儿童的视角描写了生活在乡村的小男孩观察发现草地颜色的变化，并寻找其原因的过程。此文本语言朴实，意境优美，字里行间充满了童真、童趣。

教师在教学中应带着目标引导学生阅读，兄弟俩在草地上快乐玩耍，发现了草地颜色的变化，并通过细致入微的观察，明白了草地颜色变化的原因，从而抒发作者对草地、对蒲公英的喜爱之情。

（五）迁移创写

教师要带领学生走进文本，体会文本中表达的情感与表达情感的方法。教师应让学生拓展阅读，再迁移创写，以达到学以致用的目的。

首先，教师应引导学生学会运用从课文中所学的观察方法，动手写一写在生活中所观察到的一种动物、植物或一处场景。

其次，推荐阅读《奇妙的动物世界》《昆虫记》《木木的植物日记》等书籍。

◎**教学设计**

【教学目标】

1. 认识"蒲、英"等 6 个生字，会写"蒲、英"等 13 个生字，会写"窗前、蒲公英"等 14 个词语。

2. 聚焦第三自然段，圈画关键词句，发现草地变化，探究变化原因，体会"我"观察的细致。根据文本，补充观察方法。

3. 观察某一种动物、植物或一处场景的变化情况，并和同学交流，迁移练笔。

【教学过程】

第一课时

一、课堂导入，引出课文

小小伞兵随风飞，

飞到东来飞到西，

降落路边田野里，

安家落户扎根基。

谜底（蒲公英）

由教师介绍蒲公英：蒲公英别名"黄花地丁"，菊科。多年生草本植物，含白色乳汁，叶莲座状平铺，匙形或狭长倒卵形，羽状浅裂或齿裂。果实成熟时形似白色绒球（课件出示蒲公英）。

请学生看图说说蒲公英：春天时，一大片蒲公英像什么？蒲公英开花时，一朵、一大片像什么？

教师由《金色的草地》这一标题引导学生对"金色的"草地而不是"绿色的"草地产生质疑切入本课主旨。

二、初读课文，学习字词

首先，由学生自由朗读课文，读准字音，读通句子，并画出生字和新词。

其次，由学生自主识记生字、新词，理解新词，交流识字方法和运用多种方法理解新词。

再次，由教师随机选择学生朗读，用开火车等方式让同学们认读生字和新词。

最后，由教师指导学生书写，应着重强调"蒲、察、趣、喜"的写法。

三、再读课文，整体感知

其一，由教师带领学生再读课文，一边读一边想象课文描绘了哪些场景图。可采用小组交流，抽生汇报等方式。

由教师完成小结：课文描绘了金色草地、兄弟草地上快乐玩耍、草地变化等画面。

其二，感受有趣场景。

首先，由教师为学生布置任务：选择一个令自己感兴趣的场景，一边读一边想象这个场景的画面，并尝试用自己的话说一说。

其次，组织学生感受金色草地在作者眼中是如何充满趣味性的。教师应引导学生学会抓关键词"一大片""长满""金色",进一步感受草地并朗读（板书设计："趣"）。

其三，感受玩耍场景的"乐"，可以用以下五种方式带领学生感受文中"之乐"。

第一种方式，说一说："我"和弟弟是怎样玩蒲公英？

第二种方式，演一演："我"和弟弟互相吹蒲公英的玩耍情景，教师应引导学生合作表演好"一本正经""打哈欠"等动作。

第三种方式，悟一悟："一本正经""假装""打哈欠""引人注目"等词语的意思。

第四种方式，想一想：在这个场景中，看到了什么画面？鼓励学生尝试用自己的话表达出来。

第五种方式，感受：兄弟俩在金色草地上玩耍的快乐。

由教师完成小结：草地上长满了蒲公英。平时绿色的草地在蒲公英盛开的时候，就变成金色的了。兄弟俩在草地上快乐地玩耍：哥哥装作"一本正经"，让弟弟猝不及防，那"使劲一吹"，劲儿十足，白雪飘飞，状如雪花。弟弟并不是束手就擒，"假装打哈欠"，伺机还击，互相嬉戏，互相打闹，你追我赶，你吹我跑，好不热闹。就这样，这并不"引人注目"的蒲公英，给兄弟俩的童年带来了无限乐趣。（板书设计："乐"）

四、总结回顾，拓展延伸。

（一）根据课文内容填空

我们住在（　　　），窗前有（　　　）。我和弟弟在草地上玩（　　　）的游戏。哥哥装着（　　　）的样子喊弟弟，把蒲公英的绒毛吹到弟弟的脸上；弟弟假装（　　　），把蒲公英的绒毛朝哥哥脸上吹。就这样，这些并不（　　　）的蒲公英，给兄弟俩的童年带来了无限乐趣。

（二）课后观察一种动物、植物或一处场景变化并完成"观察记录单"

观察记录单

观察对象	
观察地点	
观察时间	
观察所得	

（三）课堂小结

这节课我们跟随苏联作家普里什文的脚步，欣赏了一幅幅五彩缤纷的图画，让我们感受到了金色草地的"趣"与"乐"，下节课我们再去感受金色草地的"奇"及作者对它的"爱"（板书设计："奇""爱"）。

金色的草地 ｛
金色草地图　（趣）
哥俩玩耍图　（乐）
喜爱草地图　（奇）
草地变色图　（爱）

第二课时

一、再现场景，回忆"观察"

首先，由教师导入新课，上节课我们已经初步学习了《金色的草地》，请大家回忆一下作者描绘了哪几个场景？你觉得哪个场景最美，给你留下的印象最深？

其次，由学生反馈，作者描绘了金色草地、兄弟俩草地上快乐玩耍、草地变化、喜爱草地这几个场景。请学生各抒己见印象最深、最美的场景。

二、抓住变化，学习"观察"

（一）感受草地变色场景的"奇"

请学生读一读：默读课文第三自然段。

请学生想一想：草地为什么会发生这么奇妙的变化？请学生在文中"画一画""圈一圈"相关内容。

请学生填一填：借助课后习题，探究草地变化原因。仔细读第三段，把下面的内容补充完整，体会作者细致观察的方法。

早上，草地_____，因为蒲公英_____；

中午，草地_____，因为蒲公英_____；

傍晚，草地_____，因为蒲公英_____。

请学生贴一贴：草地变化的原因贴到相应的位置上去，预设效果如下图。

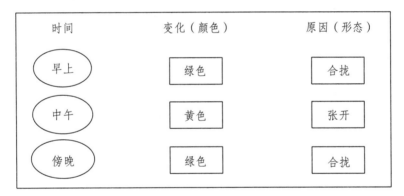

请学生谈一谈：他们发现的观察方法有哪些？教师可引导学生各自谈一谈横向观察和纵向观察的结果。

（二）引导学生会观察现象并理清背后的原因

在纵向观察时，作者为什么能发现这么多有趣的现象？他是怎么发现的？引导学生聚焦现象、关注时间词、颜色变化及原因等，详情如下：

时间词如"早上""中午""傍晚"等，根据时间线索，请学生感受作者观察的持续和用心。

颜色变化如绿色、金色、绿色，经仔细观察可发现颜色的变化背后遵循着一定规律。

原因如作者发现变化现象后并没有置之不理，而是对这个变化进行了用心、细心、耐心的思考并进行了持续观察。

通过句子比较，请学生学会运用多种修辞方法进行书写。

例如：

原来，蒲公英的花就像我们的手掌，可以张开、合上（比喻）。

请学生演一演这个形状变化，使学生感知蒲公英的变化。

教师引领学生边读句子，边借助手掌张开、合上，这一张一合的动作，感受草地变色的"奇"，体会作者利用比喻的修辞手法，把观察结果写得清楚、生动又形象。

请学生播放视频，展示蒲公英花朵张开、合拢的过程，说一说如果换成你是作者，你能观察到蒲公英花朵有哪些变化？

由教师完成小结：作者就这样持续的、用心地仔细观察蒲公英形状的变化，融入自己观察时的感受和联想，才把观察内容写得生动有趣。

三、拓展练习，延伸"观察"

出示一个苹果，请同学们想一想，大家可以用什么样的方法来观察这个苹果？

教师在这里可以引导学生利用"初试身手"部分中对芒果的观察方法对这个苹果进行观察。

教师可以请学生进行小组讨论，并用小组的形式进行汇报交流。

教师随机选择学生进行汇报，请学生填写下面的思维导图

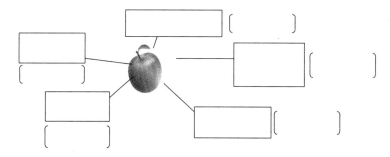

由教师完成小结：在观察苹果时，大家可以用眼睛看一看这个苹果的颜色、形状和大小；还可以用小手摸一摸这个苹果，记录自己是什么样的感觉；用鼻子闻一闻它的气味，记录一下自己的感受；用嘴尝一尝它的味道，记录一下自己的感受；还可以想一想苹果像什么等。

我们学习了《搭船的鸟》《金色的草地》，我们还仔细观察了红红的苹果，那你们学会了哪些观察方法呢？请学生完成以下表格，教师预设的答案如下。

观察对象	观察方法及所得
搭船的鸟	从翠鸟外形（静态）和动作（动态）细致观察
金色的草地	从不同时间对蒲公英的形状及草地颜色的变化进行细致观察
苹果	多角度、多感官的细致观察

四、迁移运用，实践"观察"

如果学生在生活中留意过一些事物的变化，也可以使用"观察记录单"进行记录，并交流观察的发现。

观察记录单

观察对象	
观察地点	
观察时间	
观察所得	

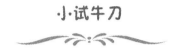

【教学目标】

1. 师生共同体会作者的观察方法，教师为学生总结留心观察的好处，并引导学生将这些方法学以致用。

2. 初步了解后，调动多种感官对事物进行观察。

3. 鼓励学生尝试写一写自己的观察所得。

4. 鼓励学生从多角度细心观察生活，发现生活的丰富多彩，养成观察的习惯。

【教学重难点】

教学重点：教师应引导学生留心观察周围的事物，掌握观察的方法，能按照一定的顺序观察事物。

教学难点：教师应调动多种感官，捕捉事物的特征，表达丰富的内容。

【教学准备】

教师：多媒体课件。

学生：《观察记录单》，观察日记，身边一些事物的照片。

【课时安排】 1 课时

【教学过程】

一、互动游戏，激情导入

教师准备一个苹果，引导学生体会自己所观、所感。或是直接向学生借一些物品，如书本、橡皮、铅笔、零食等，可集中放在一起，选择出示其中一两样，教师示范调动多种感受方式引导学生观察体会所观察的对象。

教师导入：这是什么？（预设：一个苹果）这是一个怎样的苹果？（学生自由表述，教师相机从形状、颜色、味道、软硬等方面总结学生的观察）这个苹果圆圆的，表面呈粉红色，仔细看，苹果表面上还有一些条纹，看着这个苹果，我仿佛闻到了那香香甜甜的味道，口水都要流出来了，真想马上吃掉它！

教师出示组句，巧妙将学生引入所学。

这是一个苹果。

这是一个（圆形的，表面呈粉红色，表面还有一些条纹。看着这个苹果，我仿佛闻到了那香香甜甜的味道，口水都要流出来了，真想马上吃掉它！）苹果。

由教师完成小结：你们瞧，苹果还是那个苹果，可是通过我们的观察和想象，这个普通的苹果就变成了一个有形状、有颜色、有细节、有味道、令人充满想象的苹果！这就是细心观察带来的奇妙效果。其实，只要我们用心去看、去听、去闻、去摸、去感受，我们就能从不同的方面发现很多新奇有趣的事物。就像法国大雕塑家罗丹所说的："生活中不是缺美，而是缺少发现美的眼睛。"

二、回顾课文，受到启发

（一）出示"回顾与思考"，引导学生回顾交流

回顾《搭船的鸟》《金色的草地》两篇课文。思考：两位作者都观察了身边的哪些事物？最让你觉得新奇、有趣、好玩的场景是什么？

（二）由学生进行汇报，由教师进行指导

第一，两位作者都观察到了身边的哪些事物？

预设：教师分别出示《搭船的鸟》和《金色的草地》两篇课文的插图，并引导学生进行归纳和小结。

《搭船的鸟》讲述的是一次平常的探亲之旅，因为作者的留心观察而认识了一个可爱的新朋友——会"搭船"的翠鸟。

《金色的草地》：作者对窗前的草地再熟悉不过了，但他稍加留意就会发现其中奇妙的变化。

由教师完成小结：只要留心观察周围的事物，我们就会有新的发现。就像我们刚刚看到的那个苹果一样，平常我们想也不想就把它吃进了肚子。仔细瞧一瞧，一个苹果也有"秘密"在身上。

第二，在这个单元的课文中最让你觉得新奇、有趣的场景是什么？

预设：出示翠鸟停在船上、起飞、捕鱼时的不同图片，由学生进行汇报后，由教师完成小结。

教师出示带有蒲公英的草地图片，由学生进行汇报后，再由教师完成小结。

《搭船的鸟》描写了翠鸟的美在于它有着色彩艳丽的羽毛和敏捷捕鱼的身手。

《金色的草地》描写了草地颜色会发生奇妙的变化，原来是蒲公英的花有时张开有时合拢的缘故。

由教师完成小结：学习了上面两篇文章可知细致的观察可以让我们对事物有更多、

更深的了解。

三、有效运用范例，深化体验

(一) 出示"初试身手"部分的范例，引导学生交流

范例 1：雨停了，我和妈妈去买菜，在路上看到好几只小蜗牛正慢悠悠地过马路……

由教师引导学生了解范例中的信息：这位同学观察到了什么？（过马路的小蜗牛）什么情况下观察到的？（预设：雨停后，在去买菜的路上看到的）

范例 2：假如你看到了这几只过马路的小蜗牛，你心里会想些什么？

预设：它们爬得可真慢呀！马路上人多，车也多，真担心它们会被踩到或被轧到。它们要爬到哪里去呢？是下雨天在家里太闷了，出来逛逛街，还是不小心迷路了，慌慌张张就横穿马路了呢？

范例 3：出示蜗牛爬行的图片或播放动态视频，引导学生仔细观察并进行交流。

小蜗牛长什么样子？它们是怎样"慢悠悠"地过马路的？

预设：蜗牛的背上有一个很漂亮的带螺旋纹的"小房子"，它的身体就隐藏在这个房子里。蜗牛的身体很柔软，像被雨淋过一样，湿漉漉的。它的头上长着两对奇怪的触角，一对长一对短，像"天线"似的。如果碰到什么东西，触角很快就缩回去了，直到确定周围环境是安全的，才会再伸出来触角……

由教师完成小结：发现几只小蜗牛，我们会觉得非常有意思，还会产生很多有趣的疑问；细致观察小蜗牛，我们对它们就有了更多的认识。

(二) 出示"初试身手"部分的范例，引导学生观察

范例 1：表姐送给我一个芒果。它的皮是黄色的，摸上去很光滑。放到鼻子边闻，有一股淡淡的香味；剥开皮尝一下，是一种很特殊的香甜的味道……

首先，由教师指名学生读一读这几句话，让这名同学说说观察的对象是什么（预设：芒果）。从芒果的哪些方面进行观察的？（颜色、味道等）

其次，由学生读一读《搭船的鸟》中描写翠鸟外形的句子，引导学生比较这两段话，说出观察对象、角度、方法有何不同。

我看见一只彩色的小鸟站在船头，多么美丽啊！它的羽毛是翠绿的，翅膀带着一些蓝色，比鹦鹉还漂亮。它还有一张红色的长嘴。

观察对象：一种是食物，一种是鸟儿，都是生活中的事物。

观察角度：一种写了颜色、触感、味道，一种主要写了颜色。

观察方法：一种用了"看、摸、闻、尝"等方法，一种只用了"看"。

由教师完成小结：还记不记得上课前，我们对苹果是怎么观察的？是不是也是用眼睛看，观察到了它的颜色、形状；用鼻子闻，闻到了香甜的味道；用嘴巴尝，尝到了柔软甜蜜的味道？像这种用眼睛看、用耳朵听、用手摸、用鼻子闻、用嘴巴尝的观察方

法，就叫"感官观察法"。不只是鸟儿、苹果、芒果，生活中普通的事物也值得好好观察，希望大家可以在日常生活中运用这些观察方法。

四、交流表达，讲评诊断

教师预留出时间让学生翻看自己的"观察记录单"或是日记本、照片，寻找自己的日常生活中那些有趣的发现。教师出示写作要求：你在生活中观察到了什么？用几句话写下来和同学进行交流吧！学生写作时，教师应适时提醒学生既可以仿照"初试身手"部分的句子来写，也可以仿照精读课文中的句子来写。

（一）小组交流

每位学生轮流用几句话说说自己的观察所得，听听其他同学的评价。

别人发言的时候要认真听，等发言结束以后，再用有礼貌的方式发表自己的看法。其他同学的评价重点主要在观察是否细致，还可以观察什么及其他的改进意见。

（二）指名学生汇报交流

预设一：如果学生的试写成果比较粗疏，或者写得不太清楚，教师讲评时可以先指出问题，再提醒学生接下来应仔细观察。比如，学生观察小鱼后，观察所得仅限于"小鱼游过来吃鱼食"，教师可以提示学生进一步观察小鱼是怎么游过来的，又是怎么吃鱼食的（观察要细致）。

预设二：如果学生的观察调动了各种感官，但试写成果仅仅是把观察所得琐碎地罗列出来，教师可以提醒学生把各种感官的观察都做得更细致一些，甚至可以聚焦于一两种感官的观察，不必面面俱到，使自己的观察更扎实、更深入（观察要抓住事物的主要特征）。

预设三：如果学生的试写成果未体现事物或场景的变化，教师可以提醒学生，注意接下来仔细观察事物或场景的变化，如学生仅记录了"下了一场雨"，教师可以提醒学生注意"下雨前""下雨后"是什么景象，是怎样变化的（观察时抓住时间顺序描写景物变化）。

预设四：如果有学生观察了场景，教师可以顺势提醒：除了观察一个事物，也可以像这样观察一处场景（观察要有一定的顺序）。

（三）完成小结

在生活中，大家不光要有一双擅于发现美的眼睛，留心发现生活中的美景；大家还要有一颗细致的心，发现以后还要弄清楚这背后有什么原因，细致地进行观察，弄清楚那些一点一滴的变化，探索到大自然更多的奥秘，才能享受到更多乐趣。

希望大家能养成留心观察生活的好习惯，从生活中积累更多的习作素材。

五、总结方法，修改习作

首先，教师应引导学生梳理观察的一些方法。由教师导入新课，今天的课是一堂交流课，主要围绕"观察"展开。我们一起来梳理一下前面所学的内容：

其一，关于观察对象，它可以是动物，可以是植物，也可以是一处场景。

其二，关于观察内容，如果是动物，则要注意外形、动作、生活习性等要素；如果是植物，则要注意形状、颜色、生长变化等要素；如果是场景，则要注意景物及其变化等要素。

其三，关于观察方法，应着重关注以下几方面：第一，大家可以调动多种感官（看、听、闻、摸、尝……）进行观察；第二，可以抓住事物最有特征的方面进行观察，不需要做到面面俱到；第三，大家可以有序观察，尤其是在观察"变化"的时候，有顺序观察会让描述变得更准确。

其次，根据教师的总结，学生自己修改和丰富所写的内容。

最后，课后观察作业。教师应引导学生应用所学的观察方法，课后继续留心观察，进一步丰富"观察记录单"上的内容。

大显身手

"习作例文"部分

◎ 文本解读

一、文本地位解读

《我家的小狗》《我爱故乡的杨梅》是统编版小学语文三年级上册第五单元习作单元的一个重要组成部分。本单元的主题是"留心观察"，这是统编教材中首次出现习作单元，对习作的要求是：仔细观察并把观察所得写下来。

"精读课文"部分的两篇课文《搭船的鸟》和《金色的草地》重点指导了学生学习怎样细致观察事物、培养学生细致观察的意识，"习作例文"部分安排在"精读课文"部分和"习作"部分之间，既是"精读课文"部分与"习作"部分之间的过渡，"习作例文"部分发挥着迁移写法的作用，尤其是旁批和课后习题部分，非常清晰地指出了例文的写作特点。"习作例文"部分为学生练习习作提供了非常好的范文支架，这是学生学习习作方法很好的课程资源。

二、文本内容解读

《我家的小狗》是描写动物的散文，《我爱故乡的杨梅》是一篇描写植物的散文，赞美家乡杨梅。文本中作者观察的对象都是日常生活中常见的事物——小狗和杨梅。

《我家的小狗》具体描写了小狗"王子"的外形特点、与火车赛跑等趣事。旁批的作用是提示学生在读这篇例文时要关注小狗的不同表现。

《我爱故乡的杨梅》一文以杨梅生长过程为描写顺序，从整体到部分分别描写杨梅树和杨梅果，重点写杨梅果，有详有略，通过描写杨梅表达作者对家乡的喜爱之情。两个旁批分别提示学生，作者是从杨梅外形的变化和味道进行细致观察的。课后习题是用表格的形式帮助学生梳理作者对杨梅的观察所得。

三、文本语言解读

（一）巧用修辞，描写生动

《我家的小狗》的第一自然段，"我得好好写写我们家的小狗，它叫'王子'，是我们村里长得最花、毛色最漂亮的一只狗"。作者把自家小狗和全村小狗作比较，观察细致，突出小狗"王子"外形的特点。

《我爱故乡的杨梅》的第二自然段，"一棵棵杨梅树贪婪地吮吸着春天的甘露。它们伸展着四季常绿的枝条，一片片狭长的叶子在雨雾中欢笑着"。作者巧用拟人的修辞手法，生动形象地描写了杨梅树在春雨中渴望生长的样子，充满了勃勃生机。第四自然段，"杨梅圆圆的，和桂圆一样大小"，这里作者采用了对比手法，即使没有见过杨梅大小的人也能感知杨梅的大小和形状。

（二）将观察与想象相结合

《我家的小狗》一文中，教"王子"认字部分，"我教它念'狗'字的时候它叫得最欢。它准是在想，这是在说它自己呀！"作者观察特别仔细，发现教"王子"念"狗"字时，狗儿叫得最欢，还认真揣摩"王子"的想法，使"王子"生动的形象跃然纸上。"王子"与火车赛跑部分，"每次它都输，可它从不在乎""等到跑不动了，它便冲着远去的火车汪汪叫上几声，不知是允许火车开走呢，还是骂了火车一顿"。作者这里也采用了将观察与想象相结合的表达方式，把小狗的淘气、可爱描写得生动有趣。

《我爱故乡的杨梅》中写杨梅味道的部分，"有一次杨梅吃得太多，感觉牙齿又酸又软，连豆腐也咬不动了。我这才知道，杨梅虽然熟透了，酸味还是有的，因为它太甜，吃起来就不觉得酸了"。这里作者同样采用了将观察与想象相结合的表达方式，把杨梅的味道写得具体又可感。

（三）动作描写，生动具体

在《我家的小狗》的第五自然段中，"它汪地叫一声，晃一晃脑袋，表示想要出去"。"叫""晃一晃"两个动词把小狗的活泼与可爱描写得栩栩如生。

（四）用词丰富且恰当

《我爱故乡的杨梅》描写到杨梅刺，"等杨梅渐渐长熟，刺也渐渐软了，平了。摘一个放进嘴里，舌尖触到杨梅那平滑的刺，是那样细腻而柔软"，"软了""平了""平滑""细腻""柔软"一连串的词，从视觉、味觉、触觉等多角度描写杨梅刺的生长变化过程。描写到杨梅的颜色，"杨梅先是淡红的，随后变成深红的，最后几乎变成黑的了"，"淡红""深红""变黑"颜色逐渐从浅变深。描写杨梅的果肉和汁水，"你轻轻咬开它，就可以看见那新鲜红嫩的果肉，嘴唇上舌头上同时染上了鲜红的汁水"，"新鲜红嫩""鲜红"等词写出了杨梅的新鲜、饱满且多汁，让人不由也馋得想尝一口。描写杨梅的味道，"没熟透的杨梅又酸又甜，熟透了就甜津津的，叫人越吃越爱吃"，"又酸又甜""甜津津"等词把杨梅的味道变化描写得具体可感。

四、文本结构解读

（一）开门见山，照应题目

《我家的小狗》抓住小狗的外形和性格进行描写，简要概括了小狗的特点，让我们不由猜想小狗"王子"可爱在哪些地方呢？《我爱故乡的杨梅》，作者开门见山地指出故乡的地理位置，直抒胸臆地表达了对故乡杨梅的喜爱之情，不仅起到突出强调的作用，而且也引起了读者的好奇：杨梅究竟有什么可爱之处呢？能让作者那么喜爱，"我"一定要好好读一读。

（二）多种感官描写，习得方法

《我爱故乡的杨梅》的第二自然段通过视觉观察和想象描写杨梅树的样子，第四自然段至第六自然段通过视觉、味觉、触觉等多种感官描写杨梅的外形、颜色、味道等特点。作者生动、细腻地描写，使读者对杨梅产生了如见其形、如观其色、如品其味的美妙感觉。

（三）有序观察，有详有略

《我爱故乡的杨梅》按时间顺序描写杨梅树、杨梅果的生长过程，重点对杨梅果进行了从整体到部分、由表及里的详细描写。

（四）总分结构，条理清晰

《我家的小狗》先总体介绍了小狗的外形和性格特点，然后分别选取"学认字""与火车赛跑"两件典型事例来表现"王子"的淘气和可爱。

《我爱故乡的杨梅》的第一自然段就总领全文，直接表达了作者爱故乡的杨梅，然后分别按时间先后顺序写杨梅树、杨梅果及吃杨梅果的趣事。透过杨梅"形状、颜色、味道"的形，读者初步感受到"杨梅可爱"的魂。字里行间充满着对故乡杨梅的喜爱之情。

五、文本情志解读

《我家的小狗》展现了一只淘气可爱的小狗。"我"教"王子"认"狗"字时，它叫得最欢；"王子"与和火车赛跑，从不在乎，但又会"汪汪"叫上几声，极富趣味性。

《我家的小狗》充满了人和动物和谐的温馨画面。"我"教"王子"认字、数数，猜"王子""汪汪""哼哼"声的意思，陪"王子"与火车赛跑等，无不彰显着人和动物和谐、美好的情谊，让我们喜欢上这只淘气、可爱的小狗的同时，更喜欢天真、可爱的小狗主人。

《我家的小狗》体现了作者对小狗的喜爱。作者认真观察后发现教"王子"认"狗"字时，它叫得最欢；作者发现"王子"会撒娇，喜欢"汪汪""哼哼"叫，还能猜出不同的叫声表达的不同意思，作者的认真观察和发现都源于对小狗的喜爱之情啊！

《我爱故乡的杨梅》展现了一幅幅生机盎然的植物生长变化的画面。杨梅树在雨中尽情生长，杨梅刺如何变软，杨梅果颜色如何变化，如电影一般展现在眼前，不禁赞叹多么可爱的杨梅啊！

《我爱故乡的杨梅》突显了杨梅果的可爱，形状、颜色、味道等方面都是那么可爱，让人喜欢。

《我爱故乡的杨梅》体现了作者的细致观察，融入感情。这篇文章除题目和第一自然段可以直接让人体会到作者对家乡杨梅的喜爱和对家乡的热爱之情外，在对杨梅果生长过程的细致入微的描述中，也包含着作者对杨梅的喜爱之情。

六、文本教学化解读

因为"习作例文"部分并非精读课文，所以对"精读课文"部分中已经学习过的习作方法，教师可以对学生习作时需要掌握的表达方法应及时给予补充，以便更好地发挥"习作例文"部分的导学功能，让学生进一步习得写作方法，提升习作水平。

（一）读一读，填一填

"习作例文"部分是小学三年级学生写好作文的拐杖，所以要教会学生如何使用拐杖。首先，教师要给学生提供阅读支架，让学生借助"习作例文"部分的旁批和教师出示的阅读提示进行自主阅读，最后完成阅读练习。其目的是培养学生初步学会阅读例文的能力。

（二）分析交流，总结方法，学以致用

完成两篇例文的初步阅读任务后，全班分析交流两篇例文，通过完成表格的方式归纳总结例文的观察方法，然后学以致用进行实操小练笔，教师出示"初试身手"部分的练习题，让学生进行小练笔。最后，教师再把学生的小练笔和例文进行对比，并评价。

（三）比一比，发现习作密码再提升

通过学生的小练笔和例文进行对比，我们发现习作要写得生动形象，不仅要仔细地多角度观察，还要加入自己的想法或想象。在发现的基础上，最后对之前写的内容进行修改，提升习作能力。

（四）互读互评，共同进步

学生修改好后，在小组内各组员先把自己的小练笔读给成员听，先进行组内互评，然后进行二次修改。最后，由小组内推荐进步大的同学在全班展示小练笔。

经过这样循序渐进的教学，不仅会减少学生对习作的畏惧情绪，还会激发学生的习作兴趣，达到使学生能运用多种方法进行独立写作的最终目的。

◎教学设计

【教学目标】

1. 阅读例文，分析例文中的观察方法。

2. 分析例文，总结观察方法，学会抓住事物特点和运用多种感官细致描写事物的方法。

3. 发现"将观察与想象相结合创作出具体生动的文章"的写作方法。

【教学重点】

通过分析例文，懂得留心、细致观察的重要性，总结各观察方法。

【教学难点】

发现把文章写得具体生动的方法并加以运用

【教学流程】

一、复习导入

本单元我们学习了两篇精读课文，从《搭船的鸟》一文中，同学们初步学习了观察及描写动物外形、动作的方法；从《金色的草地》一文中大家体会到了作者观察的细致，学习了作者用眼看、用心想的观察方法，在学习"交流平台"部分时，大家也有意识让自己养成留心观察生活的好习惯，而且同学们已学会从不同角度调动不同感官去观察事物，并记录日常生活的方法。这节课，我们以《我家的小狗》《我爱故乡的杨梅》两篇例文为例，继续分析作者的观察方法和描写技巧，并将其学以致用。

（设计意图：帮助学生回顾本单元所学知识点，与本课所学的新知识形成联系，顺理成章引出新知）

二、阅读例文，总结方法

（一）自读例文

请学生自由朗读两篇例文，朗读前要提醒学生借助例文的旁批和阅读提示完成"学习单1"。

学习单1

> 一、阅读提示
> 1. 我最喜欢的例文是（ ），我要大声朗读一遍
> 2.《我家的小狗》这篇例文写了"王子"的（ ）和"我"跟它之间发生的几件趣事：（ ）
> （ ）（ ）。通过对王子的细致观察，"我"发现它在不同的时候叫声不一样，会（ ）和
> （ ）。写出了小狗的（ ）
> 3.《我爱故乡的杨梅》写了（ ）和（ ），从整体到局部，由外到内，详细地写了（ ）
> 的（ ）（ ）（ ）。写出了杨梅的可爱，表达了作者对杨梅的（ ）之情

（二）汇报交流，完成表格

教师先分析例文，然后学生进行汇报交流。教师带领学生思考以下问题：第一，为什么作者能把小狗写得这么有趣和可爱，把杨梅写得那么可爱呢？第二，作者是怎样观察的？请学生把各自喜欢的句子在文中做好记号，总结观察方法，并完成"学习单2"和"学习单3"。

1. 动物观察法

学习单2

《我家的小狗》		
小狗的特点		
体现"王子"特点的句子	观察角度	观察方法
	外形	
	叫声变化	
	动作变化	
	趣事	

2. 植物观察法

学习单 3

《我爱故乡的杨梅》		
杨梅的特点		
体现杨梅特点的句子	观察角度	观察方法
	形状变化	
	颜色变化	
	味道变化	
	有趣的事	

三、学以致用，小练笔训练。

请学生用刚才总结的观察事物的角度和方法，联系生活写一写自己喜欢的动物或植物，也可以写一写大屏幕上的小动物或水果。教师出示课件展示相关动植物，比一比谁观察得最仔细，小练笔时间为五分钟。

在这五分钟内，学生开展小练笔写作，教师巡视并进行指导。

四、以评促讲，对比例文，再提升

（一）以评促讲

教师选取几个具有代表性的学生小练笔展示到黑板上，对其进行点评。

（二）对比例文，发现写作密码

大家都能从不同角度，调动不同感官描写自己喜欢的动物或植物，现在教师从这几篇小练笔中挑了几句话和例文中的几句话进行比较，你发现了什么呢？

善于抓住变化的特点观察

小练笔 1	小猫喜欢喵喵叫
例文	它喜欢哼哼叫和汪汪叫
小练笔 2	圆圆的小樱桃红红的
例文	杨梅先是淡红的，随后变成深红，最后几乎变成黑的了

善于想象

小练笔1	小猫那双眼睛一动不动地盯着老鼠洞
例文	我教它念"狗"字的时候，它叫得最欢。它准是在想，这是在说它自己呀
小练笔2	一颗颗圆溜溜的小樱桃挂在枝头，太阳照射着它们
例文	细雨如丝，一棵棵杨梅树贪婪地吮吸着春天的甘露。它们伸展着四季常绿的枝条

由学生朗读并思考后回答问题。（略）

教师根据学生回答完成总结：文章要写得具体生动，不仅仅要把所见、所听写出来，还要把事物的形状、颜色等变化写出来，最后加上自己的想法。让我们美美地读读这样的句子吧！

例句1. 它喜欢哼哼叫和汪汪叫
例句2. 杨梅先是淡红的，随后变成深红，最后几乎变成黑的了
例句3. 我教它念"狗"字的时候，它叫得最欢。它准是在想，这是在说它自己呀
例句4. "王子"都以为能跑赢它。等到跑不动了，它便汪汪叫上几声。
例句5. 细雨如丝，一棵棵杨梅树贪婪地吮吸着春天的甘露。它们伸展着四季常绿的枝条，一片片狭长的叶子在雨雾中欢笑着
例句6. 我小时候，有一次吃杨梅吃得太多，感觉牙齿又酸又软，连豆腐也咬不动了。我才知道杨梅虽然熟透了，酸味还是有的，因为它太甜，吃起来就不觉得酸了

（三）模仿、修改、提升

现在模仿本文作者将观察与想象相结合的写法，请学生修改自己的小练笔，相信大家能把事物描写得生动具体了，创作时间为三分钟。

待学生写好后，先组内互读互评，再进行二次修改。

由组内推荐前后两次练笔进步较大的同学上台展示其作品，教师应对其作品进行评价，激发学生的写作兴趣。

教师还可实行学生自我推荐作品的方式，让敢于自我推荐的同学全部上台朗读，然后教师点评朗读最好的一位同学。

五、总结

在短时间内，大家的小练笔进步很大，写得好的原因是运用了将细致观察与感受相结合的方法，从而写出了生动具体的文章。

最后，教师送给学生写动物或植物的小口诀，学生课后可以读一读、想一想，相信对你们描写状物类文章有帮助。

（一）写好动物小口诀

> 介绍动物有要点，外形习性是重点。
> 描写特点抓外形，总分说明条理清。
> 联系生活写习性，吃睡玩飞和鸣叫。
> 生活细节要具体，写出特性有感情。

（二）写好植物小口诀

> 介绍植物抓特点，枝叶花果样样全。
> 一年四季顺序写，生长过程一条线。
> 形状颜色和滋味，比喻拟人写有趣。
> 联系生活述感受，描写细节有情趣。
> 引用诗句来赞美，画龙点睛多趣味。

六、板书设计

善于观察

展开想象

阅读名篇　观察细致　想象（想法）

生动具体

"习作指导" 部分

【教学目标】

1. 结合本单元"观察记录单"，请学生分享观察所得，交流观察方法，感受观察乐趣。

2. 运用观察所得，请学生把自己最近观察到的印象最深的某种事物或某个场景，有条理地写下来。

3. 教师应引导学生表达自己的感受，并把自己的作品与其他同学分享、交流。

4. 对照本单元课文的写作妙招评价自己和他人习作中的细致观察，并运用修改符号修改习作，将细致观察写得具体。

【教学过程】

一、眼中有光，引入学习

在这个习作单元里，我们跟着课文和例文学习，写下了自己的观察所得。接下来，我们就一起走进习作《我们眼中的缤纷世界》，请学生齐读课文。

"眼中的"就是我们看到的，那"缤纷世界"又是指什么呢？书中的图片给我们做了提示（出示课件，展示书中插图），请同学们说说自己的所见和感受（学生看图交流说感受）。其实，"缤纷世界"远不止这些，你们的"观察记录单"上也展现了缤纷世界的美（课件出示学生的"观察记录单"）。

观察记录单

选择观察类型	（　）植物　（　）动物　（　）场景
观察对象	小狗
观察时间	玩耍时
观察场所	草坪上
请用看、听、闻等方法进行认真观察，你一定会有很多发现，请把你的观察所得记录下来吧	
动物重点观察它的外形特点和它在做某件事时的动作，比如，吃食、睡觉以及生活习性等	我家的小狗人见人爱。它长着一个毛茸茸的身体，圆圆的小脑袋，脑袋上嵌着一双水汪汪的眼睛，总是骨碌碌地转着，黑色的鼻子湿漉漉的。它还有一张小巧的嘴巴和金棕色的毛。最奇特的是它的尾巴，似乎比别的小狗短了一截。 我喜欢和它一起玩耍，尤其是玩扔飞盘。有时它会乖乖地将飞盘递给我；有时它会抓着飞盘不放，仿佛抓一根救命稻草；有时它会懒洋洋地趴在一边，好像什么也没看见。它很喜欢在宽阔的地方玩。我将飞盘扔出去，它像箭一般飞快地奔过去，用两只前脚搭住飞盘，叼了起来
场景：要注意场景的地点、过程和人物活动	过了一会儿，它慢悠悠地向我这边走来，将飞盘递给我，蹭了一下我的裤腿，等待着飞盘再次被扔出来 这就是我家调皮可爱的小狗

同学们眼中的缤纷世界，其内容是丰富多彩的，是不同季节的景色，还是各种各样的场景；既可以是动物、植物，也可以是文具、生活用品等。

二、明确要求，筛选材料

教师先导入本节课，如课本中对本次习作有什么具体要求呢？

首先，教师用课件出示习作要求，然后学生完成习作朗读，提取出关键信息。教师提出朗读要求：写我们最近观察时印象深刻的一种事物或一处场景，及对这些事物或场景的新发现。

其次，教师应理解"新发现"：以前没见过或经常见，却没有注意到的。

最后，教师可引导学生结合自己的观察所得，确定自己的写作内容。

三、归类梳理，总结方法

教师先导入本节课。若同学们能把本单元的课文和例文描写的侧重点进行梳理，详细说出作者是怎样把事物写具体的，那表示同学们对本单元掌握得很好了。

首先，教师出示课件，主要罗列本单元课文题目，归纳出各篇文章的侧重点，如《搭船的鸟》侧重于描写颜色和动作，《金色的草地》侧重于描写事物的变化，《我家的小狗》侧重于描写叫声与想象，《我爱故乡的杨梅》侧重于描写多感官观察。

其次，教师引导学生梳理习作的方法，如通过本单元四篇文章的学习，同学们知道了每位作者都对事物进行了细致的观察。在写作中，抓住事物特点，有顺序地进行描写，既写出了事物的变化，也写出了自己的猜想；既有多角度的展现，也有多感官的参与，如用眼看、用鼻闻、用嘴尝、用耳听、用手摸等。

四、学以致用，笔下留情

首先，借助"观察记录表"，可重新确定习作内容。
其次，在习作纸上写出自己的观察所得，把事物特点描写得细致。

五、交流评价，修改有法

首先，教师用课件出示"评价标准"。

评价标准	星级评价
书写工整，语句通顺	—
写了看到的	—
写了听到的（或摸到的、闻到的、尝到的等）	—
写出了自己的猜想或思考	—
写出了事物的变化	—

其次，学生自主对照"评价标准"完成自评，并用手势展示自己的星级评价。教师可随机选择学生交流自己习作星级评价的优缺点及其对不足之处的修改意见。再次，师生共同商讨后给学生提供修改妙招，并感受修改后的美文。其他学生借鉴上述方法，完成小组内的交流、评价、修改。最后，各小组展示优秀习作，教师颁发"观察小能手""写作小达人"等奖状。

六、儿歌引路，细致观察

世界是缤纷多彩的，世界在等着我们去观察、去发现其美妙！现在送给大家一首习作妙招儿歌，相信你们眼中会绽放不一样的光芒。

生活处处都有美，用心发现写真实，
眼睛看，耳朵听，动手摸，鼻子闻，
再用嘴巴尝一尝，别忘猜想和思考，
注意顺序和变化，细致观察见缤纷。

七、板书设计

细致观察 { 抓特点　有顺序
写猜想　写变化
多感官　多角度 }

教后拾贝

本单元作为统编版小学语文教材体系中的第一个习作单元，主要围绕"观察"这个专题进行了编排，由《搭船的鸟》《金色的草地》《我家的小狗》《我爱故乡的杨梅》《我眼中的缤纷世界》等组成。这样编排的目的是引导学生学习阅读这些故事，学会作者是如何进行细致观察、抓住特点描写事物的。最终，大家要学会利用这些方法完成习作表达。

一、利用单元导语，明确单元任务

本单元的导语可分为以下三部分，详情如下。

一是人文主题，"生活中不缺少美，只是缺少发现美的眼睛"；二是语文要素，"体会作者是怎样留心观察周围事物的"；三是习作要求，"仔细观察，把观察所得写下来"。其中，"体会作者是怎样留心观察周围事物的"是指向阅读的语文要素，而"仔细观察，把观察所得写下来"则是指向书面表达的语文要素。

对于单元习作而言，习作是中心，是重点，学习课文的目的也是指向习作的。因而作为习作要求的"仔细观察，把观察所得写下来"是整个教学单元的核心。教师在进行大单元教学时，一定要利用好单元导语，这样才能对习作单元语文要素有一个精准的定位，从而对后面的整体教学有一个更准确的认识。

二、借助文本理解，学习习作方法

"习作"部分的文本是直接指向习作策略教学的，其中对文本的理解和感受也只是为习作表达提供了素材和方法。

（一）紧扣文本信息，彰显"观察"方法

初读文本后教师应引导学生从文本中提取信息，使学生真正了解文本内容。

两篇精读课文的课后练习，旨在强调对表达方法和文本内容的理解和概括，因为对文本内容的解读，可以让我们学会怎样去观察，从哪些方面去观察，这也为本单元语文

要素"仔细观察，把观察所得写下来"指明了表达的方向。

在教学《搭船的鸟》中，教师应结合课后习题，带领学生读课文，领会作者对哪些事物做了细致观察，请学生说一说是从哪里看出来的。教师在带领学生整体感知文本后，对文本信息进行总结，总结出作者对"船、小河、雨点、船夫、翠鸟"做了细致观察。

在教学《金色的草地》中，应紧扣课后习题，朗读课文，一边读一边想象课文描写的场景。教师在带领学生聚焦变化，仔细观察，对文本内容进行概括，发现文本描写的四个场景及场景变化的原因。

观察能力对于学生的学习和成长具有重要意义，而我们的教材文本作为学生学习的主要材料，蕴含着丰富的观察点，通过对文本内容的有效整合，让学生也习得观察的方法。

（二）利用重点语段，习得"观察方法"

在《搭船的鸟》的教学中，结合课后习题二，抓住文本第二自然段和第四自然段，让学生理解具体的句子，抓住关键词语，想象翠鸟捕鱼的情景。以这两段为例，让学生习得观察时除了可以从静态方面进行有序观察，还可以抓住关键动词，从动态方面进行观察。

在《金色的草地》的教学中，结合课后习题二，阅读相关段落，体会作者观察细致的方法。再通过对草地不同时间、不同的变化及变化原因的对比，让学生体会到在观察时要持续地、用心地仔细观察，并融入自己观察时的感受和联想，才能把观察内容写得生动有趣。

三、归纳梳理，总结方法

"写作帮手"到底是什么呢？习作策略单元的"交流平台""习作例文"部分都是为了完成本次习作而编排的，即这两个内容就是我们所说的"写作帮手"。对于这两个板块，教师在教学时，一定要与文本教学、习作教学进行有效整合，并在各项教学中将其穿插，重点在于为学生完成习作构建写作思路，以确保这次习作任务的顺利完成。

四、学以致用，笔下留情

"习作"部分的主要任务是为了完成一篇习作，因此这一部分的内容是这个单元的教学重点，通过这一单元的"精读课文""习作例文""交流平台"部分的教学，学生已掌握了写作的理论知识和一定的写作技巧，但仅仅通过这些形式的学习是远远不够的，学生还需要通过练习将抽象的知识点内化为自己的能力，将已学到的知识应用于实践中加以巩固。

本单元的习作主题是《我眼中的缤纷世界》，教师讲授时，主要从这几个方面对学生提出了要求：观察令人印象深刻的一个事物或一处场景；观察时，一定要抓住事物的特点，对事物或场景进行有顺序的描写；描写出事物的变化，调动多种感官。

在讲授《搭船的鸟》一课时，通过对翠鸟外形描写的学习，学生已经基本掌握观察时要抓住的事物特点，做到有序观察；在讲授《金色的草地》一课时，通过对草地在不同时间里发生的不同的变化，以及变化原因的对比学习，学生掌握了在观察时还应做到持续的、细致的观察，并融入观察时自己的感受和联想，这样才能将文章写生动、具体。通过这些理论知识的学习，学生便可以轻松完成这一单元的习作任务。

五、交流评价，修改有法

回顾本单元的习作要求："我眼中的缤纷世界"，缤纷的世界可以是一种事物，也可以是一处景物。

通过对文本的理解习得的方法，教师应检查学生在自己的习作中是否合理运用了所学方法对事物或场景进行了细致描写。

第八章　开启想象之门，让天马行空激活生命

——小学语文三年级下册习作策略单元

单元概览

　　统编版小学语文从三年级开始，每册安排了一个习作单元。小学语文三年级上册是"观察"习作单元，小学语文三年级下册是"想象"习作单元。习作单元与普通单元不同，它以培养习作能力为核心目标，习作单元与普通单元的习作也不同，其目的是让学生在获得充分感性和理性认识的基础上，提升思维能力，掌握习作方法。

　　本习作单元主题是"大胆想象"，旨在鼓励和启发学生展开大胆想象，培养学生的想象力和思维能力，激发学生的习作兴趣，使他们乐于表达。回溯教材，"想象"在小学一年级和二年级就有渗透。但正式出现"想象"主题，是在小学语文三年级上册第三单元。小学三年级是习作的起步阶段，对习作的总体要求是"乐于书面表达""增强习作信心"，"怎么写""写得如何"不是习作的重点。总之，本单元习作重在激发学生的想象兴趣，让学生感受想象的神奇，训练学生的想象能力，并在表达欲望的驱动下完成习作。

　　习作单元内各篇课文都承担着各自的任务。本单元重在培养学生的"想象力"。想象力是在已有形象的基础上，在头脑中创造新形象的能力。它是一种思维能力，看不到、摸不着。在具体的教学中，要把这一能力落到实处，需要借助整个单元各部分之力，它们既要相互照应，又要求同存异，发挥各自的功用。

　　本单元教材编排了《宇宙的另一边》《我变成了一棵树》和例文《一支铅笔的梦想》《尾巴它有一只猫》。这四篇课文从不同角度、用不同的方式讲述了神奇有趣的充满想象的故事。这些故事能让学生充分感受到想象的神奇。《宇宙的另一边》一文大胆想象在宇宙的另一边还有一个世界，而且是这一边的倒影，想象是神奇且有趣的。《我变成了一棵树》讲述了"我"变成一棵树之后的奇妙经历，在大胆想象中实现了"我"的"美好"愿望。两篇课文的课后题都是先引导学生进行阅读交流，以走进奇妙有趣的想象世界；再启发学生联系生活展开想象，拓展学生的思维，说出他们想象中的故事。

　　"交流平台"部分对如何大胆想象进行了梳理和总结，此部分旨在让学生知道大胆

想象可以创造出现实中不存在的事物，读这类充满想象的故事是很有意思的。教师之后还会对两篇精读课文中有趣的想象进行梳理，提示学生可以把自己想象成别的事物或者根据特点展开想象，帮助学生打开想象的思路，鼓励学生尝试进行大胆奇特的想象。

"初试身手"部分安排了两个激发想象的体验活动，旨在引导学生展开大胆奇特的想象，培养他们的想象力。"手指画"练习通过让学生动手实践，在涂涂画画中自由想象；"续编故事"提供了两个故事开头，让学生接龙编写故事。

"习作例文"部分有《一支铅笔的梦想》和《尾巴它有一只猫》两篇富有童趣的故事，教师可利用旁批和课后思考题提示学生展开想象。比如，可以顺着事物的特点想象，也可以运用逆向思维展开想象。习作部分"奇妙的想象"主题，让学生展开大胆想象，写一篇充满想象的习作，这是对本单元所学的综合运用。经过本单元的学习，学生对如何展开大胆想象有了一定的认识，在此基础上引导学生写出自己充满想象的故事。

习作单元各项内容是一个有机的整体。教师在开展教学时，要有意识地开展整合教学。

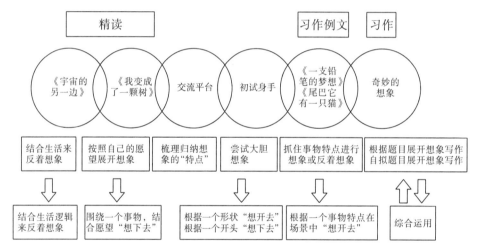

图1 课文的编者意图和能力训练示意图

本单元以激发想象、把想象中的故事写下来为核心，所有的教学内容都是为这一核心目标服务的，不论是"精读课文"部分还是"习作例文"部分都是如此。学习两篇精读课文要让学生充分感受丰富、奇妙的想象，教学时应依托课后习题引导学生进行交流讨论，帮助学生展开想象，拓展思路，为单元习作积累经验。"习作例文"部分在教时，教师应以学生自读为主，教师应引导学生继续体验想象的魅力，打开想象的空间。特别需要大家注意的是，"习作例文"部分重在"用"而不是"教"。"习作例文"部分不能当作略读课文来教，而是作为学生模仿的范例，在进行习作练习时应灵活处理。教师重在引导学生大胆放飞想象，打开思路，进入无拘无束的想象世界，在想象的合理性方面不要对学生做过高要求。

导读领航

【教学目标】

1. 初步了解本单元学习内容。
2. 感知本单元主题是想象，初步感知文章作者展开想象的方法。
3. 感知想象的神奇及有趣。

【教学重难点】

教师带领学生感知想象的神奇有趣，初步感知文章作者的想象方法。

【教学准备】教案、PPT、导学单

【教学过程】

一、图片引入，激发想象

教师出示图片，展示相关内容：夏夜里，在灿烂的群星下面，总会看见一个小男孩趴在窗台上，仰望着美丽的星空。请大家运用第四单元学习的预测方法，预测一下接下来会发生什么事情呢？

学生畅所欲言后，由教师完成小结：同学们的想象力真是丰富，想到那么多美丽而神奇的故事。我们今天就要走进第五单元的学习，这单元主题就是想象力比知识更重要（学生齐读）。

二、初读导语，揭示主题

首先，请学生把语文书翻到"单元导读"部分并自由阅读，思考一下你都体会到了什么？

其次，结合插图说说，你会用哪一个词来形容想象的样子？（天马行空、无拘无束、自由自在、随心所欲）

三、浏览目录，了解内容

其一，想象是奇妙而美好的。在想象的世界里，大家可以随心所欲，你可以有孙悟空的七十二变；可以是武林高手，江湖豪侠；可以是绝代佳人，职场精英；可以穿越到古代，展望很多年前的自己；可以上九天揽月，下五洋捉鳖；可以攀上珠穆朗玛峰，可

以在南极看企鹅。本单元围绕想象到底安排了什么内容呢？请大家看第五单元的目录，了解一下都有哪些内容。

其二，从这些题目中，想象一下自己想写什么呢。

其三，教师完成小结：同学们的感悟力真好！从小学语文三年级上册开始，每册的第五单元都是习作策略单元。本单元就是习作策略单元，是专门进行习作练习的。本单元就是要展开想象来进行习作创作，所以在看到一个事物时就可以进行大胆想象。

四、自由读书，梳理内容

其一，先睹为快。

我们现在就快速浏览本单元的内容，看看你有哪些感受，完成"导学单"。然后，小组内各组员相互交流。

导学单

项目	大致内容	是怎样展开想象的
《宇宙的另一边》		结合生活逻辑反着想象
《我变成了一棵树》		结合自己的愿望进行想象
"交流平台"部分		想象不存在的事物
"初试身手"部分		根据形状、故事开头
《一支铅笔的梦想》		事物特点
《尾巴它有一只猫》		反着想象
"习作"部分		综合运用

其二，学生进行"导学单"展示。

其三，教师完成小结：通过梳理，大家知道了这单元的大致内容以及想象展开的方式。学习就要从课文中学到想象的方法，然后在"初试身手"部分和"习作"部分中运用学到的方法来学以致用。

五、课堂总结，明确单元目标

从这节课，大家知道了本单元是想象力培养的习作策略单元，了解了单元中的大致内容，初步知道了想象与我们生活的密切关系，以我们的生活为源头，用课文中习得的想象方法进行创作。

宇宙的另一边

◎ 文本解读

一、文本地位解读

《宇宙的另一边》是本习作单元的第一篇精读课文。它承载的任务是引导学生围绕单元语文要素，体会课文的写法，获得完成单元习作的方法与技巧。本篇课文就是要让学生跟随作者走进想象世界，感受想象的神奇，学习作者展开想象的方法及表达方法。学习本文要习得"反着想象""乘法想象""事物叠加"的想象方法，让学生明白想象不是凭空想象，而是来源于生活，在现实生活的基础上展开想象，平时要多观察生活，要有丰富的生活储备。

二、文本内容解读

《宇宙的另一边》描写的是"我"晚上趴在窗台上，看着浩瀚的星空展开奇妙的想象。文本围绕"宇宙的另一边是这边的倒影"这句话展开想象。宇宙的另一边与宇宙这边有很多相同的地方，一样的城市、一样的街道、一样的房子、一样的孩子。接着想象宇宙另一边与这边不一样的地方。先从与"我"的生活密切相关的行为，如拿出作业本、上楼梯、看星空等方面进行想象。然后，从上学的行为、上课内容等方面进行想象。想象宇宙另一边的数学课是由生动有趣的景物或事物叠加的，乘法是有画面感的词组和诗句相乘的。接着，写课堂上走神被教师拉回到课堂后，"我"后又想象宇宙另一边的奇妙的习作课，写什么就变成什么的习作。最后，写下课后同学们好奇地围着我。我决定晚上还要趴在窗台去想象。

文章想象的内容都是与"我"的生活息息相关的日常所做、所见、所想、所思。从而，大家可以知道其生动有趣的想象并非没有根据的胡编乱造。它是在已有知识经验、生活经验的基础上进行的，需要有丰富的表象储备。

三、文本语言解读

《宇宙的另一边》是基于小学生的认知，以儿童的视角，用儿童的口吻创作的，语言新颖有趣。

其一，儿童化的语言风格。作者遵循儿童言语表达规律，有意识地模仿儿童言语表达模式，大量使用内心独白的方式进行自我表达，使文章较有趣。

其二，风趣的语言特色。文中有许多或幽默，或神奇，或优美的语句，让想象显得更加神奇和有趣，如"星光洒进我的眼睛""我们的目光会在哪里相遇""飞得越高，习作的分数就越高"。

其三，疑问的表达方式。文中采用了问句的形式来表达，突出了想象的神秘、不确定的语气，将想象写得更加奇特。作者还运用连续追问的形式把宇宙另一边的秘密写得更具体。"在宇宙的另一边，第一节是数学课吗？他们的数学课，会是什么样子的呢？"

其四，充分运用关联词。为了突出是想象，在文中充分运用了关联词。既突出想象的语气，又逻辑较严密，如"当我……是不是……""当我……会不会……"。

其五，排比的修辞手法。作者运用排比的句式读起来朗朗上口，更有气势，会突出事物特点。

其六，诗句的引用。在文中想象的乘法中作者运用大量诗句，让文章显得有文采，又让文体有画面感、有意境、有情趣，增强了其可读性。

四、文本结构解读

文本在习作单元中承担的是引导学生进行以发散思维为主的想象学习。文本通过"我"想象宇宙的另一边是这一边的倒影来推进故事发展，围绕"'宇宙另一边'有哪些秘密"这个切入"点"，以"我"在生活、学习过程中的思考为"线"，呈散射状展开具体想象。文本的结构思路是"整体想象—具体想象—继续想象"，其中的"具体想象"又是并列串联式的结构，围绕切入点和逻辑线，从点出发再回到这个点……形成一种"面"的铺排。

五、文本情志解读

（一）表达了一种儿童的天真烂漫之情

全篇文章通过"想象宇宙另一边"的样子，展现了儿童无穷的想象力。"星光洒进我的眼睛"这些句子较神奇有趣，展现了儿童天真的情感。

（二）表达了一种对美好事物的追求之情

作者把儿童生活中一系列平凡的生活写得生动有趣。"上楼梯""拿出作业本"的时候，另一边是"下楼梯""放回作业本"。相对于宇宙这一边，宇宙的另一边更轻松、更快乐。宇宙这一边的石头没有生命，宇宙另一边的石头会开花、会行走，更有趣、更有活力。宇宙这一边的数学课如此枯燥，而宇宙另一边的数学课却充满情趣、意趣、美趣。这都表现出作者对于轻松愉快的儿童生活的向往之情，对美好事物的追求之意。

（三）表达了对儿童生活的一种诗性观照

"宇宙另一边"的加法、乘法和习作教学中，有诗歌的意境、诗歌的美感。作者用"早春二月""竹外桃花三两枝""春风又绿江南岸""碧玉妆成一树高，万条垂下绿丝绦""儿童散学归来早，忙趁东风放纸鸢"等诗句营造了一个美好的世界。写关于风的习作，请大家闭上眼睛，想象风的样子，慢慢地让自己也变成风，在空中飞呀飞……把儿童心中的世界描绘得如诗如画。

六、文本教学化解读

（一）情境创设

本文是一篇想象文章，用书中插图的图片创设情境，让学生展开想象，思绪飞到满天繁星的夜晚，跟随作者一同前往想象"宇宙的另一边"的情境。

（二）表格梳理，对比总结

可以抓住关键词用表格的方式梳理出"宇宙这一边"和"宇宙另一边"的样子。通过对比，教师可引导学生发现作者展开想象的方式是"反着想象"的。并且教师可总结出想象并不难，引导学生就从平时的生活中去展开想象，例如，"我的生活""自然想象""事物""课堂"等日常生活所接触的一切，都可以用来展开想象。这样的想象有趣，也很奇妙。

（三）读读语句，模仿表达

本文的语言具有诗性的特点，很美且很有意境。教师可以让学生在反复朗读、品读中多感悟，并模仿作者的表达进行自己的想象创作。表达可以是口头表达，也可以是书面表达，也可借助想象来表达。

◎**教学设计**

第一课时

【教学目标】

1. 认识"淌、秘"等6个生字，会写"秘密"等10个生词，会写"星空、流淌"等9个词语。

2. 能借助表格梳理文本内容，在对比中发现宇宙另一边的秘密，并在朗读和交流中感受"我"大胆而奇特的想象。

3. 能借助"相同内容""不同状态"的想象支架，联系课文内容，从"我的生活""自然现象""事物"等不同角度展开想象，体验大胆展开想象的快乐。

【教学过程】

课前导入时教师可梳理语文要素，围绕主题展开谈话。

从上节课的单元导读课中，大家初步了解了本单元的主要任务就是发挥自己的想象，创造自己的想象世界，完成习作的"奇妙的想象"。为了更好地完成习作，我们今天学习第一篇精读课文《宇宙的另一边》。

由教师出示宇宙图片并讲解：这就是浩瀚无边的宇宙，这就是充满未知的宇宙。"宇宙的另一边"，你觉得会是什么样的呢？（生自由表达，教师相机回应）

（设计意图：让学生展开自己的想象，激发学生想象的兴趣）

一、整体感知：自读课文，梳理字词

其一，由教师播放动画：瞧，有个爱想象的小男孩正趴在窗台上，看着浩瀚的星空，展开了奇思妙想。观后请同学们自读全文，注意读准字音，读通句子。

其二，检查字词、指导书写。

流淌　秘密　思绪

一栋房子　一篇习作　气喘吁吁

你是怎样理解"秘密"这个词的呢？大家要仔细观察两个字的写法有什么不同。

其三，再读一读课文，思考文章都写了哪些内容。

二、品读课文，试着反着想象

其一，宇宙的另一边，藏着哪些秘密呢？请大家读一读文本的第三自然段，说一说"宇宙的这一边"是怎样的，"宇宙的另一边"又是怎样的。

其二，读完第三自然段，你发现了哪些秘密？由教师出示文本图片，由学生进行交流，教师相机在 PPT 中圈画关键词，随后将其用表格呈现。

其三，由教师完成小结：运用以前我们学过的方法，比如：一边读，一边画出关键字词，可以帮助大家快速梳理信息。

其四，小男孩把这段话变成了一首小诗，大家一起读一读。

宇宙的这一边，当我从书包里拿出作业本的时候，宇宙的另一边——（生读）。

宇宙的这一边，当我气喘吁吁爬楼梯的时候，宇宙的另一边——（生读）。

宇宙的这一边，当我趴在窗台看星空的时候，宇宙的另一边——（生读）。

三、运用方法，梳理全文

其一，教师可以请大家运用圈画关键词的方法，继续阅读，看一看文中还藏着哪些秘密？

其二，共填表格，感悟神奇之处。

请大家说一说，你找到了哪些秘密？由学生完整陈述梳理的信息，教师相机引导进一步感受想象的神奇之处。

其三，纵向对比，归纳展开想象的角度。

由教师完成小结：作者是从"我的生活""自然现象"和"事物"三个方面想出了"宇宙另一边"的秘密。

其四，横向对比，发现秘密。经横向对比，观察梳理的表格，你又有什么发现？

教师可以对学生进行提示：课文中一句话直接告诉了我们，这句话在哪儿呢？（宇宙的另一边，是这一边的倒影）

其五，你们见过倒影吗？（教师出示倒影的图片）

然后教师引导学生：你看，倒影就是倒立的影子。实物有荷花，倒影也有荷花；实物有荷叶，倒影也有荷叶。你有什么发现？

由教师完成小结：倒影和实物有着相同的内容。

所以，宇宙的另一边，也有座一样的（生：城市）；也有条一样的（生：街道）；也有栋一样的（生：房子）；还有个一样的（生：孩子）……

由教师发散学生的想象：这一边的星星只在黑夜出现，另一边的……

由教师完成小结：作者正是运用相同内容、不同状态的倒影联想法，从"我的生活""自然现象""事物"等角度展开想象，创造了神奇的想象世界！

其六，小组讨论，口头创作。以"在你的想象中，宇宙的另一边，还藏着哪些秘密"为问题展开小组讨论，并由小组展示交流。

四、再读课文：聚焦写法，练习表达

其一，男女合作朗读课文第四自然段到第七自然段，男生读"这一边"的句子，女生读"另一边"的句子。读的时候注意其中的标点符号。大家一定会有新发现。

展示发现：作者用了一连串的问句来表示疑问和幻想。

聚焦句式：出示暗藏三个角度的问句，引导学生再次从不同角度的想象中深入感悟文本，注意语气。

当"我"气喘吁吁爬楼梯的时候，他是不是正要下楼去？（角度：我的生活）

在宇宙的这一边，太阳从东边升起；那么，在宇宙的另一边，太阳从西边升起吗？（角度：自然现象）

在宇宙的这一边，石头是没有生命的；在宇宙的另一边，它会不会像花朵一样开放或者像人一样行走？（角度：事物）

由教师完成小结：我们在写自己想象内容的时候，可以像作者一样，借助合适的句式来进行描写。

其二，请大家展开想象完成下面这首小诗，写好后，请互相读一读同桌的小诗，看看谁的想象更奇妙。

《宇宙的另一边》
宇宙的另一边，是这一边的倒影
我拿起笔，写下好多好多秘密
告诉你第一个秘密——
宇宙的这一边，大树总是一动也不动站在泥土里；
宇宙的另一边，_____。
告诉你第二个秘密——
宇宙的这一边，_____。
宇宙的另一边，_____。

班级交流环节：由教师引导学生串读小诗，读到填空处的时候，引导学生举手，以展示奇妙的想象。教师相机紧扣教学重点，从想象的内容和思维的角度进行点评和回应。随后，由教师进行总结与延伸。

第二课时

【教学目标】

1. 聚焦"加法"和"乘法"，感受想象的神奇，发挥想象，创编加法和乘法。探寻《宇宙另一边》习作世界的秘密，即"成为所想"。

2. 习得想象的路径，巧用"反着想象"或"成为所想"的想象妙招，放飞想象，创编出比《宇宙另一边》更个性化的奇妙想象。

【教学过程】

一、复习回顾

其一，这篇课文写了什么？（写的一个孩子趴在窗台上想象着宇宙另一边的秘密，那里与宇宙这一边刚好相反，宇宙另一边的数学课和习作课都很有趣）

其二，宇宙的另一边与宇宙的这一边有什么不同？

预设：宇宙的另一边是这一边的倒影（板书设计：倒影）。

由教师完成小结：是呀，两边的宇宙都有一样的城市、一样的街道，街角处有一样的房子，房子里有一样的孩子。这些它们都是相同的。

二、聚焦"加法"和"乘法"，试着说一说、写一写

其一，我们这一边语文课上的想象这么有趣、有意思！想不想知道"宇宙另一边"的数学课是怎样的呢？

其二，请自由阅读第八九自然段，思考"宇宙另一边"的数学课藏着什么秘密？

其三，出示第八自然段，谁来读一读加法这一段。要求学生尽力读得字正腔圆，把其中的加法找出来。

其四，出示："大地万物'＋'一场大雪'－'一片白茫茫"，你是怎样理解的？

这时候无数的孩子从家里冲出来，打雪仗、堆雪人、滑雪，所以"又等于孩子们的节日"。

其五，他们的加法有什么特点？（跟我们的加法不一样，我们的加法是冷冰冰的数字，他们的加法是用"事物＋事物－景象"）这样的加法很奇特吧（板书设计：事物、景象）。请大家尝试用"事物加事物等于景象"模拟一个加法吧。

其六，那他们的减法是怎样的呢？我们也用这样的方法想一个减法吧（可以师生、生生讨论）。

其七，他们的加法和减法都这样奇特，我们再去看看乘法吧。谁愿意来读一读？

其八，我们先来看看乘法的三个乘数："早春二月×竹外桃花三两枝×春雨贵如油"，你发现了什么？（预设：每个乘数都与春天有关）等于"春风又绿江南岸""碧玉妆成一树高，万条垂下绿丝绦"等于"儿童散学归来早，忙趁东风放纸鸢"这些都是春天的景象。

让我们边读边想象，这样的乘法算式给你带来什么感觉？让我们来试着写一个夏天

的乘法算式。

宇宙另一边的数学课学的不是数字，而是生活中的事物或景象，这样的数学课是不是很有趣？那我们来一起探索宇宙另一边的习作课又是怎样的呢？

三、聚焦"习作"，大胆想象表达

其一，同学们平时有没有因为写作文而大伤脑筋呢？可是，宇宙另一边的习作却变得简单了，请大家闭上双眼，听教师读课文（播放音乐，教师朗读）。此时，你越飞越高，飞到中间停一下，会怎么样呢？也许你会看到无边无际的星空，也许你会看到广袤无垠的沙漠、草原，也许你会看到美丽的江河湖泊，如果此时你飞不动了，你会怎么办呢？也许你会停在树梢稍微休息一会，或许你会坐在鸟儿的背上让它带你继续飞行。同学们，现在请你慢慢地睁开眼睛，想一想，风儿都会吹到哪里呢？会给那里带来怎样的变化呢？

其二，宇宙另一边的习作课是怎样的？（板书设计：成为想象）如果想写一篇关于树的习作、关于花的习作又是怎样的呢？

由教师完成小结：你们的想象都太有意思了，我仿佛看到了你们的神奇变身，现在我知道了"成为所想"正是习作变得精彩的秘密。

四、总结回顾

大家看，这节课我们跟随作者用"反着想象"的方法知道了"宇宙的另一边"是其这一边的倒影，知道了宇宙另一边的数学课是事物和景象的运算，习作课是写什么就变成什么。我们知道想象要怎样呢？请大家用一个词来概括，由学生上台板书（预设：大胆、丰富、奇特、神奇、奇妙）。

由教师完成小结：想象是一串珍珠，让我们的生活闪闪发亮；想象是一幅画，让我们的生活五彩斑斓；想象是一首歌，让我们的生活有声有色；想象也是一道美食，让我们的生活变得有滋有味。爱因斯坦也说过"想象力比知识更重要"。想象是一切理想和希望的源泉，让我们展开想象的翅膀，编织属于我们自己的梦想世界。

作业：试着写一写"宇宙另一边"的除法算式。

我变成了一棵树

◎文本解读

一、文本地位解读

《我变成了一棵树》是本习作单元的第二篇精读课文，是作家顾鹰创作的充满生活气息且贴近学生生活的一篇童话故事。

从单元整体编排来看，这篇课文的意图是让学生走进想象的世界，感受想象的神奇，并激发他们发散思维，发挥想象力写故事，创造属于自己的想象世界。课文通过设定想象的起点（烦恼、梦想、问题等），在情境中激发学生的想象，引导他们进一步体会奇妙的想象，学习想象故事的构思方法，结合现实事物展开想象。

二、文本内容解读

本文内容基于现实，用符合儿童生活认知的方式进行写作，极富有幻想色彩。他用一个孩子的口吻，从"我"的愿望出发，展开大胆想象，讲述了"我"变成一棵树之后会发生的一连串的奇妙的事情。

文本以妈妈叫"我"吃饭开头，引出"我"想变成一棵树的奇特愿望，交代了故事的起因。没想到"我"的愿望真的实现了，"我"变成了一棵长满鸟窝的树。然后，又具体描述了"我"变成树之后发生的趣事：小动物们住进各种形状的鸟窝，妈妈坐在鸟窝里给小动物分食物，"我"馋得直流口水。"我"变成一棵树之后发生的事情非常有趣，是因为作者善于想象，使得"我"在想象世界里实现了现实生活中难以达成的愿望，拥有了一段特别的经历。

课文配有插图，一棵大树上长着各种形状的鸟窝，树干上有水珠滴下来，这是变成大树的"我"流出的口水，充满童趣的生动的画面能帮助学生直观理解课文内容，并激发他们对想象世界的向往。

课后练习是围绕本单元语文要素设置的。第一题重在引导学生关注"我"变成一棵树后"有意思"的事情，关注想象之神奇、奇特、有趣之处，在交流中感受文中丰富的想象；本课的习作训练点也就是课后习题的第二题，要求学生从自己的愿望出发，借鉴课文的思路，写一写如果自己会变的话，想变成什么？会发生哪些奇妙的故事？请学生展开大胆想象，表达自己的奇思妙想，通过创编故事，为发挥想象力写故事，用想象与日常生活经验搭建桥梁。

三、文本语言解读

全文的语言风格是轻松活泼的，以儿童的视角，用儿童特有的心理和语言，描述了人类、动物、植物和谐相处的美好生活，文本风格自然朴素，贴近生活，字里行间充满了童趣，主要体现在以下几个方面：

其一，使用第一人称。本文采用第一人称"我"展开叙述，很容易让读者将自己想象成故事的主人公，从而使读者快速进入想象的世界。

其二，想象新奇。本文语言最大的特点就是想象新奇且不拘一格，主要表现在：第一，"我"想变成一棵树，居然真的长出了树枝，变成了一棵树。第二，树上长了什么？居然长满了各种形状的鸟窝，而且鸟窝的形状也与现实不同。然后把鸟窝的摇动说成了"跳起了舞"，让句子充满了童趣和活力，表达了"我"的快乐心情。第三，动物和人都可以住进鸟窝，这真是一种创意设想。第四，人与植物、人与动物、动物与动物之间可以进行无障碍对话，感觉新奇有趣。

其三，内心独白。本文很多新奇的想象都来自主人公英英的内心想法。变成树之前，是英英心里在想，想着想着就变成了一棵树；"树上会长什么？……对了，鸟窝"，英英的自言自语，是其内心的想法；她会请小兔等小动物住在里面，英英打算这样做，也是她内心的想法；"你怎么住进来？别担心……像平时爬上你的小床那么容易"，同样是自言自语，这是其内心的感受；当看着小动物们吃东西的时候，英英开始想念家里的饭菜，想起爸爸的狼吞虎咽，这是其内心的想法；"唉，变成了树真麻烦"，这是英英内心真实的想法。可以说，心理描写从开头一直延续到结尾，是本文的一大特色。

其四，修辞手法。这篇文章除了运用拟人的修辞手法，还运用拟物修辞手法。拟物，就是把人当作物或把此物当作彼物来进行描写的修辞方式。如"我心里想着，就觉得身上痒痒的，低头一看，发现许多小树枝正从我身上冒出来"。这句话中"我"本来是人，但是却能像树一样，长出树枝。

其五，用词特色。第一，使用拟声词，能增强表达效果。"咙咙、咕呛呛、丁零丁零"等叠词形式的拟声词节奏明快、生动形象，给读者以代入感。第二，使用感叹词能展现人物内心情绪。例一，"呀，我真的变成了一棵树！"一个"呀"字把自己愿望实现后的吃惊、兴奋表现出来了。例二，"当然不是苹果啦！"一个"啦"字，把别人猜不出自己的想法时的洋洋得意表现出来了。例三，"天哪，那可是我最喜欢吃的东西！""天哪"把看到爸爸吃了自己最喜欢的东西时的吃惊、懊恼、着急表现得淋漓尽致……

其六，用词准确。文章字词运用得准确、生动，引导学生理解并感悟很重要。例一，"我心里想着，就觉得身上痒痒的，低头一看，发现许多小树枝正从我身上冒出来"，一个"冒"字，运用拟物修辞写出了树枝的生长速度快，把"我"内心里迫切希望自己变成一棵树的强烈愿望描写了出来。例二，"我变得树上长满了各种形状的鸟窝"，一个"长"字写出了鸟窝与树融为一体，大树上居然能自己"长"出各种形状的鸟窝，这样的想象多么奇特啊！例三，"一些树枝轻轻地垂下，妈妈顺着这些树枝爬了上来，坐在那个三角形的鸟窝里"，这句话里的"垂"字，运用了拟物的修辞手法，将树枝的特点写得贴切、自然。通过对这些字词的锤炼，能感悟作者字里行间要表达的情感。

四、文本结构解读

文章条理清楚，"我"的所思所想是暗藏在本文的一条线索，巧妙地将变形原因、变形经历及妈妈的引导串联起来。

首先，故事的开头以妈妈叫"我"吃饭为起点，引出了"我"想变成一棵树的奇特愿望。这个愿望的产生为整个故事奠定了基调，同时也激发了读者的好奇心。

其次，故事发展至"我"的愿望实现了，也就是"我"变成了一棵长满鸟窝的树。这一部分是整个故事的核心，详细描绘了"我"变成树后的奇妙经历。小动物们住进各种形状的鸟窝，妈妈坐在鸟窝里给小动物分食物，让"我"馋得直流口水。这些生动的描绘使读者仿佛置身于这个奇幻的世界中，与主人公一同经历了这段奇特的旅程。

整个故事的结构紧凑，每个情节都与主题紧密相连。从"我"的愿望产生到实现，再到变成树后的奇特经历，故事情节跌宕起伏，充满趣味性。而作者善于想象的写作手法也使得故事更加生动和有趣，让读者在享受阅读的同时，又感受到作者无尽的想象空间。

最后，故事的结尾虽然没有明确说明"我"是否变回了人类，但却给读者留下了深刻的印象和无尽的遐想。整个故事结构完整、情节紧凑、主题鲜明，这是一部优秀的儿童文学作品，能给学生提供思维范例。

五、文本情志解读

故事来源于生活，故事内容起源于当代家庭生活，孩子不愿意吃饭，想多玩儿一会儿，于是就有了想象中"我"变成树后的种种趣事。生活气息较浓厚，使童话在新时代展现出了新的生命力，整篇文章充满了爱与和谐。

其一，人人和谐。英英喜欢玩，不想吃饭。妈妈没有通过强硬手段，而是顺着英英的想法，背着大包去找英英。英英自己感到肚子饿了，想到爸爸大口啃糖醋排骨，自然就想要回家吃饭了，一家人和谐的画面在我们的眼前展开。

其二，人物和谐。这里的"物"指的是动物和植物。在想象的世界中，"我"想要变成一棵树，而且还邀请动物、妈妈来与自己一起生活。妈妈给小动物们分发零食吃，人与树之间没有距离，人和动物也是亲密无间，展现人与自然之间生命的交流。

其三，物物和谐。在想象的世界中动物在树上尽情玩耍，动物之间友好相处。

六、文本教学化解读

（一）聚焦单元语文要素感受想象

首先，本单元主题是"大胆想象"，以"想象"为语文要素的内容已多次出现过，如小学语文三年级上册不会说话的植物、动物居然可以和人一样会说话；其次，教师带领学生感受故事情节的不可思议，如蟋蟀可以在牛肚子里旅行、一棵树也会有愿望等，让学生接触以前不敢想象的"想象"。《我变成了一棵树》这篇课文要求学生想象自己变形后的形态以及随之可能发生的奇妙的事情。不单要求学生可以感受想象，还要求学生学会构建自己的想象世界。不难看出，知识的螺旋推进是统编语文教材编写的一个明显特点，注意前后知识点的关联与推进，循序渐进。

（二）通过插图丰富学生的奇思妙想

统编语文教材采用"三位一体""双线组元"的思路编排，更加注重对学生想象力的培养。想象力是在记忆的基础上通过思维活动把对客观事物的描述构成形象或独立构思出新形象的能力，简言之，就是人的形象思维能力。

插图在一篇文章里是"特色镜头"，《我变成了一棵树》文中配有插图，这是根据课文的主要内容绘制的。特别是在故事的高潮部分，一棵大树上长着各种形状的鸟窝，树干上有水珠会不断地滴下来，这是变成大树的"我"流出的口水。在教学中，"特色镜头"有利于引导学生结合插图想象各种形状的鸟窝在枝头跳舞的情形，使人具体感受"这棵树"的奇特，将充满童趣的生动画面和神奇的想象融为一体，图文结合、以图解文、读文赏图有助于学生直观感受想象的大胆神奇，激发他们对想象世界的向往，使教学难点迎刃而解。

为进一步帮助学生打开思路，教材在"初试身手"部分的实践体验活动中，提供了三幅图，启发学生根据手指印的特点，画出各自想象中的事物。这部分内容是深化学生与课文对话的有效载体，插图虽小，却大有作用，可以拓展学生想象，激发学生的创造力与想象力。

（三）以"法"促想象力的层级发展

统编版教材非常注重"给方法"，教材就是一个例子，要充分结合课后练习提出的阅读策略、学习方法来帮助学生提高自学能力。作为一篇精读课文，教师分别从对想象的认知、理解及其优点设计相关练习，从不同的层面展开重点引导学生体会其在表达上的特点，学习文中的表达方法。

首先，作者运用了拟人化的想象方法，在故事中，树和动物都被赋予了人类的情感和行为，如树上的鸟窝里住着小动物，它们像人类一样有思想、有感情。这种拟人化的想象方法使得故事更加生动和有趣，让读者更容易产生共鸣。其次，作者运用了奇特化的想象方法。在故事中，"我"变成了一棵长满各种形状鸟窝的树，这些鸟窝有方的、圆的、三角形的，还有像冰激凌的。这种奇特化的想象方法使得故事情节更加独特，让读者在阅读过程中充满惊喜。此外，作者还通过夸张化的想象方法来训练读者的想象力。在故事中，"我"变成了一棵长满鸟窝的树，而对鸟窝的数量之大、形状之奇特及小动物的各种奇特行为都进行了夸张化处理。这种夸张化的想象方法可以让读者更深入地理解和感受故事的情节和人物形象，从而激发读者的想象力。

◎教学设计

【教学目标】

1. 正确、流利、有感情地朗读课文，感受"我"变成树之后的奇妙经历和乐趣，感受想象能创造不存在的事物和景象，在阅读中体会想象的神奇。

2. 品读想象"有意思"的地方，感受英英和妈妈之间美好的情感。

3. 类文阅读《小真的长头发》，发现两篇文章表达相同之处，进一步体会想象的奇妙。

4. 在充分感受想象神奇的基础上，思考并与同学交流：如果自己会变，自己想变成什么，变了以后可能会有哪些奇特的经历呢？

【教学重难点】

1. 了解"我"变成一棵树后的奇妙经历，感受想象的神奇及想象需根据事物的特点展开，学习作者多样的想象方法。

2. 品读想象"有意思"的地方，发现有故事情节、融入内心感受的想象，让文章变得生动。

3. 在对比阅读中进一步体会想象之妙，引导学生交流各自的想象世界，尝试写出各自经历的故事情节，引导学生对创作故事产生兴趣，能将神奇的经历描写得清楚。

【教学准备】导学单、PPT

【课时安排】2课时

第一课时

一、激发兴趣，导入新课

首先，由教师进行课程导入：你们知道《西游记》里孙悟空最擅长什么吗？（预设：七十二变）如果你拥有这个神奇的本领，你最想变成什么？

其次，由教师揭示课题：有一个小姑娘叫英英，她也想变，她想变成什么呢？请学生齐读课题。请学生针对有意思的课题展开质疑或猜想。

（设计意图：用猜想的方法导入课程，激活学生的思维，让他们初步感受想象的快乐。课题质疑既是对学生学习兴趣的激发，又能在梳理问题的基础上，从整体入手初建课文写作思路，可谓一举两得）

二、初读课文，感知内容

（一）自由读课文，完成导学单任务

读一读：读准字音，读通句子，并给各段标出序号。

画一画：用"____"画出你认为有意思的想象部分。

说一说：英英为什么要变成一棵树呢？英英是怎么变的呢？（预设：长满鸟窝、住满朋友、分享食物、流下口水）

（二）开火车认读词语

希望　痒痒的　形状　鳄鱼　狐狸　丁零　巧克力　香肠　继续　糖醋排骨　抬头麻烦

（三）识字方法

其一，形声字：痒、狸、零、肠、抬。

其二，结合图片联系生活来随文识字：鳄鱼、香肠、糖醋排骨。

（设计意图：通过"导学单"让学生自主扫清字词障碍，并引导学生聚焦"为什么变""怎么变"，在具体语境中认识"想象"，进一步感受想象的路径——创造现实中不存在的事物和景象）

三、了解"变身"，感受想象的有趣之处

其一，"我"为什么要变成一棵树？"我"又是怎样变成一棵树的呢？请学生自由朗读第一自然段至第四自然段，标出你认为写得特别有意思的地方（由学生自由勾画并出示相关段落）。

其二，请学生说一说，哪些地方想象得特别有意思？

其三，句型练习：我们也来试一试想什么就变什么，感受下想象变身的惊喜。

我真希望变成_____，这样就_____。

呀，我真的变成了_____！

其四，教师可以先来想象会变成什么，由学生来感叹。

我真希望变成一只鸟，这样我昨天就不用长途坐车，一展翅就可以飞到我们会场来上课了。

其五，师生互换，由学生进行交流汇报，由师生评价选出"最佳创意奖"。

"我心里想着，就觉得身上痒痒的，低头一看，发现许多小树枝正从我身上冒出来。"

其六，大家可以从文中哪几句看出英英真的在变化？（预设：痒痒的、冒）

在变的过程中身体会发生这样有意思的反应，感觉就像真的一样。作者先写出了自己内心想变什么，接着又写了身体发生的奇妙的变化，"变身"就完成了。

我们来读一读这几段话，感受一下文中的"我"变化过程的奇妙。教师读妈妈的话，由学生读文中写"我"的话。

如果现在让你们学着这样的方法想象，你想变成什么？又会怎样变？

（设计意图：用好课后习题，聚集"有意思"，让学生与英英一同体验一连串变化，引导学生展开大胆想象，"我"可以变成其他事物，变成其他事物的"我"，会拥有与之特点相关的奇特经历，如"我"在文中提到的，我变成一棵树，一棵长满各种形状鸟窝的树，这一设定与树的特点相关，但又充满了奇特的想象，放大了想象的细节，加深了学生对文本的感知，给人一种神奇的阅读体验）

四、发现"关联"，体会想象有趣之处

其一，"我"变成了一棵树以后，又发生了哪些奇妙的事情呢？接下来，请同学们快速读一读课文第五自然段至第二十三自然段，看看到底发生了哪些奇妙的事情（她变成的树上长满了各种形状的鸟窝）。

教师引导学生谈发现，主要聚焦鸟窝"各种形状""跳起了舞"等神奇之处谈一谈感受。

请学生在朗读中展开想象，发现作者运用标点（省略号）之妙。各种形状的鸟窝，都有哪些呢？还会有哪些形状呢？学生之间交流鸟窝神奇之处。

其二，长满鸟窝之后又发生了哪些奇妙的事情？边读边想象课文中描述的情景。

预设一：住小动物和人

请学生谈一谈发现。聚焦"请小动物""弯下腰"的神奇之处，深入谈一谈各自的感受；请学生在朗读中识字，如"鳄"，语境中词语重现，读中识记；请学生创设情境，由教师指导朗读：我也想住进来，可是我怎么住进来？随机选择学生朗读。

预设二：妈妈来了

请学生谈一谈他们的发现。联系上下文，教师带领学生读懂大树为什么心跳；聚焦"一动一动""丁零丁零"等词带给人的感受，大家会发现英英心里想到什么，大树就会发生神奇的变化；在读中识字，如"零"，教师指导朗读词语"丁零丁零"，朗读句子感受大树变化的有趣之处。

其三，大树上住进亲朋以后又发生了什么奇妙的事情呢？请分角色朗读小动物间的对话。教师引导学生联系上下文发现：大树"咕噜噜"时就是英英饿了。英英心里想到什么，大树就会发生什么样的变化；请学生有感情地朗读，感受大树"咕噜噜"想象之神奇。

（设计意图：本文是"习作单元"的第二篇精读课文，通过想象画面，大家发现文中想象的奇特之处。从阅读学写作，文本就是一个有效的支架助力。通过文本感受想象创造的过程及拟物想象的奇特，感受愿望实现的快乐，打开想象思路的途径——拟物想象，并运用独白式心理活动描写，提升思维的空间，拓宽想象的路径和品质。同时，教师通过朗读、交流训练，使学生达到阅读能力向语言实践运用能力的有效转化，发展习作能力）

五、再读课文发现想象之妙

首先，教师组织学生进行小组合作朗读。

其次，教师引导学生发现：英英心里感受到什么，大树就发生相应的神奇的变化，融入内心感受的想象，让这个故事更有意思！

（设计意图：再读课文，整体感知，这既是对"有故事"这一写作秘诀的深度体会，又能引导学生发现另一写作方法——有感受）

六、板书设计

我变成了一棵树

长满鸟窝　住满朋友　分享食物　流下口水

第二课时

一、温故知新，提炼线索

（一）根据关键情节，复述课文

关键情节："喊吃饭""不想吃饭""爸爸吃饭""想吃饭"。

（二）课件出示要求正确读写的词语

教师重点指导学生学会"狐狸、继续、麻烦"这三个词语的书写。

二、升华主题，探秘方法

（一）聚焦结尾，解读"秘密"，发现母爱

故事结局是怎样的呢？你读懂了吗？（学生之间进行交流）

由教师完成小结：神奇的想象在变，妈妈对英英的爱却始终不变，"爱"让这个神奇的故事更加温暖、动人。

（二）回顾梳理，总结写法

这么神奇、美好的故事，作者是怎么写出来的呢？你能发现她的写作秘诀吗？（学生自主梳理写作思路）

（设计意图：此环节为开放自主学习环节。请学生通过读一读、说一说"想象有意思"的地方，在交流碰撞中启发思维。引导学生在语言文字中穿行，发现有意思的故事情节。教师引导学生感知相关主题：在想象的世界里母子之间美好的情感没有变，"真善美"的主题是神奇故事的灵魂，从而实现工具性与人文性的结合，让想象有"根"。最后，教师引导学生梳理表达方法，为后面的对比阅读学习做了铺垫）

三、对比阅读，发现想象"有方法"

（一）拓展阅读《小真的长头发》

教师带领学生引读故事。有一位小姑娘叫小真，她想长出长头发，会发生哪些神奇的故事呢？请同学们开始阅读，边读边画出你觉得想象有意思的地方，聚焦"去钓鱼""晒衣服""梳头发""洗头发"等交流有意思的地方。

（二）对比梳理

对比项	相关语句
树的特点	
头发的特点	
想象中的主要作用	

教师带领学生发现用想象能力进行表达的方式，进行对比梳理：引导学生了解神奇的故事就是这么写出来的！

（设计意图：针对小学三年级学生的特点设计了"感悟式"的对比阅读策略。在拓宽学生想象思维的基础上，引导学生发现两篇文章的写作思路是一致的，从而激励学生活学活用，促进读写之间的自然联系，为后面的自主写作打下基础）

四、畅想变化，自主汇报

（一）搭建语言支架，说说神奇变化

如果你也会变，你想变成什么？（有困难的学生可以借助提示说一说）

我真希望变成_____，我心里想着，就觉得_____。

呀，我真的变成了_____！

（二）继续创编，写出神奇故事

英英变成大树以后会发生什么奇妙的事情呢？请学生写一个自己最喜欢的故事片段。

学生写好故事片段后，教师进行交流点评，指导学生写作（聚焦有意思、有"真善美"主题、融入自己的感受）。

最后由教师带领学生延伸写作，喜欢想象这一表述方式的同学，可以继续展开想象的旅程，把你神奇的变化完整地写下来。

（设计意图：结合小学三年级学生的思维特点，尊重学生的思维差异，此环节设计阶梯式的表达策略。先是给学生搭建语言支架，引导他们开启思维的闸门，激发他们想象的乐趣。接着，教师应引导学生尝试写一写自己想象中的故事情节。在同伴互评、教师评价中鼓励学生大胆想象，将故事情节写清楚。在互动评价中，顺应学生情感需要和想象力发展规律，保护学生想象的热情，不提过高要求，让他们在交流分享中自主感悟想象表达的魅力）

五、自主阅读

推荐阅读：顾鹰的《我坐在了花瓣上》、松冈节的《温暖旅店》。

（设计意图：想象力比知识更重要。此环节引入了群文阅读策略，通过延伸同作者文章《我坐在了花瓣上》和同主题文章《温暖旅店》，开阔学生的阅读视野，激发学生展开大胆想象的兴趣，在大量阅读中实现表达能力的提升）

小试牛刀

【教学目标】

1. 梳理和回顾课文中的想象故事，交流各自大胆想象的体会，感受大胆想象的乐趣。

2. 在创作手指画和编写故事的具体情境中，通过大胆想象画出想象中的事物，能根据故事开头进行接龙完成编写故事。

【教学重点】 总结回顾大胆想象和奇特想象的方法。

【教学难点】 运用大胆想象和奇特想象创作手指画及编故事。

【教学准备】 多媒体课件 PPT、水彩笔、印泥、纸巾、投影、红笔和白纸

【课时安排】 1 课时

【教学过程】

一、畅所欲言，回顾"想象"

大家还记得前边学习的两篇充满奇思妙想的故事吗？在这两篇文章的学习过程中，你有了哪些收获呢？自由默读"交流平台"部分，让各位学生了解了关于想象的哪些内容及特点？大家能从本单元找出体现这些想象特点的句子吗？

由学生完成汇报交流，教师指导学生体会大胆想象、奇特想象。

由教师完成小结：想象的世界是无穷无尽的，想象能够带我们进入不一样的世界，经历不一样的神奇，体验不一样的美妙。接下来，我们可以放飞思维，利用想象去创造事物，经历属于我们自己的神奇。

（设计意图：温故而知新，引导学生展开回顾及总结，激发学生思维，以"想象"为主题展开表达，培养学生的语言表达能力。通过自读"交流平台"部分，教师应培养学生自学和提取关键信息的能力）

二、发挥"想象"，创造手指画

教师带领学生了解手指画。请大家仔细观察手指画，图片中画的是什么？猜一猜是如何画出来的。你能用简单几句话向他们介绍吗？

教师引导学生创作手指画。用印泥印上自己的手指印，再添上几笔，用简单几句话介绍你的作品。

由学生进行自主创作，后与同桌交流，然后开展集体交流，大家共同评出"机智创意星"。

由教师完成小结：看来手指画不仅能创作事物，还能创作某些特定的情景，大家的想象力真丰富。一个手指印，寥寥几笔，想不到能激发大家的创造性思维能力，能创造这么有趣的事物！

三、编写故事，表达"想象"

首先，教师请学生以小组为单位，任选一个开头，在"反向想象"和"结合事物特点展开想象"中任意选择一种方法，一起接龙编写故事。

其次，教师可根据评价标准准备，选取精彩的故事在班内展示，评出班级"奇思妙想星"。

评价项目及标准		评价结果
根据故事开头提示的信息去想象		□□□□□
根据事物的特点去想象		□□□□□
想象的故事大胆有趣		□□□□□
总评标准	优秀：14～15□。良好：12～13□。合格：10□	总评

预设一：爱睡虫一旦钻进谁的身体，就能使谁昏昏欲睡。

预设二：颠倒村就是一切事物都是颠倒的，和我们的现实世界相反。

由教师完成小结：大家对爱睡虫和颠倒村的神奇之处说得很准确，能保证我们待会写故事的方向是正确的，具体怎么写呢？"习作例文"部分给了我们提示，请大家展开写一写自己想象中的世界。

（设计意图：明晰两个开头的要点，为后续编写故事找对方向。通过续编故事使学生探索并掌握续编故事的方法和技巧，发展学生口头表达能力、想象力和创造力；自主对照评价标准去准备续编故事，加强学生对语言文字的运用）

四、课堂小结

通过这节课，大家一起交流了想象的神奇，学习了边画画边展开想象编故事，还能根据开头展开想象，续编故事。希望大家能走进想象的世界，创作出更多的精彩故事。

五、板书设计

大胆想象真奇妙
指印变变变
接龙编故事

大显身手

"习作例文"部分

◎文本解读

一、文本地位解读

学生已通过"精读课文""交流平台"等部分的学习，感受到了大胆想象的神奇，学到与想象有关的写作知识和表达方法，体验到了奇妙的想象给人带来的愉悦；教师也从中了解到了学生在想象及创编故事方面存在的一些问题和困难。所以，"习作例文"部分是指向学生习作的行之有效的"助写系统"，为学生的习作提供了一个较为全面的仿写范本。同时，"习作例文"部分也具有承上启下的功能，连接着阅读感知和写作实践。

二、文本内容解读

"习作例文"部分有《一支铅笔的梦想》和《尾巴它有一只猫》两篇文章，这是本次习作的资源，均属于想象故事。《一支铅笔的梦想》具体描写了在抽屉里的一支铅笔的五个梦想：到山坡上开花；跳进荷塘里为小鱼、小虾撑伞；躲到菜园里长成豆荚、伪装成丝瓜；来到小溪边为鸟儿当船篷，为蚂蚁当木筏；跑到运动场上当小松鼠的撑竿，当小猴子的标枪。例文中还有两处旁批，凸显了展开大胆想象的自然与合理之处。

插图内容为挂在藤上的铅笔，既展现了铅笔与所变成事物有相同的特点，也展现了铅笔实现梦想后快乐的心情。文后练习题是"铅笔还有哪些梦想？仿照例文说说"，提示学生要抓住事物特点想象，还可以仿照格式展开想象，给学生的想象与表达搭建支架，破解写作的难题。

《尾巴它有一只猫》具体描写了一个反着想象的故事。猫有尾巴，反着想就是：尾巴有一只猫，例文主要通过语言描写展开故事，尾巴先是很得意、自豪、坚定的表示自己有一只猫；接着通过疑问的方式，透露出无论我干什么，猫都听我的话，都跟在我身边；再是质疑猫一定很小，尾巴说猫特别乖，我天天骑着它满地跑；最后表明是用反着想的方法展开的想象。生活的其他事物也可以这样想：小孩子有爸爸妈妈，狗有一个人等等。课文有两处旁批：一处是引发读者思考。一处是旨在表明反着想象很有意思。课后练习题是仿照文中的想象来展开说一说大家感觉新鲜有趣的说法。

三、文本语言解读

第一，《一支铅笔的梦想》和《尾巴它有一只猫》的语言表达有以下相同点，详情如下。

其一，拟人化的语言叙述。在《一支铅笔的梦想》中，把铅笔当作人来写，例如将"憋在""好玩""开心"等形容人的词语用在铅笔身上，拉近铅笔与人的距离，读起来亲切自然。《尾巴它有一只猫》也采用了拟人化的写法，例如尾巴"自豪地说""得意地说""我天天骑着它满地跑"等表示人物神态和动作的语句，展示了儿童的天真浪漫，较符合儿童有好的想法时的骄傲心理。

其二，对句式的表达。"知道我要做什么吗"仿佛在对读者说话。"我要到山坡上……""我拥有一只猫""我从出生开始，就拥有这只猫，无论它干什么，都听我的话，都跟在我身边"。就像在对话一样，仿佛让读者亲眼看到了儿童那洋洋得意的神态、动作一样。在这两篇例文中作者都展开了丰富的想象，都有用对话的方式展开想象后的高兴、愉悦的心情。

其三，问句的表达方式。"会有多少梦想？""知道我要做什么吗？""一条尾巴怎么能有一只猫呢？""会不会是一只跳蚤？""跳蚤怎么会是猫呢？""为什么尾巴就不能有一只猫呢？"这些问句的表达方式增强了句子的趣味性，引起读者思考。

第二，《一支铅笔的梦想》和《尾巴它有一只猫》语言表达的不同点，详情如下。

其一，《一支铅笔的梦想》采用了第一人称的方式叙述。本文采用第一人称"我"展开叙述，这很容易让读者将自己也想象成故事的主人公，从而提高阅读感受，快速进入想象世界，随着铅笔的快乐而快乐。而《尾巴它有一只猫》则采用了第三人称的视角展开叙述，边问边回答，用剥笋的方式解开团团迷雾，直到解开其真相，原来他是用反着想象的方式进行的表达。

其二，《一支铅笔的梦想》还有以下特点。

首先，反复语言增强情感表达。"知道我要做什么吗？""哈，多么好玩！多么开心！"等句子都反复出现五次，让读者去猜测，语气中既有小孩子的淘气、顽皮、可爱，又能调动读者的兴趣去猜测，带给读者愉悦的感受。

其次，语气词使用。文中多次出现了"哈"这个语气词，展现了铅笔实现梦想时的那种快乐心情。

最后，运用叠词。"嫩嫩的""长长的"等词语为句子增添了形象感和生动感。

四、文本结构解读

《一支铅笔的梦想》写了铅笔的五个梦想，按照总分总的方式展开的。先写铅笔有梦想的原因是"老憋在抽屉的铅笔盒里"，但它有很多梦想。然后分别写了它的五个梦想，最后再写梦想继续。五个梦想的描写都是按照统一的结构展开的：先写来到哪里；再写要做什么；最后表达心情，均以"哈，多么好玩！多么开心！"结束。文章结尾是：

"谁也不知道。一支铅笔有多少梦想……就像种在稿纸上的字，发多少芽，开多少花，结多少童话。"结尾表明铅笔还有很多的梦想，让读者不由自主跟着想象铅笔的第六个、第七个梦想……

《尾巴它有一只猫》按照剥笋的方式解开了谜底。先开门见山，由尾巴点明"我有一只猫！"然后以质疑的方式解开疑惑，原来是采用了反着想象的方式，最后，将学到的迁移方法归到平常的事物，都可以采用这种方法展开想象。以"观点—质疑—释疑—类推"的结构展开叙述。

五、文本情志解读

想象"故事来源于生活，内容来源于生活"中丰富的表象积累和经验积累。

《一支铅笔的梦想》描写了在一个地方待久了憋闷的儿童心理，它急切想回到大自然中去，心中有很多想法。整篇文章表达了铅笔在实现梦想后的高兴、愉快的情感。

铅笔要变成"花儿、芽儿、伞、豆角、丝瓜、船篷、木筏、撑竿、标枪"等都是去帮助别人，充满着让世界变得更美好的愿望，文章旨在表达一种积极向上，乐于助人的价值观。

《尾巴它有一只猫》有两种情感交织在一起。一种是有了新奇想法时的"自豪—得意—炫耀—坚持"的心理变化情感；另一种是对于有了新奇想法后的疑问、不理解，甚至嘲笑批判，到后来变成理解接受、恍然大悟、豁然开朗的情绪。

教师带领学生展开大胆想象，使生活更有情趣。尾巴有一只猫，狗有一个人。经过换位思考、反着想象会让生活更有意思，让生活更有情趣，表现出作者在生活中积极向上的态度。

六、文本教学化解读

"习作例文"部分被安排在"精读课文"部分之后，旨在学生已初步走进了想象世界，已感受到了想象的神奇之后，已知道想象可以结合生活经验用反着想象的方式展开，这两篇例文是本单元阅读与写作的连接，具有承上启下的作用。

（一）表格梳理法

《一支铅笔的梦想》主要是让学生掌握抓住事物特点来想象的方法。在教学中，主要让学生梳理比较铅笔与想象事物之间的关联。文章的语言表达很有特点，第二自然段至第七自然段的段落结构相同，可以让学生续写铅笔的第六个梦想、第七个梦想……

（二）摹仿描写

《尾巴它有一只猫》中的"反着想象"的方式已经在精读课文《宇宙的另一边》有过接触，学生比较容易理解，这样想象的方式很有意思。在教学中教师主要调动学生的想象兴趣，模仿表达形式，使学生乐于表达。

（三）对比阅读法

《一支铅笔的梦想》《尾巴它有一只猫》分别采用了什么方法展开想象的？

在本节课的教学中教师要让学生感知想象的神奇和有趣，并用学到的方法展开想象。

◎**教学设计**

【教学目标】

1. 从文章题目与想象故事建立联系，走进想象的世界，激发学生展开大胆想象的兴趣。

2. 借助"习作例文"部分，勾连单元信息，学习"抓住事物特点"和"反着想象"的方法发挥想象编故事。

3. 学习从不同角度展开自然的、合理的、大胆的想象，感受想象的奇妙，体会有意思的表达。

【教学过程】

一、聚焦课文题目，回顾故事

每一个题目后面都藏着一个奇妙的故事。教师带领学生们回顾《宇宙的另一边》《我变成了一棵树》的内容，说一说"宇宙的另一边"有哪些秘密，"我变成一棵树"后发生了哪些有趣的事情？

二、聚焦例文题目，提出问题

首先，由教师导入新课，学习例文打开习作思路，教师带领学生学会将其中的方法运用到自己的习作创作中。

其次，请学生读一读《一支铅笔的梦想》《尾巴它有一只猫》这两个题目，这两个题目后面肯定也藏着奇妙的故事，请学生提几个问题。

预设：铅笔会有哪些梦想呢？尾巴怎么会有一只猫呢？

三、聚焦《一支铅笔的梦想》，体会"抓住事物特点想象"的奇妙

（一）默读《一支铅笔的梦想》

教师引导学生思考：铅笔会有哪些梦想？

学生默读，思考后展开交流，用表格梳理出来铅笔的梦想。

（二）体会想象的自然合理

借助表格和图片，铅笔想成为长长的豆角、嫩嫩的丝瓜，是为什么呢？

梦想	去到哪里	变成什么
1		
2		
3		
4		

由教师完成小结：通过对比的方式我们就会发现铅笔的这些想象与它自个儿都有相似的地方，这是"抓住事物特点"展开想象的方法。

（三）续编故事，内化"抓住事物特点"进行想象

"抓住事物特点"进行想象会让故事很奇妙！铅笔还会有哪些梦想？仿照课文说一说。

选择例文中铅笔的一个梦想，看看作者是怎么写的。通过交流能发现表达的秘密，先写铅笔来到了哪里；再写做了什么，用"知道我要做什么吗"引出具体内容；最后写出了它的心情，统一用"哈，多么好玩！多么开心！"来结尾。

出示格式：第_____个梦想是_____。知道我要做什么吗？_____。哈，多么好玩！多么开心！

铅笔还会有什么梦想呢？请学生按照这样的格式利用图片仿照课文来说说铅笔的第六个梦想、第七个梦想……

四、聚焦《尾巴它有一只猫》，体悟"反着想象"的奇妙

"抓住事物的特点"展开想象，就能把故事想得这么奇妙。除了这样想象，我们还可以怎么去想象呢？来，让我们看看第二篇例文。

请学生完成默读后思考：猫有尾巴，尾巴怎么能有一只猫呢？

（一）联系比较，体会"反着想象"的趣味

"猫有一条尾巴"与"尾巴它有一只猫"

"爸爸妈妈有小孩子"与"小孩子有爸爸妈妈"

"一条狗有尾巴"与"尾巴它有一条狗"

"主人有一只狗"与"狗有一个人"

"尾巴上有一只跳蚤"与……

由教师完成小结：前后反过来想，就叫反着想象。反着想象和我们平时常见的、常说的不一样，会更有意思、更奇妙。

（二）延展创作，打开想象空间

借助例文课后题，延展"故事思路"。

正着说是：猫有一条尾巴。

"反方向"想象：尾巴它有一只猫。

风最爱动，不管是微风还是大风。

"反方向"想象：风最爱睡觉。

请同学们展开想象，说说自己想到的新鲜有趣的说法。

（设计意图：本篇例文有一定难度，尤其是体会"反着想象"的趣味性和生动性。通过语言对比体会，课后题打开思路、旧文补充创作等方式，化难为易，将抽象的信息具象化，使"反向想象"可触、可感、可编）

（三）整合对比，总结想象方法

对比阅读《一支铅笔的梦想》和《尾巴它有一只猫》的表达方式，你发现有什么不同之处呢？

五、课堂小结

大家在"习作例文"部分的帮助下，学会了抓住事物的特点展开想象和反着想象这两个方法。下节课，我们要继续大胆想象，看看怎样才能把故事中奇妙的经历有条理地写下来。

"习作指导"部分

【教学目标】

1. 能综合运用本单元学到的想象方法展开奇特想象。

2. 能借助"精读课文"部分和"习作例文"部分的思维路径把想象故事写清楚，进一步体会丰富与神奇的想象。

3. 能主动分享习作，依据标准评价同伴习作，体会想象的快乐。

【教学重难点】

1. 激活学生的思维，丰富学生习作的素材，综合运用本单元学到的想象方法。

2. 引导学生展开大胆、合理想象，激发学生的习作兴趣。

3. 语言较通顺、内容较具体地进行习作。

【教学课时】2 课时

【教学准备】多媒体课件、习作评价表

【教学过程】

第一课时

一、单元勾连，引入主题

首先，教师带领学生回顾单元内容。在这个单元里，我们学习了《宇宙的另一边》《我变成了一棵树》，还在"初试身手"部分创作了指印画，还读到了两个充满想象、特别有意思的例文——《一支铅笔的梦想》《尾巴它有一只猫》。在这些学习的过程中，我们知道了要大胆展开想象，想象越丰富具体、愿望美好、经历奇异越好。

其次，教师揭示习作主题。今天这节课，我们就继续走进奇妙的想象世界，请学生展开大胆想象，再动笔把它写下来（出示课题：奇妙的想象）。

二、范文引路，激发想象力

首先，由教师完成课程导入：今天，我们要进行一场想象世界的旅行。旅行第一站：《一支铅笔的梦想》。这支铅笔的梦想究竟是不是跟大家想的一样呢？播放《一支铅笔的梦想》录音，找出铅笔的五个梦想（溜出教室，跳进荷塘，躲进菜园里，来到小溪边，跑到运动场上）。

其次，教师要引导学生联系课文旁边的批注和插图展开思考：铅笔为什么会这样想？（预设一：伞、豆角、丝瓜的外形和铅笔一样，都是细长的，想象合理、自然；预设二：铅笔"为玩水的鸟当船篙""为过河的蚂蚁当木筏"等，展现了一个调皮、善良、贪玩、向往自由的铅笔形象）。

再次，请学生认真读铅笔的五个梦想，看看作者是怎样给我们讲这几个梦想的。

（设计意图：引导学生先说自己的梦想是什么，接着提出"知道我要做什么吗"的问题，然后给出答案，最后用"哈，多么好玩！多么开心"来表达自己的感受）

最后，我们旅行第二站来到了《尾巴它有一只猫》，请学生自由读例文，思考：猫能有尾巴，尾巴怎么能有一只猫呢？引导学生读两个批注，带领学生体会像这样"反方向去想象"。

三、明确要求，总结方法

由教师出示要求：本次习作要求写一个故事，可以写选文中的题目，也可以写其他的；结合内容，展开大胆、合理的想象；学生要独立构思，可先绘制一张想象地图，再练习习作。

想象要与现实有一定的联系，尊重科学与生活，如在《一支铅笔的梦想》一文中，铅笔的样子和豆角、丝瓜等事物之间存在的联系（板书设计：想象合理）。

想象要与众不同，如在《尾巴它有一只猫》一文中，作者从另一个角度去观察事物，产生合理的想象（板书设计：大胆想象）。

想象要有一定的中心，应该围绕所要表达的思想展开，为表现文章的中心思想服务（板书设计：表达愿望）。

想象要内容具体，言之有物。要把你头脑中勾画的那个新事物具体描绘出来；你想象未来你在做什么，就要具体描写你的言行（板书设计：言之有物）。

想象是自己对未来的幻想，饱含着自己对美好生活的热爱和向往，要表达自己的真情实感（板书设计：真情实感）。

四、构思作文，教师指导

让我们开启一场通往"神奇的想象岛"的自由行，自由选择你想去的想象故事空间。

（设计意图：在前期学习中，学生对想象的路径与故事构思的模型有了体会，因此本环节教师应放手让学生综合运用所学方法来创造自己的想象故事）

五、板书设计

奇妙的想象

想象合理　大胆想象　表达愿望　言之有物　真情实感

第二课时

一、交流分享，思维共振

由教师完成课程导入，如：欢迎大家抵达"神奇的想象岛"终点站。爱睡虫的经历，颠倒村的奇遇……不同的想象故事让我们拥有一次一次奇妙的经历。经过大家大胆且合理的创作，是时候展现大家真正的实力了。

请全班学生展示成果：根据自己绘制的想象地图，分享自己创作的故事，并根据其他同学及教师的意见修改完善文本，形成终极版想象地图。

（设计意图：通过引导学生分享自己的想象地图及倾听他人的建议，帮助学生优化设想、厘清思维。全班分享交流的目的是学生之间相互学习、取长补短，这将有助于教师对错误的价值取向、不正确的行为等进行正面引导）

二、创编故事，对比展评

请依据修改后的想象地图，结合教师、同学的建议自主完成习作，争取能登上班级文化墙"神奇的想象岛"专栏哦！

这两篇习作都是写的《最好玩的国王》，你们读一读，看看更喜欢哪一篇？为什么？

大家一起来改改第二篇《最好玩的国王》，怎样修改才能登上"神奇的想象岛"专栏呢？（预设一：思维打不开，想象不大胆；预设二：故事内容没有写清楚）

（设计意图：本环节将"神奇的想象岛"的语境一以贯之，进一步激发了学生的写作动机。师生分享评改且为下一环节"互评互改"做出示范。两篇同一主题习作的对比，学生更能发现其优点及存在的问题。对于"想象不大胆"和"故事写得不清楚"等问题，帮助学生打开思维，寻找故事的构思模型，实现"一文多用"）

三、同质分组，互评互改

（一）组建同质小组

选择同一题目的同学自由组合为一个小组。若选择同一主题的同学人数较多，则可分为几个小组。

（二）组内对照标准评改

请学生勾画出同伴作品中的奇思妙想的相关句子；在读不明白的地方可以提问；整体评价文章，给其他同学提出修改建议；对照标准，达到一条获得一颗星，完成"基础评价标准表"。

基础评价标准表

评价项目	自我评价	同伴评价
我的想象是否大胆、合理、有趣		
借助想象地图，把故事内容写清楚		
语言较通顺、内容较具体		
我能欣赏同伴习作优点		
我能给同伴习作提出修改意见		

最后，获得六颗星的习作将张贴在班级文化墙"神奇的想象岛"专栏上。

（设计意图：教师的评改示范让小组"互评互改"、有章可循，从发现同学的亮点到提出不明白的问题，评改都紧紧围绕"是否能展开大胆、奇特的想象""是否将故事写清楚"进行，从而实现"教、学、评一致"。通过"基础评价标准表"，从不同角度给予学生肯定，评选出"最佳奇思妙想奖"，推选全班作品展示，提升学生习作表达的成就感）

教后拾贝

本单元是习作策略单元，主题是"想象"，语文要素是"走进想象的世界，感受想象的神奇""发挥想象写故事，创造自己的想象世界"。本单元的重点是指导学生从本单元的学习中习得想象之法，并能在习作中充分运用。因此，在本单元的教学中，紧紧围绕"想象"方法的习得，创造机会让学生有想象体验，激发学生想象的兴趣，增强想象的乐趣，创造自己的想象世界。第五单元是专门的习作单元，以培养习作能力为核心编排的单元。整个单元以大胆想象为主线，通过一系列阅读和习作活动，引导学生体会大胆想象的好处，着力培养学生的想象力，为学生今后的习作能力发展奠定基础。

几个板块共同形成本单元的完整结构："单元导语"部分点明习作要求—精读课文学习表达方法—"交流平台"部分梳理总结表达方法—"初试身手"部分初步尝试运用表达方法—"习作例文"部分进一步感悟、积累经验——"习作"部分呈现本单元的学习成果。这些内容作为学生习作的支架，为学生打开想象的大门，激发学生大胆、合理的想象。

一、教学设计基于大概念，突出整体性

整体性教学原则是现代教学改革的重要原则之一。它的理论依据是系统论。系统论认为整体大于部分之和。在本单元的教学中，从大处"想象"着眼和从高处入手，遵循

系统论的规律，注意单元教学的整体性。在课程目标、学业质量要求、学情分析、教材解析的基础上进行教学目标的设定，在教学中设计了基于"想象力"培养的问题链或任务群以驱动教学，构建知识关联和知识网络。

二、"想象"导入，激发兴趣

本单元教学中，课文的开课均以学生展开想象的方式导入，让学生充分感知想象的乐趣，对想象有切身感受及体验之后再学习文章中的想象之法，学生更易于接受，写作兴趣更浓。例如：《宇宙的另一边》出示了灿烂星空的图片，让学生大胆想象，才能进入课文的学习。在《她变成了一棵树》一文中，教师也是让学生先想象"英英为什么要变成一棵树呢？英英是怎么变的呢？""自己会变成什么"来导入课程的。

三、巧用"表格"，助力理解

在教学中，教师要善于借助表格帮助学生梳理文章内容，辅助学生理解。表格的方式有明确细节、主题突出；罗列线索，清晰直观；易于比较，异同突出等优点。在本单元的学习中教师要善于运用表格，如在《宇宙的另一边》运用表格梳理宇宙这一边与另一边的异同，通过表格的梳理，学生能一下子明白这一边与另一边的异同，既再现了课文知识体系，也锻炼了学生思维的条理性，提高了学生的语言表达能力，同时让学生明白作者是从哪些方面展开的想象，是怎样使想象变得一目了然的，起到了事半功倍的效果。

四、感情朗读，感受想象的神奇

朗读也是感受作者神奇想象的一个关键环节。在本单元的教学中，运用感情朗读，既能增强学生的语感，积累好词佳句，又能让学生边读边想象课文中描述的情景，把自己当成文中人物或事物。学生在读的时候易忍俊不禁，入情入境，通过朗读走进了想象的世界，感受了作者神奇的想象之妙。

学生通过反复朗读课文，抓住重点词句，理解课文内容，能够将生活与想象结合，组织语言，进行想象力训练。有些达不到要求的学生可以适当放宽要求，让每一个学生都通过想象来激发创造的灵感，体会想象的喜悦。而学生的想象也得到了尽情发挥，学生说得意犹未尽。在他们的心中，想象的世界里要什么有什么，想去哪就去哪，科技要多发达就有多发达，所有在现实生活中还不能实现的，在想象的世界都能实现。想象的多样性有利于培养学生的创新能力。

五、聚焦"方法"，感受想象奇特

在教学过程中，教师要创设想象的空间，以培养学生的想象力，紧紧扣住教学要求，循序渐进地进行想象能力的培养，出示课文插图、文字，帮助学生理解文本，体会文章作者丰富的想象力，还能引导学生拓展想象。在每节课的学习中都善于总结作者想象的方法：根据生活经验来想象，反着想象和抓住事物的特点来想象，根据事物的颜色、形状来展开想象。

六、注重"表达"，突出重点

本单元是习作策略单元，其主要目的就是学生应掌握"想象"策略，并将其运用于自己的习作之中。在单元学习中，学生要学以致用，学用结合。在《宇宙的另一边》的教学中就有学生模仿作者的想象方法和表达方法。景物叠加、诗句相乘等想象方式在《我变成了一棵树》中得到了练习和运用，用我想变成什么就变成什么，以及怎样变来展开想象。在"初试身手"部分让学生练习表达。

教师应重点抓住作者展开想象的方法，让学生学到方法后马上用。同时，教师在交流的过程中使学生充分感受大胆想象为其带来的快乐，从而落实本单元的语文要素。

从阅读学写作，文本就是一个有效的支架助力。整单元课文以想象为主，通过独白式心理活动描写，展现"我"的独特想象经历。通过文本感受想象创造的过程及拟物想象的奇特，感受愿望实现的快乐。学生可通过具体交际语境，达到阅读能力向语言实践运用能力的有效转化，发展习作能力。

本单元是习作单元和想象单元，不局限学生的思路是最基本的要求。学生在这个年龄段是十分有想象力的，只是这些想象力需要被发现、被鼓励，更需要给他们提供一个展示平台，所以在单元教学上，所有的课堂问题都是开放型的，对学生答案多样性及时给予肯定，课堂上学生的思维非常活跃，才能真正实现让想象自由飞翔的目的。

第九章　知晓前因后果，让童年趣事流畅表达

——小学语文四年级上册习作策略单元

单元概览

本单元是习作策略单元，其核心要素是培养学生的习作能力，引导学生在阅读理解中关注书面表达，实现在阅读中感受和在阅读中学习习作方法，在写作中实践从阅读中获得的经验，使阅读与写作融合发展，实现有机统一。

一、单元要素及呈现

首先，教师带领大家明确单元人文主题"我手写我心，彩笔绘生活"。本单元旨在引导学生观察、感受、记录、分享、发现生活的多彩，激发他们热爱生活。

其次，语文要素。如了解作者是怎样把事情写清楚的；写一件事，把事情写清楚。

教学中不仅要让学生知道作者写出了事情的起因、经过和结果，还要了解作者是怎样把事情写清楚的，为什么要这样写。特别是事情的经过，对于小学四年级的学生来说，不仅要关注文本的表达形式，提升学生的语言表达能力，更要掌握汉语学习的规律，使他们了解语言的建构与运用，这样更有利于学生思维的发展与提升。课文的学习和把握恰好为单元习作做好了准备。

二、单元的主要学习内容

本单元编排了《爬天都峰》《麻雀》和例文《我家的杏熟了》《小木船》。四篇课文都是以第一人称叙写的，都交代了事情发生的时间、地点、人物及事情的起因、经过和结果，其所写事例也都是学生所熟知的事情，使学生易于理解和学习。

三、单元整体思路

在本单元教学时，可以回顾小学语文三年级上册第八单元"学写一件简单的事"、小学语文三年级下册二单元"看图画，写一写"、小学语文三年级下册四单元"我做了一项小实验"和小学语文四年级上册第四单元"事情的起因、经过和结果"，纵横沟通，找准学生认知的起点后，走进本单元的学习，带领学生感受文学之美，使他们乐于表达自己的独特感受，促进其精神成长。

四、单元教学目标

结合自己的阅读体验，梳理、总结把事情写清楚的方法。

学习按一定顺序写事的方法，把事情发展过程中的重要内容描写清楚。

五、单元教学建议

本单元由"精读课文""交流平台""初试身手""习作例文""习作"五部分组成，各部分都有其特定的功能。

《爬天都峰》《麻雀》两篇精读课文旨在引导学生发现基于表达的语文要求。"习作例文"部分主要供学生在习作时借鉴。

本单元的四篇文章从内容上来看，涉及生活的方方面面，有假日生活，也有学习生活，有自己经历的，也有自己看到的；有令人感到快乐的，也有令人感到悲伤的，还有令人感到崇敬的。正如"我手写我心，彩笔绘生活"，正是让学生留心观察生活、用心记录生活、用心描写生活、用心感悟生活，才与本单元的习作《生活万花筒》紧密配套，即生活丰富多彩。

从习作语文要素的角度来看，《麻雀》一文以人物间的交锋串联起因、经过、结果；《爬天都峰》以"爬山前、爬山中、爬上山顶后"的顺序组织内容。《我家的杏熟了》以事情发展为序，《小木船》以"有一天""转眼几个月过去""那天以后"三个时间点串起整件事情，引导学生尝试选择运用"以事情发展为序""以时间为序"这两种表达顺序。同时，四篇文章分别以"我"的视角记叙事情的发展过程，通过对人物的言行举止的描摹，让人身临其境。

"交流平台"部分是对本单元习作要素的梳理和提示，以四个小朋友的学习发现为载体，把"写一件事"的基本要求说清楚：其一，写清楚事情的起因、经过、结果；其二，交代清楚事件中的时间、地点、人物；其三，写清楚事情发展的顺序；其四，写清楚事情发展过程中的所见、所闻、所想。

"初试身手"部分是习作的热身，提供了两组试写练习，以看图说话、话题练写的方式，让学生在精读后做一个读写迁移练习，让学生先体验后尝试，先运用后巩固。

"习作"部分是在阅读发现、交流梳理、尝试体会后的综合运用，这是对整个单元学习效果的检验，本单元习作《生活万花筒》从选材、组材、构思、修改等诸环节提出了指导建议，以指导学生巩固本单元的学习成果。

导读领航

单元导读课

【教学目标】

1. 通读课文内容，集中认读单元生字新词，扫清阅读障碍。

2. 了解单元主题，初步感知课文的主要内容，厘清课文基本思路。

3. 提出不明白的问题并交流，为学习做好准备。

【教学重难点】

1. 识记生字词，正确朗读课文。

2. 初步感知课文的主要内容，厘清课文基本思路。

【课时安排】 1 课时

【教学流程】

一、激发兴趣，引出主题

首先，谈话交流，引出话题；其次，出示内容，快速浏览；最后，明确导语，定位目标。

二、初读文本，自主学习

（一）自由阅读本单元课文，了解单元内容

"三读"学习法：标注段落，圈画生字词，正确认读词语，读通课文；画出喜欢的语句或段落，多读几遍，初步感知文章内容；再读课文，在不明白的地方做标记，并记录在"预习单"上。

（二）完成单元"预习单"

预习单

项目	预习内容	预习要求	小组评价
读课文	读本单元两篇课文	能做到正确、流利地朗读	
认字词	打猎、猛烈、掩护、绝望、搏斗、无可奈何、庞大、安然、尖叫、身躯 假日、抬头、云彩、石级、发颤、年纪、辫子、笑呵呵、居然、鲫鱼、猴子	在课文中标出，做到准确熟练认读。不理解的词语能利用查字典或联系上下文等方法解决	
知内容	1.《麻雀》一课讲述了一只小麻雀＿＿＿＿＿＿＿，在＿＿＿＿＿＿准备吃它时，老麻雀＿＿＿＿＿。 <table><tr><td>起因</td><td></td></tr><tr><td>经过</td><td></td></tr><tr><td>结果</td><td></td></tr></table>2.《爬天都峰》一课讲述了假日里，爸爸带"我"去＿＿＿＿＿＿＿，"我"和一位素不相识的老爷爷＿＿＿＿＿＿，最终＿＿＿＿＿＿。 <table><tr><td>爬山前</td><td></td></tr><tr><td>爬山时</td><td></td></tr><tr><td>爬上山顶后</td><td></td></tr></table>	读课文，根据提示梳理内容，完成填空	
提问题	可以从内容方面，也可以从写法方面提问题	把自己读不懂的地方标出来或写下来	

三、全班交流，点拨引导

（一）生字新词我会读

首先，教师出示本单元词语，用多种方式检查认读。

其次，师生之间、学生之间交流识字方法。

熟字加偏旁：嗅、奈、躯、级、哩、链

比较法：搏——博　掩——淹　幼——幻　辫——辨

（二）汉字书写我能行

首先，学生观察生字的结构特点，并说说需要注意的地方（巢　颤　攀　猴　念　卿）。

其次，教师示范重点生字。

最后，学生练习书写生字时，要展示所写成果。

（三）课文朗读我最棒

首先，学生选择自己喜欢的部分读给大家听，并说说喜欢的原因。

其次，出示课文中的一些重点语句让学生读，重点评价朗读是否正确、流利。

（四）重点句段朗读

突然，一只老麻雀从树上飞下来，像一块石头似的落在猎狗面前。它扎煞起全身的羽毛，绝望地尖叫着。

我站在天都峰脚下抬头望：啊，峰顶这么高，在云彩上面哩！我爬得上去吗？再看看笔陡的石级，石级边上的铁链似乎是从天上挂下来的，真叫人发颤！

（五）简写内容

第一题：《麻雀》一课讲述了一只小麻雀从_____，_____准备吃它时，老麻雀_____。

起因	
经过	
结果	

第二题：《爬天都峰》一课讲述了假日里，爸爸带"我"去_____，"我"和一位素不相识的老爷爷_____，最终_____。

爬山前	
爬山时	
爬上山顶后	

四、归纳总结，发布任务

首先，师生之间、生生之间交流本节课的收获。

其次，教师引导学生完成课外拓展。课下继续朗读课文，熟读生字词，巩固生字。阅读本单元的主题丛书选文。

课例示范

麻 雀

◎ **文本解读**

一、文本地位解读

《麻雀》是统编版小学语文四年级上册第五单元第一篇精读课文，其目的是让学生感知作者围绕麻雀写了一件什么事，怎样把事情的经过写清楚的，从而明白按事情发展的顺序厘清故事的起因、经过、结果，抓住看到的、听到的、想到的，可以把一件事写清楚。

二、文本内容解读

《麻雀》一文是俄国作家屠格涅夫写的一篇散文。课文主要描写了"我"打猎归来途中的所见、所闻、所感，课文按照"猎狗想要攻击小麻雀（起因）—老麻雀拯救幼儿（经过）—猎狗退缩（结果）"的层次逐步展开，在事情发展过程中作者赞扬了母爱的无私与伟大，抒发了作者对老麻雀的敬佩之情。

三、文本语言解读

《麻雀》一文篇幅虽然短小，但语言高度凝练，用词准确传神，寥寥几笔便勾勒出描写对象的特征，传出形象之"神"。

（一）外部表现，展现心理活动

从老麻雀的外部表现可以想象老麻雀的弱小，从猎狗的外部表现可以想象猎狗是多么的凶猛。

"一只老麻雀从一棵树上飞下来，像一块石头似的落在猎狗面前。它挓挲起全身的羽毛，绝望地尖叫着。可是因为紧张，它浑身发抖，发出嘶哑的声音。"

从老麻雀的外部表现，可以想象老麻雀的弱小与无助，但为了救自己的幼儿而奋不顾身，连凶猛的猎狗都被这种强大的力量所震慑，只好"慢慢地，慢慢地往后退"。这些描写麻雀的语句，扣人心弦，读着让人的心里常常为小麻雀的遭遇而担忧，为老麻雀的所为而震撼。

（二）巧用修辞，表现无畏品质

1. 运用比喻

"一只老麻雀从一棵树上飞下来，像一块石头似的落在猎狗面前。"此句把老麻雀比喻成石头，生动形象地写出了老麻雀在发现小麻雀正面临庞大而凶猛的猎狗的威胁时，毫不迟疑，非常果敢地出现在猎狗面前，表现了它的勇气和胆量；但因为二者之间力量悬殊太大，老麻雀心里很紧张，以致全身的羽毛都张开、直立了起来。

2. 运用对比

课文中大量运用了对比的手法营造矛盾冲突，如将猎狗的凶猛与小麻雀的弱小进行对比，与老麻雀的害怕对比；将猎狗的老练与小麻雀的稚嫩对比，与老麻雀的勇敢、无畏对比。这便使文章产生了一种感染力，让读者从中领悟到了生命的本能和爱的力量。

3. 运用拟人

课文描写了小麻雀的神态，作者运用拟人的修辞手法，把小麻雀的弱小无助、老麻雀的胆怯与勇敢表现得淋漓尽致。

四、文本结构解读

（一）串联场景，了解写清楚的要求是言之有序

首先，本文的故事十分短小，但是却不乏吸引人的场景，如"猎狗逼近小麻雀""老麻雀救小麻雀""老麻雀吓退猎狗"。通过串联场景，从而初步把握课文的主要内容，了解"写清楚"的基本要求为言之有序，即写清楚事情的起因、经过和结果。

（二）营造矛盾，尝试"写清楚"

课文以猎狗与老麻雀之间的对峙交锋为主体，突出描写了猎狗与老麻雀之间力量的悬殊，营造了二者深刻的矛盾冲突。这便使文章产生了一种感染力，让读者能从中领悟到了生命的本能、爱的力量。作者通过以上动作、外貌、心理的描写，让读者可以很清楚地知道写出描写对象情态的办法。

五、文本情志解读

（一）歌颂了母爱的伟大

在猎狗面前，老麻雀是渺小的，除了挓挲起全身的羽毛，没有其他办法能证明自己

的能力。但是，为了小麻雀，它必须义无反顾地迎战庞大而凶猛的猎狗。这种勇敢源于老麻雀对小麻雀深深的爱。此种情境下，母爱的力量让人敬畏，令人动容。

（二）抒发了作者对老麻雀的敬佩之情

"我"急忙唤回猎狗中的"急忙"是指因为着急而行动加快、赶紧的意思。"我"为什么要急忙唤回猎狗，是因为"我"被老麻雀深深的母爱所感动：老麻雀站在高高的树枝上，本可以安然无恙，但看到幼儿被庞大而凶猛的猎狗攻击时，它的果敢、勇气和力量吓退了猎狗，连一旁的作者也被其深深地感动。

六、文本教学化解读

《麻雀》是本习作单元的第一篇课文，文中示范了两种写事方法：一是按照事情发展的顺序，写清楚事情的起因、经过、结果；二是写清楚事情发展过程中的重要场景，可以把看到的、听到的、想到的写下来，再现当时的情形。教学中紧扣"把内容写清楚"并展开，让学生体会原则，让学生习得写法，为习作做准备，实现由读到写的转变。

◎ **教学设计**

第一课时

【教学目标】

1. 通过自主学习，借助拼音、查阅工具书等，识记 6 个生字，会写 13 个常用字。

2. 通过抓人物之间的关系，运用多种方法梳理故事的起因、经过、结果，了解故事内容。

【教学过程】

一、自学课文，学习生字新词

（一）出示自学提示，自读课文

自读小提示：自由读课文，读准字音，读通课文；圈出难读、难懂的字词，用自己习惯的方式试着解决；想想课文围绕"麻雀"写了一件什么事。

（二）交流难读、难懂的词语

嗅：让学生说说记忆方法，互助识记。如"口＋臭"，"吠＋自"，"口＋自＋犬"。提醒学生小狗鼻子灵，一点不要忘记。

挓挲：出示公鸡挓挲起颈羽的图片帮助理解。在此基础上，教师出示对词条的解释，进一步帮助学生了解挓挲一般是在怎样的情况下的反应，读准、识记词语。

拯救：通过查字典理解"拯"，请学生补充并积累几个"近义构词"的词语。

二、多元呈现，梳理故事内容

首先，回忆课文中提到了哪些"人物"。

其次，这些"人物"之间发生了什么事呢？请大家用自己习惯的方式，试着来理一理故事的内容（梳理提醒：可以是提纲、思维导图、四格漫画等）。一部分学生从猎人的角度来组织内容，另一部分学生从老麻雀的角度来组织内容。

再次，多媒体呈现学生的内容"预习单"，进行比较讨论后，随机修正并了解故事内容。梳理中可以用主语统一式的介绍，如主语都是"小麻雀"或"老麻雀"等；也可以是循环式串联人物关系，如小麻雀受到猎狗威胁—老麻雀救护幼雀—我被老麻雀的行为感动，唤回猎狗。

最后，在交流过程中教师引导学生发现，虽然大家的呈现方式不同，但都抓住了故事中的内容。小麻雀受到猎狗威胁（起因），老麻雀救护小麻雀（经过），"我"被感动，唤回猎狗（结果）。

由此，教师可以带领学生了解记叙文的基本结构：起因、经过、结果。

第二课时

【教学目标】

1. 借助思维导图了解故事内容，厘清作者是怎么把事情写清楚的。

2. 体会老麻雀身上爱的力量，感受文本主旨。

【教学重点】 了解按顺序把事情写清楚。

【教学过程】

一、聚焦主角，圈出相关描写

首先，教师所讲的每个故事中总会有一个主角。你觉得这篇文章中，谁才是主角（预设：老麻雀）？

其次，请学生默读课文，将有关老麻雀的描写勾画出来。

最后，教师随机选择学生朗读，请他们说说主要描写了老麻雀的哪些方面。从而使学生初步了解课文是如何把老麻雀的一举一动写清楚的（板书设计：见"动作" 听"叫声" 想"心理"）。

预设：学生大致能够发现即可，教学中可根据学生回答随机调控执行。动作：飞、落、挓挲、尖叫。叫声：嘶哑。心理：拯救幼儿。

二、联系配角，体会描写作用

师：作者为什么要这么细致地描写这只老麻雀呢？让我们选择其中的一处，来细细品读。

突然，一只老麻雀从一棵树上飞下来，像一块石头似的落在猎狗面前。它挓挲起全身的羽毛，绝望地尖叫着。

师：如果单独看这个句子，就是一只老麻雀飞下来了的事儿。但是当我们把它和小麻雀、猎狗放在一起来看呢？

请学生自己先读读，看看前文的哪句话和此处描写有关，并将相关语句用线连起来，用一两个词语写一写自己的理解。

其一，教师可呈现学生课本中的连线与批注，请大家进行交流，再随机选择学生读好句子，读出自己的感受。

预设一：联系"好像嗅到了前面有什么野物"，体现了猎狗的老练，小麻雀即将成为猎物，在这里能体会到老麻雀的担心，也能理解它冒死相救的力量源泉了。

预设二：联系"一只小麻雀呆呆地站在地上，无可奈何地拍打着小翅膀"这句话，感受到小麻雀的无助，而且老麻雀是义无反顾地飞下来救它的。

预设三：联系"它嘴角嫩黄，头上长着绒毛，分明是刚出生不久，从巢里掉下来的"这句话，感受到小麻雀的稚嫩，老麻雀的母爱。

预设四：联系"猎狗慢慢地走近小麻雀，嗅了嗅，张开大嘴，露出锋利的牙齿"这句话，感受到小麻雀的危险，老麻雀的无畏。

其二，由教师引导学生开拓描写手法，如同样是写老麻雀飞下来，我们也可以换种说法来表达，出示修改后的描写，与课文原句进行比较，体会描写的细腻。

修改后：突然，一只老麻雀从一棵树上飞下来，停在猎狗面前。

原文：突然，一只老麻雀从一棵树上飞下来，像一块石头似的落在猎狗面前。

比较之后，请学生分组朗读，说说自己的体会。

预设："像一块石头似的"说明老麻雀飞得快，这一动作的不假思索强调动作快。"落"字说明老麻雀的坚定、坚毅，将自己的生死置之度外。然后，教师又指导学生将自己的感受融入朗读之中。

其三，用"连一连""注一注""谈一谈"这些联系上下文的方法，迁移阅读其他有关老麻雀的描写，感受作者是如何写出小麻雀的无助、老麻雀的无畏、猎狗的凶猛。

预设一："挓挲"的无畏和"绝望"的害怕，引导学生联系上文体会老麻雀的心理活动，读出其中的情感。

预设二："发抖"与"准备搏斗"，引导学生联系上文体会老麻雀的害怕与坚决，读出其中的情感。

通过比较这几组描写，大家能发现作者在描写老麻雀的时候有什么共同点，从而体会老麻雀身上的"矛盾"。

由教师完成小结：作者把事情中的所见所闻描写清楚了，更为重要的是作者借助小麻雀、猎狗、老麻雀三者之间的关系，用这些描写充分地表现了老麻雀处境的"矛盾"，以及在这种处境中老麻雀奋不顾身的行为的伟大。

第三课时

【教学目标】

运用本课写清楚一件事的方法，发挥想象，把看到的、听到的、想到的写下来。

【教学过程】

一、发挥想象

师：故事的结局我们知道了。

师：但是故事也可能会有其他的结局。

请学生说说，若作者没有及时制止猎狗的话，结局有哪几种可能性？

二、联系文章，简写故事片段

师：如果是你们谈的结局中的某一种可能，"我"又会看到些什么？听到些什么？

想到些什么呢？请大家选择一种可能，写清楚当时的情况。教师带领学生完成迁移训练。

学生与学生之间进行交流，教师可完成点评。预设：联系课文，做到起因、经过、结果合情合理。能用上合适的描写，把看到的、听到的、想到的描写清楚。

三、作业设计，拓展阅读

师：今天我们读了屠格涅夫的《麻雀》，其实不少作家也写过有关麻雀的故事呢！他们笔下的麻雀又会经历什么呢？结果又会是什么样子的呢？请感兴趣的同学开展拓展阅读，如高尔基的《小麻雀》，林清玄的《麻雀的心》等。

爬天都峰

◎文本解读

一、文本地位解读

《爬天都峰》是本单元的第二篇精读课文，本课紧扣单元要素"把一件事写清楚"，着眼于学生基本习作能力的培养。基于此，《麻雀》重在讲授通过描写事情的起因、经过、结果将一件事写清楚的表达方法。在此基础之上，本篇课文通过爸爸带"我"爬天都峰——"我"和一位不相识的老爷爷互相鼓励——一起爬上又高又陡的天都峰的过程，将爬天都峰的过程叙述得很清楚。

二、文本内容解读

《爬天都峰》一文主要描写了假日里，"我"和爸爸爬天都峰的事情。课文按照爬山前、爬山中、爬上山顶后的顺序，先用一句话交代了爸爸带"我"去爬天都峰，接着写"我"在山脚仰望天都峰心里发颤，遇到老爷爷互相从对方身上汲取力量，然后写"我"手脚并用奋力攀登，终于爬上了峰顶，最后写在山顶上与其互相致谢的事情。

本文侧重于叙述爬山前后人物与"我"的对话，抓住"怎么想、怎么说、怎么做"，把"我"从不敢爬到最后爬到山顶的过程都清楚地描述出来。这样的安排有助于学生学习到面对困难时要树立战胜困难的勇气和信心，要善于与他人相互支撑这一主题。

三、文本语言解读

（一）聚焦人物对话，凸显"互相支撑"主题

从文章的题目可知这是一篇游记，但它却不同于平常的游记写法，更侧重于聚焦人物对话，紧紧围绕"从别人身上汲取力量"这条线索组织行文。面对天都峰的高陡险峻，老爷爷见到"我"小小年纪爬天都峰略显惊疑，"我"眼见头发花白的老爷爷一把年纪要爬天都峰的心生敬佩，我们之间因好奇而产生对话，通过彼此的语言描写，二人都从对方身上看到了信心，由此相伴一起爬上天都峰，最后巧妙地以爸爸的一句话"你们一老一小都会从别人身上汲取力量"来点明本文主题。

（二）巧用修辞手法，铺垫故事情节

通过对天都峰高、陡、险、峻的描写，如"在云彩上面哩""笔陡的石级""石级上的铁链，似乎是从天上挂下来的，真叫人发颤"等一系列的描绘，为作者产生"我爬得上去吗"这种畏难情绪做好了铺垫。而作者的畏难情绪，也正是"我"与老爷爷能相遇的起因。

（三）抓住语言符号，体会心理变化

标点符号作为语言不可缺少的辅助工具，可以帮助人们确切地表达思想感情和理解语言，如在爬天都峰前，文中两个主要人物"我"和老爷爷有两个重复性极高的问句对话，如"小朋友，你也来爬天都峰？""老爷爷，您也来爬天都峰？"这两个以问号结尾的疑问句很耐人寻味。其一，这两个问句根本不需要回答，因为答案再明显不过了。这里的问号，更多表达的是彼此的惊讶、敬佩之情；其二，看似是朋友、老爷爷以对方为对象的发问，其实更多的是各自对自己的反问和鼓励，符号语言的背后有着各自复杂的心理变化过程。

四、文本结构解读

《爬天都峰》虽然是按照爬山前、爬山中、爬上山顶后的顺序展开描写的，但爬山的过程在文中却只有两句话，重点都放在了爬山前与爬上山峰后"我"与老爷爷的两次对话，即事情的起因、结果。

（一）儿童视角

本文是从儿童的视角出发的，不是为了凸显爬山的过程有多么艰难，而是为了表达"我"是如何克服畏难情绪爬上天都峰的，这也是课后习题第二题的意义所在。通过课后习题中的两个关键词"开始"和"最后"，体会作者详写"开始不敢爬"的原因和"最后爬上去的感受"，请学生关注事情的起因和结果。

（二）详略得当

本文的写作重点在爬山前我的畏难情绪以及我在爬山的过程中与老爷爷之间相遇，并互相鼓励的事情。文末爸爸的话成为点睛之笔，表达了文章主旨。通过对本文的学习让学生明白，将一件事情写清楚，并非按照顺序把每一部分写具体，而是根据自己的表达需要挑选重要内容进行叙述，这也是我们说的描写详略得当。

五、文本情志解读

作为一篇主题鲜明、情感突出、心理描写鲜活的游记记叙文，文章用"爸爸"的口吻直接揭示了互相支撑这个主题。文章按照事情的发展顺序向人们揭示了在困难面前，大家要有战胜困难的勇气和信心，在与人的相处过程中，要善于相互学习、相互鼓励、共同进步的道理。文本大量运用了人物对话体现人物的思想情感的变化。从这些对话中，我们可以看出"我"从开始的畏难、犹豫、不自信到受到鼓舞、坚定信心，再到战胜困难，登上天都峰的心理变化过程。

六、文本教学化解读

（一）结合单元要素，整体把握课文内容

这篇课文的整体感知要与单元要素"按一定顺序写事"结合起来，通过整体感知课文，抓住关键词句梳理课文内容，借助关键词句说说课文的主要内容，并交流梳理作者是按什么顺序来描写这件事的。通过课文的学习，教师应让学生明白按一定顺序书写有助于把整件事的来龙去脉写清楚。

（二）抓住重点段落，学习写作方法

第二自然段至第七自然段把爬天都峰的过程描写得很清楚，既写了爬山前"我"心里发颤，遇见老爷爷后我们相互鼓励，又写了"我"手脚并用爬上山顶。教学时可先让学生默读课文，勾画爬山前有关"我"的心理描写的句子，感受"我"的畏惧。接着提示学生抓住"我"遇见老爷爷时与老爷爷的对话，通过朗读、想象，体会作者是怎样把爬天都峰的过程描写清楚的，请学生抓住"怎么想、怎么说、怎么做"这几个关键词把事情的过程描写清楚。

◎教学设计

【教学目标】

1. 认识"级""链"等 5 个生字，读准多音字"相"，会写"哩""级"等 10 个生字。

2. 有感情地朗读课文，分角色读出不同人物的语气和心情。

3. 把握文章的主要内容，体会文章是怎样把爬天都峰这件事情写清楚的。

【教学重难点】

通过梳理课文主要内容，体会作者是怎样把一件事情写清楚的。理解"你们一老一小真有意思，都会从别人身上汲取力量"这句话的含义。

【课时安排】 2课时

【教学过程】

第一课时

一、激趣导入，揭示课题

首先，教师用课件出示黄山的相关图片，你能用几个词语来形容黄山吗？

其次，在黄山的东南部，有一座海拔 1810 米的高峰天都峰。教师用课件出示天都峰的相关视频，如果让你用几个词语来形容天都峰，你会想到哪些？

最后，这样高耸陡峭的山峰，有个小女孩却勇敢地爬到了顶峰，她是如何做到的呢？今天就让我们一起走进课文《爬天都峰》。

二、自读课文，学习字词

首先，请学生自由读文，圈出不认识、不理解的生字词，并借助拼音多读几次。

其次，教师带领学生学习字词。

教师可以采用指名读、开火车读、齐读等多种方式带学生认读字词，并相机纠错。教师可以测试一下把这些词语放入句子中你还认识他们吗（教师出示相关文段，随机请学生朗读）？

教师带领学生学习多音字"相"，可以采用查字典等方法来理解读音，进而区分读音不同意义不同，请学生掌握其用法。

教师可询问学生是否还有什么不懂的字词，可采用和同桌讨论等方法共同解决。

最后，教师可教学生用多种方式学习生字。

如在要求书写的生字中，你认为哪些生字是比较难书写的？你想如何提醒你的小伙伴？教师还可以引导观察字的结构，了解书写要点。教师还可以指导书写并进行评价。

三、借助表格，梳理文章主要内容

请学生默读课文并完成表格。借助表格，教师带领学生尝试用简单的话梳理文章的主要内容。

爬天都峰	
时间	
地点	
人物	
起因	

续表

爬天都峰	
经过	
结果	

第二课时

一、回忆旧知，巩固要素

我们在《麻雀》一文中已经知道把一件事情说清楚要注意什么？（预设：六要素）

今天我们继续学习《爬天都峰》，大家已经初读了课文，再结合六要素，你们能用简单的话说一说课文讲了什么事吗？

预设：《爬天都峰》这篇课文，写了（时间）（人物）去（地点）（事情）时遇见一位老爷爷，"我们"彼此从对方身上汲取力量（经过），最终爬到山顶（结果）的事情。

教师引导学生概括文章主要内容。

二、紧扣课题，梳理文脉

其一，请学生再读课文，看看作者围绕"爬天都峰"都写了哪些内容。

其二，课件出示读书要求：读准字音，读通句子，难读的句子多读几遍。

教师带领学生思考作者是按什么样的顺序来描写爬天都峰的。

其三，教师将学生的反馈及交流情况进行展示。

"我站在天都峰脚下抬头望"（爬山前）；

"我奋力向顶峰爬去……现在居然爬上来了"（爬山中）；

"你们这一老一小真有意思，都会从别人身上汲取力量"（爬上山顶后）。

由教师完成小结：要把一件事情写清楚，除了把时间、地点、人物等六要素交代清楚，还要按一定的顺序把事情的来龙去脉描写清楚。按照一定的顺序，作者又是怎样把爬山的过程写清楚的呢？接下来，我们将继续去探秘。

三、紧扣"爬"字，读懂主旨

首先，本文写的是爬山，请学生找出带有"爬"字的句子，再仔细读一读体会文句。

其次，教师展示第六自然段至第七自然段，精读后带领学生梳理真正写爬山的地方是哪里？

预设一：这两个自然段一共写了几个"爬"？

预设二：除了直接写"爬"，还有哪个词也表示"爬"？（攀）

预设三：教师用课件出示古文字，形象记忆识字：攀登需要一双大手，两边的木桩以及中间的杂草（指导书写）。

预设四：从这个"攀"字，你感受到什么？还有哪里也能让你感受到爬天都峰很艰难？（抓关键词：奋力、手脚并用、像小猴子一样）

预设五：如果写爬山时很艰难，我们会怎么写？（除了一会儿攀着铁链上，一会儿手脚并用向上爬，像小猴子一样，还会怎么爬？）

可是我们想象的这些场景作者写了吗？他只用了一个"爬呀爬"就概括了整个过程，从这三个字你感受到了什么？（爬了很久）天都峰到底有多难爬呀，让我们带着这样的感受再读这两个自然段。

再次，品读对话，体会"爬"山时的心理。

预设一：课文的前面还有四处"爬"，没有真的在爬山。"我"内心的想法是什么？

预设二：我为什么会有这样的想法？你读懂这句话了吗？请联系上下文，和同桌讨论一下吧！

预设三：联系上文"啊，峰顶这么高，在云彩上面哩！"（从"在云彩上面"体会天都峰高耸入云，从感叹词"哩"和感叹号体会"我"的惊叹之情）

预设四：联系下文"再看看笔陡的石级，石级边上的铁链，似乎是从天上挂下来的"感受天都峰的险峻与陡峭（抓住"发颤"感受"我"此时畏惧的心理）。

预设五：现在你能说说"我"为什么会问自己爬得上去吗？（天都峰太高了，我不相信自己能够爬得上去；天都峰太陡了，让我感到很害怕）

预设六：就在这时，我却听到来自老爷爷的问候，这里有几个"爬"？谁来读一读这一段对话？（分角色朗读）

预设七：你读懂了他们的对话吗？他们在说的时候，可能在想什么？你会加什么潜台词？

预设八：从这段潜台词中，你明白了什么？（"我"觉得老爷爷年纪太大，老爷爷觉得"我"年纪太小）

预设九：所以他们内心的真实想法是什么？你能带着这样的想法读一读这一段对话吗？（分角色有感情朗读对话）

最后，体会"我"与老爷爷对话中的精神力量。

预设一：他们都觉得对方可能爬不上去，为什么又决定一起爬呢？

预设二：从第八自然段至第十自然段，你读懂了什么？

由教师完成小结：他们从彼此身上获得了爬天都峰的勇气，这其实就是爸爸后来所说的——汲取力量（板书设计：勇气）。

预设三：当他们爬的时候，会如何从对方身上汲取力量呢？他们会想什么？说什么？做什么？教师用课件出示情境，鼓励学生和同桌练习说一说。

当"我"攀着铁链快要抓不住的时候，我看见老爷爷，心想……，于是我……

当"我"和老爷爷累得气喘吁吁，觉得坚持不住的时候，"我"对爷爷说：_____，爷爷对"我"说：_____。

预设四：正是这份彼此之间的相互鼓励，支撑着他们最后都登上了顶峰。（板书设计：汲取力量）

四、整体观照，感悟写法

作者写爬天都峰，是按照"爬山前—爬山时—登顶后"的顺序来写的，哪些部分写得详细具体？为什么要把这些内容写具体呢？

写一件事情时，可以写出自己的心理感受，写出自己遇到的困难，也可以写清人物的对话，突出人物的性格特点。

面对困难，有的人犹豫不决，有的人勇往直前。你会怎么做呢？

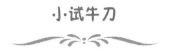

小试牛刀

"交流平台""初试身手"部分

【教学目标】

1. 通过交流本单元两篇课文的写法，总结梳理写清楚一件事的四大要点。

2. 学习作者的写作方法，能根据图片发挥想象，把图片内容说清楚，重在使学生练习把看到的、听到的或是想到的用自己的话描述出来。

3. 通过观察他人做某件事的过程，学生要学会使用一些表示动作的词语，用一段话把这个过程写清楚。

【教学准备】录制家人做家务的小视频，完成 PPT 课件

【课时安排】1 课时

【教学过程】

一、回顾课文，交流写法

其一，出示单元导语页，明确本单元研究的重点，用一段话把事情说清楚。

师：请看大屏幕，单元导语页中，有这样的两句话，请学生读一读。

师：在这两句话中，都提到了一个关键点，就是要把事情写清楚。

其二，学生怎样把事情写清楚呢？通过学习两篇课文《麻雀》《爬天都峰》，请学生进行梳理。

课文	事情	写作顺序	怎么写清楚的
《麻雀》			
《爬天都峰》			

其三，教师出示教材"交流平台"部分的学习内容，请学生朗读。

其四，对照课文内容，由四人小组交流、讨论，展示汇报，教师相机进行点评和补充。

由教师完成小结：把事情写清楚，首先描写事情的经过，要有起因、过程、结果，或者自这件事发生前、发生时、发生后的完整过程。其次，事件的时间、地点、人物要交代清楚。最后，重要部分是要把你看到的、听到的、想到的描写清楚。

二、看图想象，口头表达

教师引导学生：了解描写方法，还得指导学生学会运用这些方法，让我们一起走进"初试身手"这一部分的学习内容。

其一，教师出示书上插图，引导学生仔细观察。

其二，可以从哪些方面引导学生发散思维，增加想象。

其三，教师出示思维导图。

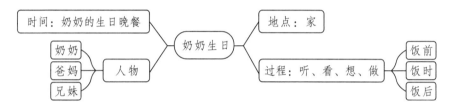

其四，请学生任选一幅图与同桌练习描述事情的经过，要求结合"交流平台"部分的四个要点及思维导图的提示，说清楚图片内容。

其五，教师可以随机请学生分享其练习成果。

其六，结合要求和学生表达情况由教师和其他学生补充点评。

三、动笔练习，学以致用

同学们，刚才运用我们学习的方法，说清楚了"跑步比赛"和"奶奶过生日"这两件事情，现在我们看看谁能妙笔生花。

其一，教师出示书上的写作要求，请学生朗读此要求，然后教师强调此处的学习重点。

其二，教师随机请学生选择一件家务活进行口头表达，围绕"按顺序说清楚、抓住动作表达"这两点进行点评。

其三，教师从课前的视频作业中选取完整且有代表性的家务视频播放，向学生出示观察时应注意哪些内容等相关提示，要求学生在观看这段视频时做到以下几点：

梳理出做家务活的顺序，先干什么，再干什么，最后干什么？使学生能借助表格，记录做家务的详细过程；学生借助表格在小组内练习说过程。随机选取学生汇报学习成果，由教师相机进行点评。学生自选一件家务活动，动手写一写这一劳动过程。

例如：观看"煎鸡蛋"视频，完成以下表格。

动作	起锅烧油	倒入鸡蛋	鸡蛋翻面	轻压鸡蛋	撒些盐翻炒	装盘
反应	油微冒泡					

四、交流点评，互评互改

评价表

评价内容	评价标准	自评	他评
家务名称	操作过程有序		
	动词运用准确		
	动作后的反应清楚		

　　教师带领学生动笔修改"评价表"中描述不当之处，选出小组优秀作品，将各小组优秀作品在全班进行展示，由教师和其他学生进行点评。

五、聚焦要素，总结梳理

　　本节课我们总结了"写清楚"一件事情的要点，如交代事情发生的时间、地点、人物，按顺序写清楚事情的起因、经过、结果，或者按照发生前、发生时、发生后的顺序来写清楚事情的过程，还要把看到的、听到的、想到的都写下来。

大显身手

"习作例文"部分

◎教学设计

【教学目标】

1. 带领学生体会按一定顺序把事情发展过程写清楚的方法等。
2. 带领学生进一步学习重要部分用哪些方法可以描写得更清楚的方法。

【教学过程】

一、回顾旧知，链接新课

　　其一，教师带领学生回顾本单元课文和"交流平台"部分，复习"把一件事写清楚"的方法。

其二，教师随机请学生回答，并由教师进行总结所学方法：

交代事情发生的时间、地点、人物，写清楚事情的起因、经过和结果；按照事情的发展顺序来记叙；围绕主题，可以适当补充具体的叙述把事情写完整；分解动作，把一件事的经过写清楚。

二、整体感知，梳理脉络

（一）由学生自由阅读例文，借助批注提示，用表格梳理文章脉络

课文	起因		经过		结果	
	自然段	内容概括	自然段	内容概括	自然段	内容概括
《我家的杏熟了》						
《小木船》						

（二）交流反馈

课文	起因		经过		结果	
	自然段	内容概括	自然段	内容概括	自然段	内容概括
《我家的杏熟了》	5	邻居家小淘淘爬树偷杏，摔下来	6、7、8	奶奶打杏、分杏给偷杏子的孩子吃，并教育"我"要懂得分享	9	受奶奶的影响，我每年都会把杏子分给小伙伴和乡亲们
《小木船》	1、2、3	"我"摔坏陈明的小木船，陈明踩坏"我"的小木船，友谊破裂	略写	一句话：转眼几个月过去了	4、5	陈明去外地前送给"我"小木船，从此和好，我也一直珍藏着小木船

三、聚焦重点，学习写法

其一，聚焦《我家的杏熟了》的重点描写部分，学习作者是如何写清楚"分杏"这部分的方法。

教师引导学生找出描写奶奶打杏、分杏的句子后读一读，然后引导学生思考作者运用了什么方法。引导学生发现抓住描写过程中的细节，运用了动作描写和语言描写。

其二，由教师完成总结：《我家的杏熟了》一文，作者写清楚了事情的起因、经过

和结果，抓住人物的动作和语言进行描写，把重要的"分杏"过程描写清楚了。

其三，将两篇文章进行对比，提出问题：在《小木船》这篇文章中，"我"和陈明的友谊破裂持续了很长一段时间，课文只用了"转眼几个月过去了"一句话便交待了，你觉得课文中有没有把事情描写清楚？可以先和同学交流。

其四，由教师引导学生完成总结：整件事的起因、和好是情感最激烈的部分，因此这两部分写得很清楚，而友谊破裂的那段时间，两人交集很少，没有情绪的碰撞，哪怕不写，读者也能想象到，所以一句话带过也是合情合理的。

其五，作者使用了什么方法把事件的起因和结果写清楚的？由教师引导学生发现写作密码：动作描写、语言描写、神态描写等。

四、聚焦要素，总结课堂

通过对两篇例文的学习，我们再次明确了记录一件事，要写清楚事情的起因、经过和结果，重点部分要抓住语言、动作、神态等细节描写清楚。

"习作指导"部分

【教学目标】

1. 引导学生根据本单元课文，选择一件令自己印象最深刻的事进行习作练习。
2. 引导学生尝试按照一定的顺序把一件事写清楚。
3. 进一步体会按一定顺序把事情发展过程中的重要内容描写清楚。

【教学准备】

首先，整理一件令自己印象最深刻的事，并用这件事完成"预习单"。

预习单

印象最深刻的事情	
起因	
经过	
结果	

其次，准备好上课时要用的电子设备、PPT 等内容，拟用两课时完成本部分教学。

一、创设情境，明确任务

（一）读懂习作话题

教师可通过玩具万花筒导入新课，激发学生的学习兴趣。通过观察万花筒中五颜六色的图案，仿佛生活的多姿多彩，从而读懂习作话题。

（二）明确习作要求

请学生读一读本次语文书习作内容，交流本次的习作要求。结合"交流平台"部分，教师引导学生明确本次习作要做到描写、叙事都清楚的要求。

二、打开思路，确定选材

其一，教师随机选择学生自由交流印象最深刻的事。

其二，打开课本，看看课本上都列举了哪些有趣的事，读读这些题目，请学生说说对哪个题目最感兴趣，为什么？

其三，由教师完成总结：这件印象最深刻的事既可以写高兴的事，也可以写烦恼的事；可以写学校里的事，也可以写家里的事；可以写自己的事，也可以写别人的事……

其四，教师应激发学生的表达欲望，生活中有许多可以描写的事，哪一件事情令你印象最深刻，请选出你最想描写的那件事。

其五，请同学们选择一件印象最深刻的事情，参考教材中的八个题目，也可以丰富"初试身手"部分中的片段，扩展成一件事，还可以写其他的事。从众多的事情中，选一件令你印象最深刻的事，用简洁凝练的语言写在表格里。

事情	
起因（做之前）	
经过（做之中）	
结果（做之后）	

三、聚焦重点，指导写作

首先，教师带领学生回忆单元中的"精读课文""习作例文""交流平台"等部分，强调按照一定顺序写清楚事情的来龙去脉。

其次，要借助情节来回顾课文和例文中的写作重点，引导学生思考想把哪一部分作为重要内容来描写呢？再请学生讲一讲原因。学生可用"☆"在表格中标注重要内容。

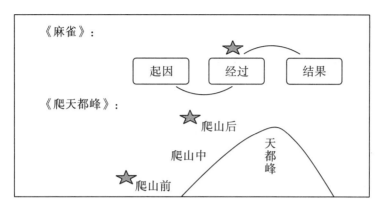

最后，教师可引导学生回顾已学方法，学生可借助思维导图理解怎么把重点内容描写清楚。

由教师完成小结：在描写一件事中的重要内容时，抓住怎么说、怎么做、怎么想等核心要素，就能写清楚一件事了。学生在描写的时候应抓住人物的动作、语言、神态等重点描写。

四、练习片段，指导评改

首先，引导学生运用方法，写出事件中的重要内容，教师巡视时应了解各位学生的习作情况。

其次，借助例文，示范评改，内化方法。

教师选取其中一个学生的习作并展示相关思维导图。教师应引导学生结合思维导图进行思考：哪些句子是用于"怎么说"这部分内容的，哪些句子是用于"怎么做"这部分内容的，哪些句子是用于"怎么想"这部分内容的？

教师随机请学生进行交流，由教师勾画并批注相关句子。

比如，《我家的杏熟了》是怎么把奶奶"分杏""打杏"的过程写清楚的，由教师出示《我家的杏熟了》中的重点段落来辅助学生习作，完善其描述过程。

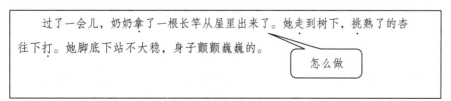

> 　　杏儿一个接一个落在地上，奶奶把它们捡起来，不一会儿就捡了一围兜。奶奶把小淘淘和他的伙伴都叫了过来，一人分给五六个，剩下的几个给了我。看他们吃得那样香甜，奶奶的嘴角上露出了微笑。转过头对我说"要记住，杏儿熟了，让乡亲们都尝尝鲜，果子大家吃，才真的香甜呢！"

　　学生之间进行交流，由教师进行勾画并写好批注。

　　再次，学生修改习作中的重要内容。

　　最后，同桌之间进行互评（教师出示评价标准）。

五、借助表格，完成习作

　　经过以上训练，同学们写清楚了事件中的重要内容，让大家感受整个事件中的快乐、伤心和郁闷等不同的情绪变化。接下来，我们要把另外两部分补充完整，注意交代清楚事件的时间、地点和人物，此时教师应明确训练的要求与目的。请学生结合前面的表格，完成整篇习作。然后，同桌之间进行交流分享（教师出示评价标准）。

　　由教师完成总结：写一件事不仅要按一定的时间顺序写，还要把其中的重要内容写清楚。生活如此美好，让我们用文字把其中的酸甜苦辣记录下来，这是成长过程中的一份纪念！

教后拾贝

　　在之前的学习中，学生已接触过大量的叙事文章，初步了解了叙事文章的学习方法。本单元文章更贴近学生生活，易于引起学生兴趣。因此，教师要注意针对学生的认知特点创设情境，重点描写人物的动作、神态的句子，走进人物的内心世界。

  本单元安排了习作《生活万花筒》,其主要内容是写一件印象深刻的事。教师带领学生学习描写一件事情的方法,在习作中学习用朴实的语言进行描写,了解对不同的角色需要抓住人物的神态、动作进行细致刻画,并能按一定的顺序把事件的过程描写清楚。

第十章 随着移步换景,让祖国山河清晰展现

——小学语文四年级下册习作策略单元

单元概览

一、单元教材解读

本单元是习作策略单元,主要围绕"妙笔写美景,巧手著奇观"这一主题展开。语文要素是"了解课文按一定顺序写景物的方法"和"学习按游览的顺序写景物"。整个单元主要由《海上日出》《记金华的双龙洞》《颐和园》《七月的天山》等组成。其中,两篇课文在写景的方法上做了不同的示范:《海上日出》按时间顺序写作,写出了日出在不同时间的变化,主要抓住了太阳色彩、亮光、位置的变化,对日出进行了详细描述。《记金华的双龙洞》是按游览路线描写的,游览路线中的景物有详略,尤其对从外洞进内洞的孔隙进行了详细描述。"交流平台"部分,了解"写景物的顺序"有两种:一是引导学生学会将重要的景物写详细、写具体;二是"初试身手"部分,请学生根据示意图画出参观路线,试着按照一定顺序写出观察到的附近景物。本单元例文是《颐和园》和《七月的天山》,两篇例文后的习题都做了明确的要求:说说作者是怎样按照一定的游览路线图展开对景物的描写的。"习作例文"部分旁边的批注会引导学生思考例文是如何把景物写具体的,同时又是如何把景物的美写出来的。本单元的习作要求是按照一定的游览路线图,抓住重点景物,写游览过的景物,选择合适的材料写一篇习作。写作的目的是为了分享、交流,是为了表达自己的所见、所思、所感。写景,无论是写人文景观还是写自然景观,均是言语思维的外化,也是对景物意蕴的内化和自我诠释。

二、本单元学生素养习得的认识

首先,小学四年级学生学段特点为学生有了一定的学习能力,写景类文章也读过不

少，但重点在于教师如何引导学生学习并写出此类文章，此时教学的关键在于对其能力的培养，而不在于知识的习得。

其次，围绕单元语文要素，回顾学生对景物描写已掌握的基本能力。

最后，结合本单元语文要素，学生对景物描写需要达到的学习能力和技巧进行针对性训练。

三、单元目标解读

教师应重点落实"读写结合"的意图。阅读训练要素（了解课文按一定顺序写景物的方法）与表达训练要素（学习按游览的顺序描写景物）共同的关键词是"顺序"。在阅读课文时，教师要带领学生了解作者是按怎样的顺序写景物的，在练习习作时，教师要带领学生按游览的顺序写景物。强调顺序实际上是强调清晰的思维逻辑，思路清晰，表达才能有条不紊，写出来的文字才清晰有条理。"游览的顺序"就是"移步换景"和其他的顺序。

本单元的阅读训练要素和表达训练要素，可以细化为下面的单元学习目标：

阅读写景类文章，感受自然之美，有探索和欣赏自然美景和奇观的愿望；通过找出文中时间或地点变化的关键词句，梳理出游览和写作顺序；品读文中细致的描写，体会作者是怎样把最吸引自己的景物和感受写清楚的。

四、围绕策略的教学任务

学习《海上日出》时，教师应带领学生感受不同时间同一景物的变化，懂得用拟人手法描写景物。

学习《记金华的双龙洞》时，教师应带领学生通过画游览路线图，厘清游览顺序，使学生能按游览顺序移步换景描写景物，把印象深刻的景物作为重点部分进行描写，写出其特点。

学习"习作例文"部分时，教师应带领学生大胆尝试使用过渡句，使景物的转换更加自然。教师带领学生练习写"瘦身版"习作，架构文章脉络。

写本单元习作时要引导学生，积极主动地与同学交互欣赏习作，看看游览顺序、景物特点是否写清楚了，并提出相应的修改意见。

导读领航

【教学目标】

1. 激发学生对本单元文章的学习热情，准确定位单元学习目标。

2. 欣赏美景，感受景美，梳理文本大意。

【教学过程】

一、赏美景，练表达

教师展示视频，视频内容为本单元要学习的几处美景，让学生尝试用自己的语言对其进行描述后，征询其他学生的意见：是这位同学描述的景色美，还是视频中展示的景色更美？

由此，教师可引入本单元对应描写的文字，对比学生的描述，征询其他学生的意见：这样的描述让你们感受到景物的美丽了吗？（导入谈话）。

二、读题目，寻发现

教师出示本单元要学习的文本题目。导入新课，如同学们，让我们一起读读这个课题吧！读完之后，聪明的你有什么发现？

生1：都是写景的文章。

生2：都按照一定的顺序在写文章……

教师出示单元导读页，请学生圈画关键词，知晓本单元的阅读目标和习作目标。

三、知作者，品美文

首先，教师出示作者相关信息，简单介绍。

其次，教师出示四篇文本，由学生分小组、选文本，勾画文中写得美的句子，并交流各自的感受。

最后，激励学生探寻作者的妙笔：作者是如何按一定的顺序写景的？经过师生的讨论商量后得出结论，为之后的学习埋下伏笔。进而，教师完成小结并板书相关重要信息。

四、板书设计

按一定的顺序写景

《海上日出》（日出前、日出时、日出后）

《记金华的双龙洞》（游览顺序）

《颐和园》（移步换景）

《七月的天山》（移步换景）

课例示范

海上日出

◎ 文本解读

一、文本地位解读

《海上日出》是本习作单元的第一课，本单元的主题为"妙笔写美景，巧手著文章"，写景的文章千变万化，各有各的特点，表达方式也各不相同。本单元的文章是因什么突出的共性而编写在一起的呢？单元语文要素"了解课文按一定顺序写景物的方法""学习按游览的顺序写景物"说出了答案——写景顺序。《海上日出》就是紧跟这一训练目标安排的第一篇精读课文，其篇幅短小，内容简单，按照时间顺序、景物变化顺序来安排内容，具有很强的示范性，适合小学四年级学生学习观察顺序，模仿练习，习得按顺序写景物的方法。

二、文本内容解读

《海上日出》是一篇写景散文，记叙了作者坐船在海上观看日出的情景。开篇点明了观看日出的时间、地点，然后从日出时的位置、颜色、光亮等方面进行描写，着力刻画了太阳在海面下、出现小半边脸、跳出海面、发出光芒四个时刻，抓住了景物的变化，给读者呈现了海上日出的壮观景象。

三、文本语言解读

其一，语言质朴，文中开篇寥寥数语交代清楚了观看日出的目的、时间和地点。写出了日出的形状、颜色、光亮，描写太阳上升时的动态也没辞藻堆砌，而是用更加质朴、准确、简洁的表达方式进行描写。

其二，描述生动形象，文中描写颜色的词富于变化，作者巧用比喻、反问等修辞手法，将叙述、描写、抒情巧妙结合，增强了文字的感染力。

四、文本结构解读

文章分三部分，第一部分点明看日出的时间和地点，第二部分具体写海上日出的景象，第三部分表达对日出的赞美。其中第二部分是文章的重点描写部分，从"晴朗天气"和"多云、有黑云天气"两个方面，按变化的顺序写出了日出的景象。

五、文本情志解读

《海上日出》是一篇写景抒情文，作者通过仔细观察和切身体验，准确生动地描写了自然景观，强烈地表达了对海上日出这一自然奇观的喜爱和赞美之情。

六、文本教学化解读

第一，创设情境，进入美景。教师可借助风景优美的视频，引入本单元人文要素"写景的文章"，激发学生学习兴趣。

从视觉享受到文字呈现，教师提出问题：这样美的景物如果用文字进行描写，怎样才能做到有条理呢？教师出示单元语文要素，告知学生本单元重点要学习的写作方法。比如，了解写日出的大顺序（日出前、日出时、日出后）。写景的顺序很多，哪一种能更好地描写景物呢？请学生带着问题去文中寻找答案。

通读课文，厘清脉络，围绕描写日出的大顺序设置几个小问题。如，《海上日出》讲了哪几部分内容？日出的景象包括哪几个时段？日出的景象包括哪几种天气（包括晴天时、薄云时、黑云时）？由此弄清结构，了解顺序，为后面学习重难点打下基础。

第二，聚焦重点，感受景物变化之美。利用课件图文结合，完成学习任务：感悟晴天海上日出景色变化之美，聚焦"变化"分三步学习。

第一步：教师引导学生感受日出前的形状、颜色变化。首先，日出前形状变化是怎样的（日出时：一道红霞）？其次，日出前颜色变化是怎样的（浅蓝、红霞）？

通过看图、读文、画图等手段，感受日出前的变化之美，感受巴金紧紧抓住"变化"细致入微地刻画出常人难以描述且瞬间即逝的日出之美，体会抓变化在描写景物时的重要性。

第二步：学习运用"日出前"的写作方法，教师和学生一起寻找"日出时"的颜色变化和形状变化。首先，形状的变化：小半边脸、完全跳出海面、发出夺目的亮光。其次，颜色的变化：真红、夺目的亮光。最后，感受文本的具体顺序——变化的核心写作方法，初步习得先顺序后具体描写的写景方法。

第三步：自主学习日出后"有云时"的景象部分。日出后形状：云堆里射下光线，替黑云镶金边。日出后颜色：金边、紫色或红色。教师应引导学生当小老师，带领大家学习第四自然段和第五自然段。教师带领学生体会作者描写的绝招是"抓住变化顺序"，反复论证"按顺序写"的方法，由此突破重难点。

第三，迁移写法，描写美景。教师根据前面的学习进行课堂小结。我们要按照颜色、光亮、过程这些景物的变化顺序来写，强调景物变化的顺序，习得方法。

教师播放放烟花的视频，让学生观察，并随机选择学生，请他用口语描述烟花的动态之美。可以请一位学生描述，由其他同学进行补充（教师应引导学生抓住变化来说，如先……接着……然后……）。

读写结合，描写美景。比如，教师播放烟花绽放的视频，由学生仿写，运用方法开展实践操作，固化方法。

◎教学设计

第一课时

【教学目标】

1. 会写本课生字词。

2. 通读课文，初步了解文章的两个写景顺序：一是时间顺序，二是变化的顺序。

3. 再读全文，感受大自然的奇特，激发学生热爱大自然的情感。

【教学重难点】

通读课文，初步了解文章的两个写景顺序：一是时间顺序，二是变化的顺序。

【教学过程】

一、学习生字词

请学生自读课文，把田字格里的生字在文中对应的词语画出来，借助以往学习生词的方法先自行解决音、形、义。

教师听学生汇报学习过程中的问题，师生共同解决。

在黑板上出示生字词，请基础比较差的同学进行认读，请全班同学说一说记字方法、进行扩展词汇训练，并联系课文内容理解词语的意思。

二、厘清顺序

请学生带着问题默读课文，找出日出描写时的时间顺序。

自读：思考，形成自己的认识。汇报：由学生说答案，说理由。

由教师完成小结：日出前、日出时、日出后的景物描写是什么样子的。

仔细默读第三自然段，说说作者是怎样描写日出景象的。

自读：抓关键词思考、圈出、批注。讨论：有想法；有独立的见解；有声音，要大胆发表自己的意见；有主见，坚持自己的看法，并能说出理由。汇报：由学生说答案，说理由。

由教师完成小结：抓住日出的变化写出景色之美的方法。

三、品读感受自然奇观

日出之美，在于变化之中的形状、颜色、亮光之美，这是大自然赋予我们的奇观。巴金先生用他神奇的笔，定格了瞬间的变化之美，留下了《海上日出》的美景，让我们一起读一读。

下节课，我们将深入研究《海上日出》的写作方法，学习名家观察、描写景色的顺序、方法。我们也要热爱大自然，拥抱大自然，用已经习得的方法去记录大自然。

四、板书设计

难字讲解：刹那　镶金边　紫色

时间顺序：日出前　日出时　日出后

第二课时

【教学目标】

1. 默读课文，体会作者是怎样把海上日出的景色写清楚的。

2. 感受文章的语言特点，学习作者运用多种方式描写景物变化的方法。

3. 尝试观察日出景象，进行有顺序的表达。

【教学准备】

教师将收集到的与日出有关的风景图、巴金及《海行杂记》等相关资料，做成PPT课件。

【教学过程】

一、复习导入　关注要素

（一）导入

上节课我们跟随巴金先生的脚步欣赏了海上日出的美景，有哪位同学能来说说天气晴朗时海上日出的景象？其他同学注意关注一下文中有关景色描述顺序的句子。

（二）回顾评价

同学们能否结合上节课我们所学的写景物的方法来评价一下这位同学的描述呢？（预设：按照景物的变化顺序，运用恰当的衔接词语，板书设计：按顺序）

二、紧扣顺序，落实要素

（一）颜色多变，层次精妙

教师出示图片及相关句子，如海上日出变化莫测，起初天空是这样的……天空还是一片浅蓝，颜色很浅，转眼间天边出现了一道红霞……

学生一边读一边思考：你有什么发现？

教师选择一名学生回答（预设：天空的颜色发生了变化）。

默读第二自然段第三自然段，请学生换词比较辨析："红是真红""红得非常可爱""深红"都是红色，直接用"红色"代替好不好？

学生发现：单是红色，就有万般变化，颜色的变化是由浅入深的。

由教师完成小结：这就是作者描写颜色变化的顺序（板书设计：抓变化）。

（二）亮光渐变，顺序井然

随着颜色变化，请学生谈一谈还有什么也发生了变化呢？（预设：亮度）

请学生找出描写亮的词语，感受亮度的变化（师指名读）。

请学生找一找描写太阳亮度变化的句子。

由教师完成小结：光由弱到强，作者写出了怎样的变化，看来作者写光亮时同样是抓住景色变化顺序来描写的。

（三）位置变化，生动有序

太阳的位置发生了变化，描写也有了变化，这幅海上日出的动画就更加鲜活了！出示加点句子。

太阳好像负着重荷似的一步一步，慢慢地努力上升，到了最后，终于冲破了云霞，完全跳出了海面，颜色红得非常可爱。

教师应引导学生展开想象：太阳负着的重担是什么？学生之间展开交流。

教师应引导学生边读边想象：加点的词语让你看到了怎样的画面？学生感受加点词语表达的好处：作者就是运用了富于想象的拟人化的写法，把太阳升起来的动态变化过程，有序地写出来了。这些描写让我们感受到了太阳升起时虽缓慢艰辛，但却具有势不可挡的强大力量！

请学生朗读，让大家都看到这个壮观的景象吧！

教师应指导学生朗读，通过调整语气的轻重、缓急，读出描写中景色的变化。

由教师完成小结：作者抓住了颜色、亮光、位置的变化，写出了海上日出时的动态过程。在学生品读语言的过程中，感受按变化的顺序描写景物的好处，可以围绕一个景物，按顺序写出多个特点的变化来。

（四）巩固写法，自主阅读

沿着这个思路，学生可以自主学习不同天气情况下日出后景象的段落。

教师带领学生体会天气晴朗时的日出美景。当太阳走进云堆里时又是什么情景呢？请大家采用上面的学习方法默读第四自然段至第五自然段，说说作者在描写不同天气情况下日出的景象有哪些精妙之处（预设：画出关键的词语，关注景物的变化顺序）。由学生完成朗读，与同桌交流自己的发现，然后教师带领学生完成集体交流，关注不同光线下云和水的动态。

重点交流：

阳光透过云缝直射到水面上，很难分辨出哪里是水，哪里是天，只看见一片灿烂的亮光。

师：你有过这样的视觉感受吗？

请学生想象画面，说说为什么很难分辨出哪里是水，哪里是天？（预设：教师相机出示图片，指导学生朗读）

阳光"替黑云镶了一道发光的金边""把黑云染成紫色或者红色"，大家见到过这样的情景吗？教师出示图片，带领学生理解"镶"的意思。阳光"给黑云镶了一道发光的金边"，想象此刻在你眼前出现了怎样的画面呢？被镶边、染色的不仅仅是云和海，引导学生读"连我自己也成了光亮的了"。请学生谈谈他们的心情（预设：日出的景色太美了；感觉太壮观了；身上暖洋洋的，充满了力量），想象着画面，把你的心情用自己的语言表达出来（指导朗读）。

三、总结写法，尝试表达

我们一起回顾一下曾经欣赏的不同时刻的烟花景象，作者是如何把烟花的景象写清楚的呢？（学生汇报）

师生合作完成总结：作者抓住特点，运用表示顺序、变化过程的关键词，按烟花变化顺序完成写作；并且引导学生展开丰富的想象，写出烟花燃放的美景，教师指出其中的不足。

四、板书设计

$$海上日出 \begin{cases} 按顺序 \\ 抓变化 \\ 用修辞 \end{cases}$$

记金华的双龙洞

◎文本解读

一、文本地位解读

《记金华的双龙洞》是统编版小学语文四年级下册第五单元的文章。按照游览的先后顺序行文，写了游览双龙洞的见闻和经过，重点刻画了孔隙（小、险）和内洞（黑、大、奇）的特点。本文既可作课文进行品读，也可当例文学习写作。

二、文本内容解读

《记金华的双龙洞》是我国著名作家叶圣陶先生早年写的一篇游记。作者记录了自己游览浙江金华双龙洞时的所见、所闻、所感。作者一路迎着溪流而上，来到双龙洞的外洞，外洞很宽敞；然后，乘坐小船通过孔隙来到内洞，欣赏到了洞顶蜿蜒的双龙，看到了形态各异的钟乳石和石笋；最后，从孔隙出了洞。

本文条理清晰，作者按照游览顺序把游双龙洞的经过写得清楚明了，且景物之间过渡自然贴切，是引导学生学习按照游览顺序介绍景物的好范本。全文描写较生动，景物特点较鲜明，作者用融情入景的方式表达了对祖国秀丽山河的热爱。

三、文本语言解读

（一）语言朴实，简洁流畅

本文的语言平实，读起来较简单易懂。作者按照游览的先后顺序理清记叙的思路，借助关键词句把游览过程变得简单易懂。比如：在洞口抬头望……这是外洞。这就到了内洞。我排队等候，又仰卧在小船里，出了洞。

（二）妙用排比，描写溪水

文本的第二自然段写溪水随着山势，溪流时而宽，时而窄，时而缓，时而急，溪声也时时变换调子。用宽窄、缓急的强烈对比来刻画山间溪水的独特之处。文本读起来节奏明快，清新自然。作者描写景色有变化，因而有想象的空间。

（三）抓住感受，细描特点

课文对"孔隙"的描写可谓是匠心独具，写小船的形状，使人对孔隙的窄小有了清晰的认知；写自己的感受，让人对孔隙的危险有了身临其境的切身体会。而对"内洞"的描写，突出其"大"和"奇"的特点，既点明了"双龙洞"得名的由来，又展现了由各种形状和颜色的石钟乳和石笋构成的奇景。教师可适当引导学生充分发挥想象，实施语言实践。

四、文本结构解读

（一）脉络清晰．结构严谨

作者在文章开头交代了游览的时间和地点，接着按"路上的见闻—游外洞—由外洞进入内洞—内洞—出洞"的游览顺序来写。在按游览顺序描述的过程中，作者还写到了溪流和泉水。作者在途中"一路迎着溪流"来到洞口时发现"那溪流就是从洞口流出来的""在外洞找泉水的来路，原来从靠左边的石壁下方的孔隙流出"；在游览内洞时，作者看到了"泉水靠着右边缓缓地流"，听到的声音是轻轻的。作者的行程好像紧紧追寻着溪流的"足迹"，在文章中也自然地形成句子且能串联起来。如果说游览的顺序是一条"顺"的线索，那么溪水的来路则是一条"逆"的线索。这两条线索在文中巧妙地融合在一起，可实现"写洞不离水，写水不离洞"的效果。这不仅使全文的脉络清晰，而且让读者很容易看出景物的方位、观察的顺序及角度，也能让读者感受到作者构思之精妙。

（二）重点突出，有详有略

写景要有重点。在游览时，很多美景会进入你的眼帘，但写作时不能面面俱到，要有所侧重，有"特写镜头"。文章分别详细地描写了从外洞乘小船进内洞的过程和内洞的风貌，因为从外洞到达内洞的一段"冒险"，给每一个进出双龙洞的游客留下了极深的印象；之所以详写内洞的所见、所闻，是因为内洞不仅是"双龙"所在地，还有许多让人印象深刻的石钟乳和石笋，这些也正是没有去过双龙洞的读者最想了解的地方。外洞的主要特点是宽大，只要突出其宽大就可以了，作者也就写得相对简单。文章的结尾部分从内洞描写回到外洞描写，这和外洞进内洞的过程是一样的，只做了简略交代。

五、文本情志解读

从路上的景色到游览双龙洞的过程的描写无不体现了作者的细致，无不表达着对祖国大好河山的热爱，无不展示作者是一个热爱生活的人。尤其是对路上风景的描写，漫山遍野的映山红，油桐的茂盛，甚至是山上沙土的颜色，或浓或淡的新绿等都是作者眼中的奇景。作者在写孔隙时着重抓住了自己的感受，让读者有一种身临其境之感。

六、文本教学化解读

（一）品读感悟

游记就是走到哪儿写到哪儿，写眼中所见，写心中所感。文中的每一处景色都是作者内心欢喜的见证。大家可以通过朗读来感受他的所思、所见。本文的语言含蓄灵动、俏皮可爱，单纯地读就能想象画面进入作者的内心世界。因此品读是第一步，阅读要有层次，需要经历"读正确—读通顺—读懂路线"几个步骤。在朗读中，作者表达的情感便能自然而然地传递给读者。

（二）画画路线

画游览路线是本文的重点之一，也是课后习题之一。作者的游览路线藏在字里行间，需要学生自己去找出来。

路上→（洞口）→（外洞）→（孔隙）→（内洞）→出洞

此环节可以放到课前让学生自行设计并完成，在课堂上只需要与他们核对一下景点是否有误。提醒学生游览路线可以是图文结合式的，也可以是思维导图或路线图。

（三）品味特点

在教学中，需要带着目标对文章进行品读，细心体会文中描摹的景象，想象如果我们身临其境会看到什么景色。作者在不同的景点抓住不同的景物展开描述，让读者跟随作者的脚步看景或品景。外洞及洞口的小，内洞的黑、大、奇，孔隙的险都藏在其字里行间，让学生跟着作者的笔触，经历不同的景色，经历不同的内心情感。学生在细细品读中能感受到作者笔下景物的特点，领悟到作者内心表达的情感。

（四）迁移写法

习作单元的课文就是写作的样板，学习此类文本的重点就是学习其写法。学习游记就要去看作者是用什么样的方式进行描写的，采用了怎样的顺序，又是如何抓住事物的特点将其写清楚的。因此，教师可以让学生抓住关键句段进行仿写仿练，如描写溪水的句子或采用排比的修辞，用"时而……时而……时而……时而……"的句式来具体表现；或采用反义词，如宽—窄，缓—急，生动具体地表现了溪水的特点。写孔隙的狭窄是抓住了作者切身的感受，读之有身临其境之感。在写内洞时，双龙洞名字的由来给人留下了深刻的印象。石钟乳和石笋的样子，更突出了内洞的奇特。抓住哪些关键语句进行仿写就需要教师自行斟酌。

◎**教学设计**

第一课时

【课时目标】

1. 会认 6 个生字，会写 15 个生字，重点理解"聚集""拥挤""观赏"等词语。

2. 画出作者游双龙洞路线图。

3. 体会作者是怎样把溪水的特点写清楚的。

【教学重难点】

1. 学习本课生字新词。

2. 词句段训练。

3. 画出作者游双龙洞的路线图。

4. 教师带领学生体会作者是怎样把溪水的特点写清楚的。

【教学过程】

一、创设情境，激情导入

（一）视频展示大自然的美景，感受大自然的秀丽

师：在我们生活的这个蓝色星球上，高山巍峨，大河滔滔，鸟飞兽走，花红草绿……处处都是大自然美丽的杰作。你们可知道，在地下，它也为我们展示出了奇妙的景观（出示金华双龙洞内的特殊景观图片）。

由教师对学生进行引导：叶圣陶爷爷游览过这儿，并写下了一篇游记（板书设计：记金华的双龙洞）。

（二）齐读课题

明确学习重点："记"即记录之意，记的是游览的经过情形，说明本文是一篇游记；"金华"交代了游览的地方；"双龙洞"点明了具体的游览景点。

二、随文识字，感受语言特点

（一）学习生字新词

教师课件出示要求会认、会写的字的词语。同桌合作，突破读音。重点检查"鹃""臀""蜿""蜒"等字的读音，并要求识记它们的字形。这些字用熟字加偏旁的方法记忆会比较好。也可以让学生用联想法由一个字联想到多字加以区别分析。教师指导学生书写：重点指导"臀""窄""源"。"臀"上下结构，笔画较多，注意笔画的穿插避让，字要写得扁一些。下面的"月"写宽一些，要托住上面的部分。"窄"上窄下宽，下面的部分是"乍"，不要写错。

（二）出示含有字词的长句

朗读品味其自然清新的语言风格。

男女生赛读，感悟作者的语言风格。

三、学习写法，仿写句子

（一）学习作者描写溪流的句子

师：山中有花也有水，谁来读一读描写这一路迎接游客的溪流的句子？师指名读第三自然段。

师：作者对溪流的描写很有情趣，你能找出相关的句子吗？（相机出示课件）

师：你能找出句中的反义词吗？（教师相机将课件句中的反义词"宽""窄"和"缓""急"标红）

师：你认为这句话运用了什么修辞手法？（预设：排比、拟人）写出了作者怎样的心情？（预设：愉快、期待）师指导朗读，提示读出愉快、期待的心情。

师：注意相同的词语稍微读重些，你体会到了什么？（预设：溪流在不断地发生变化）

（二）生练习仿写

预设一：月亮在云朵里穿行，时而明，时而暗，时而快，时而慢，好像在跟我们捉迷藏呢！

预设二：动物园里的小猴子，时而跳到假山上，时而爬到树干上，时而向游人要吃的，时而躺在那儿懒洋洋地晒着太阳，太可爱了！

四、读写互动，迁移运用

（一）引导学生把握文章的写作顺序

一篇文章写得好与坏，顺序很关键。有了顺序才能给人留下清晰的印象，所要描写的事物才会条理清楚。本文就是按照游览的顺序写了作者在金华的双龙洞所看到的景象。同学们默读课文，小组合作，找出文章的写作顺序，画出路线图（板书设计：路上→洞口→外洞→孔隙→内洞→出洞）。

（二）学以致用，仿写顺序

教师带领学生学完本课时后，请学生绘制平面图或浏览路线，如我校校园平面图、东湖公园和白塔公园平面图，引导学生写一写游览路线。学生绘制好后，教师对其进行点评。

五、板书设计

路上→洞口→外洞→孔隙→内洞→出洞

第二课时

【教学目标】

1. 有感情地朗读课文，背诵自己喜欢的段落。

2. 领悟作者按照游览的顺序进行叙述的写作方法。

3. 运用抓特点、细描绘的方法以突出重点，感受双龙洞的奇观和大自然的壮观。

【教学重难点】

教师带领学生体会作者是怎样把孔隙的狭小和自己的感受写清楚的，请学生运用抓特点、细描绘的方法描写重要景点。

【教学过程】

一、复习导入，强化路线

教师展示课件请学生完成填空，并检查旅游路线图。课程导入如下：

同学们，上节课的学习，我们知道本文是一篇游记，游记就是记录旅行的见闻和感受的文章，一般是按照游览的先后顺序写的，也叫移步换景（板书设计：游记）。哪位同学来完成游览路线图？

课件出示：

路上→（洞口）→（外洞）→（孔隙）→（内洞）→出洞

由教师完成小结：我们了解了作者游览双龙洞的顺序，就知道了游程。交代游程是游记的一大特点（板书设计：游程）。所到之处，作者看到了什么，听到了什么，又有怎样独特的感受呢？（板书设计：见闻感受）让我们继续阅读课文，跟随作者的脚步到文本中游历一番。

二、读景点，感悟特点

分小组选择景点，教师带领学生重点品读，感受景点特点。边读边感受：这些景点中最令你好奇、难忘的是哪儿？有什么特点？

（一）感受"孔隙"的特点

师：什么是孔隙？（文中找关键句）

孔隙的特点是什么？（板书设计：窄小）

师：作者是怎样写出孔隙的窄小的呢？默读课文第五自然段，圈画出相关词句（学生之间进行交流，由教师相机指导）。

（二）学习表达方法

首先，怎样小的小船呢？教师指导学生读出感受，对比理解关键字词的妙处（预设：教师把这两句话改动一下，谁来说说改动前和改动后的句子有什么不一样）。

师：原句的短短两句话用了四个"小"字，就是为了突出小船的小。你还从哪儿感觉到小船的小？

作者没有用具体的数字写孔隙的窄小，而是用小船的小表现出孔隙的窄小。

其次，用关键词语来理解孔隙的小。

教师相机将课件中的词语"后脑""肩背""臀部""脚跟"变为红色，并引导学生发现其中的联系（预设：这些词语都和身体有关）。凡是与身体有关的部位都写出来了，"从……到……到……，没有一处不……"，从这样细致且具体的描写中，你感受到了什么？（预设：孔隙的窄小）

最后，教师引导学生理解关键句子表现孔隙的小的部分。

教师进行范读，学生想象画面并模拟通过孔隙的动作和情形。

教师引导学生体会过洞时有什么感觉。

生：眼前昏暗了，可是还能感觉左右和上方的山石似乎都在朝我挤压过来。

师：在这种情况下，你们会不会动？敢不敢动？

生：我又感觉要是把头稍微抬起一点儿，准会撞破额角，擦伤鼻子。

师：我们终于穿过孔隙到了内洞，此时你感觉怎样？（学生之间进行交流）

教师总结描写景物的写法：多角度进行描写，抓住关键词句突出事物的特点，重点描写感受等方法。

三、迁移学法，品悟特点

小组合作，完成表格（根据第五自然段的写法，教师引导学生自学其他景点的写法）。双龙洞的其他几个景点又是怎么写的呢？请大家运用刚才学习"孔隙"景点的方法，看看其他几个景点有什么特点，作者又是怎样将景色描写清楚的。

（一）洞口

洞口的特点是宽、高。"突兀森郁""像桥洞似的"这些都是作者的感受，这样的描写不仅让双龙洞具有一种神秘感，也突出了洞口又宽又高的特点。

（二）外洞与内洞

外洞的特点是大（板书设计：大）。"周围""头上"表明作者是按照方位顺序来介绍外洞的。

教师带领学生欣赏内洞过程，详情如下：

生："内洞一团漆黑，什么都看不见。工人提着汽油灯，也只能照见小小的一块地方，余外全是昏暗，不知道有多么宽广。"从这句话我体会到了内洞的黑、大（板书设计：黑、大）。

师：还有补充吗？第七自然段中有一句话……

生：在洞里走了一转，我觉得内洞比外洞大得多，大概有十来进房子那么大（理解"进"字）。

师：外洞就够大的了，内洞比外洞大得多，足以说明内洞的大。内洞还有哪些景物？接着，交流一下你刚才画出的句子。

生：其他那些石钟乳和石笋，这是什么，那是什么，大都依据形状将其想象成神仙、动物及宫室、器用，名目繁多。这些石钟乳和石笋，形状变化多端，再加上颜色各异，即使不将其比作什么，也很值得观赏。

师：这里用了一组关联词"即使……也……"，突出表现了这些石钟乳和石笋形状变化多端，颜色各异的特点。下面我们一起来欣赏一下内洞的奇特景观（出示课件）。

师：看到这些图片，你们有什么想说的吗？

生：太神奇了（板书设计：奇）。

师：这些石钟乳和石笋造型奇特，再加上那摇曳的灯光，忽明忽暗，仿佛置身于神秘的境界，怎能不让我们惊叹大自然的神奇，请大家有感情地读一读描写内洞的这一部分。

四、学以致用，描写景点

首先，出示上节课的东湖平面图，任选一处景点进行详细描写。方法提示：抓特点（颜色、形状……）＋感受。

其次，学生仿写展示，师生评价。

五、板书设计

记金华的双龙洞

孔隙：窄　小　险

择景：抓特点　细描绘

小·试牛刀

一、文本解读

"精读课文"部分的示范性旨在把本单元需要习得的主要写作方法提炼出来，旗帜鲜明地告知学生：具体的习作方法是先学按顺序描写，后学重点描写。我们可以通过在"交流平台"部分里进行回顾、梳理，让学生明白描写游览过的一个地方，可以按游览顺序来描写，在此基础上选择自己最喜欢的景点进行精描细绘，这样才能做到主线清晰，细节丰满。

"初试身手"部分紧跟在"交流平台"部分之后，教师可以引导学生将学到的习作方法进行写作练习。不过，此处的练习仅限于小练一把，形成小样文章。因此，第一步，引导学生看图，确定自己要走的路线，画出路线图，把景点的转换过程写清楚。第二步，引导学生观察附近的一处景物，按一定顺序把景物写下来。通过这两项训练，帮助学生初步掌握按照顺序描写景物的方法，与后面的"习作例文"部分进行比较，找出二者之间的差距，为单元习作做准备。

二、教学设计

【教学目标】

1. 交流描写游览观光文章的一些写法。
2. 学会画路线图，并按顺序说一说。
3. 介绍附近的一处景物。

【教学重点】

1. 通过回顾所学课文，交流游记类文章的写法。
2. 按顺序介绍观看的景物。

【教学过程】

第一课时

一、谈话导入

本单元我们学习了两篇写景的课文，主要写了作者亲身经历，现在我们来回顾课文内容，重点交流一下这两篇文章的写作方法。

二、分组讨论，交流汇报

（一）回顾课文，交流写作方法

首先，教师带领学生回顾《海上日出》一文，说出写作顺序：日出前—日出时—日出后，说出重点描写景物的时刻为日出时、日出后，每个时段又是按"变化"的顺序具体描写的。

然后，带领学生回顾《记金华的双龙洞》，说出其写作顺序：路上—洞口—外洞—孔隙—内洞，说出重点描写景物的地方为外洞—孔隙—内洞。

（二）自读"交流平台"部分的文字

通过自读"交流平台"部分的文字，可以知道描写景物的表达方法有：按游览的顺序描写，特别吸引你的景物作为重点来描写，景物有变化按照变化顺序来描写。

请学生做好记录，齐读写作方法，加深印象。

由教师完成小结：文章的顺序必须放在构思文章的第一位，否则文字功夫再好也会显得杂乱无章。描写景物的顺序要清楚到能够画出路线图，一个一个景点按先后顺序连接起来，读者才会顺着你的条理去赏景，才会有清晰的印象。若所有的景点都着力描写，那么所有景物都会显得很平淡。因此，我们要选择自己最感兴趣的景点作为重点来进行工笔细绘，力求给读者留下深刻的印象。

三、教师总结

描写景色的文章要想让读者清楚明白写作者借景抒情的意思，一定要做到"顺序要清楚""重点要突出"。

四、板书设计

顺序清楚　　重点突出

第二课时

一、看图读文，明确要求

首先，请学生阅读题目弄清几个写景的要求。

其次，请学生观察植物园示意图：看清、看准入口出口，确定自己参观的路线，在纸上画出自己参观的路线图。

第一种：南门—小桥—芍药园—松林—过北门—纪念馆—望湖亭—郁金香园—东南门。

第二种：东南门—郁金园—望湖亭—纪念馆—过北门—松林—芍药园—小桥—南门。

二、展示路线图，介绍路线

预设：我从南门进去，向北走过一座小桥，再向西走就到了芍药园，接着继续往北到松林，向东走过了北门就到了纪念馆，然后向南前行到望湖亭，继续向南到郁金香园，最后往东南方向走，从东南门出去，结束今天的植物园参观之旅。

三、展示小练笔，师生评价

教师用视频的方式展示学生的小练笔，先是学生之间进行评价，最后由教师进行点评。

由教师完成总结：参观一个地方，游览一处景点，首先要弄清楚自己观察的顺序，最好能清楚地画出路线图，然后按这个顺序记录自己参观的过程，如果有特别吸引你的景物，可以把这处景物写详细一些。

四、板书设计

"初试身手"部分
明要求 画路线 定重点

大显身手

"习作例文"部分

◎ **文本解读**

一、文本地位解读

《颐和园》《七月的天山》是统编版小学语文四年级下册第五单元的内容，它是围绕"了解课文按一定顺序写景物的方法"和"学习按游览的顺序写景物"的语文要素继续编写的两篇写景的文章，被安排在"交流平台"部分之后。学生在运用精读课文梳理出来的写作方法小试牛刀之后，"习作例文"部分再次为学生习作提供范例。因为学生的认知水平、接受层次不一样，小试牛刀能实现的效果不同。通过比较此时的"习作例文"部分与学生的小练笔可以起到纠正练笔方向、继续体会写法的目的，从而实现巩固写作方法这一目标。

二、文本内容解读

《颐和园》是自然风光和人文建筑巧妙结合的美文。按照游览顺序依次描写了长廊、万寿山、昆明湖的景色。作者在描写长廊时先介绍了中间长廊的特点，然后写了长廊两边的花木。在万寿山脚下，主要描写了半山腰的佛香阁。站在佛香阁前向下望去，作者重点描写了昆明湖的静美，关于昆明湖畔，作者介绍了湖心岛及十七孔桥。

《七月的天山》主要描写了作者骑马进入天山后一路的所见。刚进入天山时作者从上到下依次描写了蓝天、雪峰、峭壁断崖上的雪水，山脚下的溪流和鱼群。再往天山里面走，从远到近先描写了雪峰、原始森林，再写近景塔松、日影、溪水等。走进天山深处后，作者主要写了漫山遍野、高过马头、绚丽多彩的野花。

三、文本语言解读

《颐和园》以建筑审美的眼光为基础，运用精准的建筑艺术语言从形状、颜色、雕刻等方面生动描述了长廊、万寿山、佛香阁、昆明湖的景物特点，再辅以优美的自然风光描写，把颐和园的自然美和人文美完美地融合在一起，每个景点之间用过渡句相连，衔接十分自然。

《七月的天山》语言优美，饱含浓郁的生活气息和边疆风情。作者运用了比喻、映衬、夸张、对偶、排比等多种修辞手法，简练而形象地把景物描绘得淋漓尽致，构成了一幅幅生动、奇美的画面。

四、文本结构解读

两篇例文都是由原文加旁注构成，这有利于学生厘清文章的顺序和重点。

两篇文章都是游记，都是按移步换景的顺序描写。因此，作者从上一个景点到下一个景点都有表示顺序的句子进行连接，都涉及地点的变化。

两篇文章都是总分总的构造。保留总起段、表示顺序的句子、总结段，就是一篇结构完整、条理清晰的小短文。

五、文本情志解读

两篇文章都是写景的，《颐和园》偏重于人文景观，《七月的天山》偏重于自然风光。但两篇文章都给读者呈现了独特的魅力，都表达了作者对祖国大好风光的喜爱和赞美之情。

六、文本教学化解读

（一）认识顺序的重要性

围绕本单元语文要素，在"习作例文"部分再次认识写景文章描写顺序的重要性，为后面研究移步换景的顺序打基础。教师可采用三个步骤实现这个教学目标。

1. 课前预习，找到顺序

教师可通过安排课前预习，请学生完成通读课文，找到过渡句或表示顺序的句子，请学生填写游览路线图等方法辅助学生厘清作者移步换景的描写方法。

2. 竞赛汇报，明确顺序

女生汇报《颐和园》预习情况，可以团队合作；男生汇报《七月的天山》预习情况，可以团队合作。

3. 去掉顺序，体会顺序

教师展示两篇文章的部分内容，去掉过渡句或表示顺序的句子，让学生谈一谈感受，自己总结写清文章顺序的重要性，为后面的仿写打基础。

（二）找出移步换景的表达特点

这两篇文章都是按移步换景的顺序描写的，本课时教师只让学生掌握"移步换景"这一种写景顺序。因此，教师要从文本里找出关键句子，通过辨识、思考等方法与学生一起总结出移步换景的表达特点。教师可通过两个步骤来突出这个教学重点：

首先，请学生找出文章的过渡句，先圈画出表示地点的词语，让学生感受到景物的变化。

其次，在过渡句中画出表示动作的词语，让学生感受到景物是随人的移动而变换的。从上一个景点到下一个景点，要靠人的移动来连接，这就是移步换景，移步换景的表达特点是定景点、加动词。

（三）练习固化移步换景的表达方法

教师带领学生从认识移步换景到会用移步换景的方法以表达顺序，中间需要对所学方法进行练习巩固。教师可采用两步：借助简笔画提示进行移步换景的顺序填写，这个比较容易；借助文段提示填写移步换景的顺序。

（四）文章瘦身再现顺序的魅力

由学生用移步换景的顺序完成一篇文章，才是我们本课要达到的终极目标，前面所有的过程都是为这个大目标做铺垫的，可采用两个步骤突破按顺序写景这个难点：

其一，只保留了两篇文章的总起段、中间的所有过渡句、总结段，形成一篇只有骨架没有血肉的文章。

其二，让学生讨论，这样瘦身之后的文字算不算一篇文章。

（五）仿写训练

有了前面的环环相扣，后面的仿写就水到渠成。本课时教师只运用了移步换景的写法简单概括自己游览某个地方的游览过程。从而达到本单元反复强调的"按顺序写景"的习作要素总目标。

◎教学设计

【教学目标】

1. 引导学生了解游览顺序的重要性，清晰地把握游览路线。
2. 初步学习并掌握移步换景的顺序表达特点。
3. 会用移步换景的顺序简单概括游览过程。

【教学重难点】

1. 了解游览顺序的重要性。

2. 初步学习并掌握移步换景的顺序表达特点。

3. 会用移步换景的顺序简单概括游览过程。

【教学准备】 PPT

【教学时间】 1课时

【教学过程】

一、开门见山，直奔主题

教师向学生强调本节课的学习目标：随着移步换景的顺序去游览。

教师引导学生理解"移步换景"的意思，移步换景意指在描写景物时，人走景移，随着观察点的变化，不断展现新的画面。

二、走进课文，找寻顺序

（一）课件展示

默读竞赛，完成以下任务：

女生：只读《颐和园》，画出起过渡作用的句子，由男生补充游览路线图，长廊→（　　）→（　　）→（　　）。

男生：只读《七月的天山》，画出表现游览顺序的句子，由女生补充游览顺序，进入天山→（　　）→（　　）→（　　）。

（二）汇报学习情况

此处，学生汇报他们对移步换景的理解，教师品评学生的掌握情况，并调整课程进度。

三、认清模样，牢记特点

教师带领学生体会去掉顺序进行朗读的感受，学生可自行总结顺序描写的重要性。

预设一：进了颐和园大门，绕过大殿，来到有名的长廊。

预设二：走完长廊，来到万寿山脚下。

预设三：进入天山→再往里走→走进天山深处。

由教师向学生展示课件：

圈出表示地点的词语，问这些词语的共性。

画出表示动作的词语，问这些词语的共性。

由教师完成总结：游览顺序是指由上一个景点转移到下一个景点，必须用动词进行连接，这就是其特点。

（一）填写顺序，巩固练习

大家掌握了移步换景的特点，现在我们来根据一幅简笔画的提示，补充移步换景的顺序。

1. 简笔画，一座山，写顺序。

（ ）山脚→（ ）山腰→（ ）山顶

2. 花坛里，一盆盆菊花争奇斗艳。红的似火，白的胜雪，粉的如霞……真是美不胜收。

（ ）映照着蓝天白云，偶尔几片树叶落下来，就像一叶扁舟荡漾在水面上。

（二）抓住顺序，浓缩短文

接下来，大家可以对《颐和园》整篇文章做个变形尝试，请大家尝试把《颐和园》《七月的天山》进行缩写。

学生完成缩写后，由教师点评这样的缩写好不好，原因是什么。缩写后还能算一篇文章吗？

（三）如法炮制，仿写短文

如上面缩小版短文一样，请学生自由选择一个你游览过的地方进行仿写。请学生按以下要求完成仿写：

总分总结构，题目中有"游"字，用移步换景的顺序简单概述游览过程。

四、板书设计

移步换景：定景点，加动词

教后拾贝

统编版语文课本里出现的新型单元——习作策略单元，虽然从小学三年级就开始了，但习作单元给出的学习资源并未得到恰当地运用或者说教师没有按习作单元的编写意图进行操作。尤其是"习作例文"部分被严重弱化，几乎成了教师一读而过、一读了之的课外读物。教师不了解"习作例文"部分的编写意图，也找不到"习作例文"部分的着力点，也不想去找着力点，"习作例文"部分也因此被弱化、被边缘化。

一、"习作例文"部分在单元的作用

（一）文本地位

"习作例文"部分是小学语文四年级第五单元的内容，排在精读课文"交流平台""初试身手"部分之后，其后面是习作实践写作。

（二）对"习作例文"部分的思考

1. "习作例文"部分与前面的"精读课文"部分是否重复？

有些教师曾认为"习作例文"部分与前面的"精读课文"部分重复了，没多大意义，其实不然。"习作例文"部分安排在"初试身手"部分之后，是围绕单元导读页里"学习按游览的顺序写景物"这一习作目标而量身定做的一个样板。在学习了"精读课文"部分之后，"交流平台"部分梳理了一些关于写作顺序的方法。由于学生学习层次的不同，"初试身手"部分不可能个个都运用自如。何况学生才小学四年级，很多学生难以这么快地习得写作方法，习得这些写作方法后也不会那么快实现自如应用。在这种情况下，此时的"习作例文"部分必然直指"游览顺序"这一目的。其呈现方式简单、明了，示范性特别强，比"精读课文"部分的指向性更清楚，训练点更加明确，较适合小学四年级学生学习和模仿。

比如，在《颐和园》《七月的天山》中段与段之间的过渡句都在段首，让学生一看就知道是游览顺序。我们一边读一边就在脑子里把游览路线图画出来了。《记金华的双龙洞》也有游览顺序，但这些移步换景的过渡句有的在段首，有的在段尾，学生找起来没有《颐和园》《七月的天山》中关于移步换景的过渡句那么快。

在备课过程中教师感叹：编书的专家深入研究、思虑周全。既然本单元侧重于游览路线的训练，为什么还要把《海上日出》放在里边，这是为了告诉读者写景的顺序是灵活多变的，不止一种描写景色的方法。相当于给学生埋下了一个伏笔。

2. "习作例文"部分会不会对学生后面的习作实践造成思维禁锢？

有些教师甚至认为"习作例文"部分会对最后一环的作文实践造成思维禁锢。其实不会。因为"习作例文"部分在本课时重点只抓移步换景的顺序这一点。我们的课真的要做到删繁就简、一课一得。若教师紧紧揪住"习作例文"部分，用各种方法，从不同角度强化游览顺序的概念，强化游览顺序的重要，强化移步换景这种顺序的表达特点，把"习作例文"部分的材料用好，学生在写作文的时候就会有写清楚游览顺序的意识。游览顺序写好了，文章条理就清晰了，再把自己觉得重要的景点写详细、写生动，星星就还是你眼中的星星，月亮就还是你心中的月亮。行文构思自然不会受到禁锢，文章的内容也绝不会千篇一律。

二、"习作例文"部分的教学思路解析

在作文单元中，教师要用教数学的方法来教语文。把"习作例文"部分当成一个数学例题。以《颐和园》《七月的天山》为例，让学生默读、观察、找出表示顺序的句子，发现这些句子的重要性。请学生进一步找出这些表示顺序的句子的共同特点，即"定景点、加动词"，然后出练习题强化"移步换景描写顺序"的学习，让游览顺序、路线图在学生心里形成深刻印象。

小学四年级的学生作文水平还不高，让他们写一篇游山玩水的文章，如果不加指点，从上一个景点到下一个景点，中间缺乏过渡句和描写，顺序混乱的情况可能较多。通过"习作例文"部分的强化训练，学生只须记住一条：游览或参观的文章，一定要写清楚游览顺序，用移步换景的手法写游览顺序简单又清楚，相当于画出了游览路线图，文章自然条理清晰了。

第十一章 学习说明方法，让描写对象清楚明白

——小学语文五年级上册习作策略单元

单元概览

一、内容编排解读

本单元是统编版小学语文五年级上册的习作策略单元，"说明文以'说明白了'为成功"为主题编排的。说明性文章对学生来说并不陌生，在小学三年级和四年级就学过《纳米技术在我们身边》《蟋蟀的住宅》等课文，在日常生活中学生也会读到科普读物、说明书等。本单元的单元导语点明单元语文要素为：一是阅读简单的说明性文章，了解基本的说明方法；二是收集资料，用恰当的说明方法，把某一种事物介绍清楚。根据语文要素，我们分析各板块的不同定位，各有侧重，但教学目标一致，就是引导学生运用习得的说明方法写出一篇说明文来。

本单元编排了两篇精读课文《太阳》《松鼠》，主要是让学生体会说明性文章的不同类型，了解基本的说明方法，感受不同的语言风格。《太阳》一文语言平实、通俗易懂，作者运用列数字、作比较、举例子等说明方法，从多个方面介绍了太阳；《松鼠》一文语言活泼、描述生动，作者抓住了松鼠的主要特点，形象地介绍了松鼠的外形、习性等。《太阳》的课后第二题主要是引导学生体会运用说明方法的好处；《松鼠》的课后题第一题让学生梳理相关信息，并且关注说明文不同的表达特点。

"交流平台"部分梳理总结了说明性文章的作用和它在表达上的一些特点。一是说明性文章能帮助读者认识事物，获取知识；二是运用恰当的说明方法可以将抽象复杂的事物介绍得通俗易懂；三是要抓住事物鲜明的特点进行具体说明；四是说明性文章的语言风格多种多样，表达时都要做到准确、清楚和有条理。

"初试身手"部分以电视塔为例，引导学生选择身边的事物，有意识地进行观察或收集资料，运用多种说明方法，抓住特征介绍事物；第二部分让学生将散文《白鹭》的部分段落改写成说明性文章，介绍清楚白鹭的外形特征，再与原文作比较，体会说明性

文章的特点。

"习作例文"部分提供了介绍事物和制作流程两种不同的说明性文章。《鲸》运用多种说明方法，准确、形象、具体地介绍了鲸的特点；《风向袋的制作》较完整、有条理地介绍了风向袋的制作方法与流程。"习作例文"部分通过批注和课后题，能引导学生学习如何恰当地使用说明方法，有条理地进行表达。

本单元最后安排习作"介绍一种事物"，让学生"收集资料，用恰当的说明方法，把某一种事物介绍清楚"，是对本单元学习的综合运用，旨在让学生感受到说明性文章与现实生活联系紧密。习作之后的分享交流能让学生感受到练习写作说明性文章的好处。

纵向看，习作单元整合性强，本单元整体要求"精读课文"部分与"习作例文"部分直接指向写作方法，将"初试身手"部分的内容分散到单元教学过程中，一课一得，一课一写，写作要求由片段到整体，最后的"习作"部分是单元学习成果的集中展现。这种层次递进、相互配合的编排特点，也遵循了循序渐进，螺旋式上升的原则。可用下图表示。

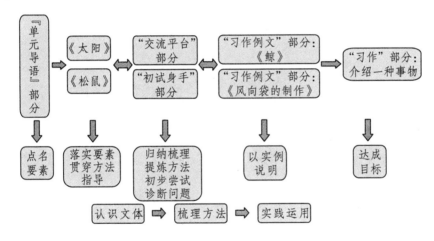

二、围绕策略每课任务安排

整个单元阅读要素与习作要素高度统一，突出了习作的重要性，较重视习作能力的培养。依据语文要素，本单元的学习目标具体表述见下表：

单元导语	语文要素	部分	任务	课时
说明文以"说明白了"为目标	阅读简单的说明性文章，了解基本的说明方法收集资料，用恰当的说明方法，把某一种事物介绍清楚	"精读课文"	《太阳》：抓要点，了解说明方法，体会其好处 《松鼠》：分条记录，体会表达上的不同	4
		"交流平台"	抓住特点具体说明 描述要准确、清楚、条理	1
		"初试身手"	运用多种方法说明事物特征 改写《白鹭》片段，体会表达上的不同	
		"习作例文"	《鲸》：表述严谨，运用说明方法具体描述 《风向袋的制作》：有条理，运用说明方法	
		"习作"	介绍一种事物，达到以下要求： 能抓住事物特点（写清楚），能恰当使用说明方法，能分段介绍事物的不同方面	

导读领航

单元导读课

【教学目标】

1. 引导学生阅读单元导语，了解本单元课文的主题，明确学习本单元课文的基本要求。

2. 初步流利地朗读本单元的课文，了解课文的大致内容。

3. 激发学生阅读兴趣。

【教学过程】

一、创设情景，激趣导入

教师出示宇宙影像图片，引导学生思考问题：神奇的宇宙中隐藏着许多秘密等待我们去探索，怎样才能把这些秘密清楚地介绍给大家呢？这节课让我们去探究"如何把一种事物说明白了"的密码。

二、研读导语，明确目标

请同学们默读单元导语，说说本单元的主题和语文要素是什么呢？

预设一：本单元主要是学习说明文，而且要把某个事物"说明白了"。我们以前学过《纳米技术在我们身边》《蟋蟀的住宅》这类文章。

预设二：我知道本单元的语文要素有两条：阅读要素是"阅读简单的说明性文章，了解基本的说明方法"；习作要素是"收集资料，用恰当的说明方法，把某一种事物介绍清楚"。

三、目标定向，自主学习

请学生通读课文，圈出不认识的生字词，运用掌握的识字方法，先自行解决字词障碍。

请学生感受说明文的特点，了解基本的说明方法，小组合作完成预习表格。教师应引导学生明白自主预习的要求、目标等。

题目	主要特点	说明方法
《太阳》		
《松鼠》		

四、合作交流，点拨指导

（一）课文内容我知道

首先，整体感知，组内交流，明确说明文的主要特点及说明方法。

其次，全班交流，完成以下表格。

题目	主要特点	说明方法
《太阳》	离地远、体积大、温度高，和人类有密切的关系	举例子、列数字、作比较
《松鼠》	外形、活动、习性	打比方、列数字

（二）习作内容先知道

首先，请学生默读习作《介绍一种事物》。

其次，由教师选择学生主动分享所学，并在班级内展开交流，明确写作内容。

最后，教师完成总结：本次习作要求学生选择一种事物介绍给大家，可以是动物、植物、物品、美食或其他自己感兴趣的内容，课后请同学们注意收集素材，为习作做好准备。

五、板书设计

如何把一种事物"说明白了"

说明方法

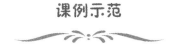

课例示范

太 阳

◎文本解读

一、文本地位解读

《太阳》这篇精读课文是本习作单元的第一课，运用作比较、举例子、列数字等说明方法，从多个方面介绍了太阳，从而让学生体会到"没有太阳就没有我们这个美丽可爱的世界"。本文非常突出地呈现了说明文的写作特点，起到了典型的课例示范作用。学习此文本有利于学生积累说明方法，培养热爱科学的情趣。

二、文本内容解读

《太阳》是一篇科普说明文，其内容主要介绍了有关太阳的知识和太阳与人类的关系。作者先用"羿射九日"的传说作为开头，以增加文章的神秘感，这会引起读者的阅读兴趣。然后，从太阳距离地球远、体积大、温度高（热）三个方面介绍了太阳。接下来，作者介绍了太阳与地球的密切关系。最后，作者概括了太阳与地球的密切关系，以"一句话，没有太阳，就没有我们这个美丽可爱的世界"揭示了全文的主旨。

三、文本语言解读

《太阳》是一篇科普说明文，语言平实且通俗易懂。文中主要采用了举例子、作比较、列数字等说明方法对太阳进行了介绍。

（一）说明趣味化

课文的第一段描写了太阳离地远的特点，作者先用有关太阳的传说开头，使文本生动有趣，引人入胜；再指出太阳离我们有一亿五千万千米远，为了说明"一亿五千万千米究竟有多远"，作者还运用了两个大胆新奇的假设：一是步行到太阳上去差不多要走三千五百年；二是坐飞机到太阳上去需要二十几年。这样既给人留下了非常清楚的印象，又使人读起来十分有趣味性。

（二）说明具体化

课文第二段写太阳"体积大"的特点，太阳到底有多大，作者并没有运用抽象的数字说明，而是拿地球与太阳相比，指出"约一百三十万个地球才能抵得上一个太阳"，我们对地球之大多少有些认识，太阳相当于一百三十万个地球那么大，太阳之大就可想而知了。这种对比给读者的印象比准确的数字更加具体。

（三）说明形象化

课文在介绍太阳表面温度有五千多摄氏度时，五千多摄氏度该有多热？作者通过"钢铁碰到它，也会变成气体"这样举例子的说明方法加以说明，能引起读者强烈的联想，从而使"五千多摄氏度"变得生动且形象。

以上这些说明方法的运用，使比较抽象复杂的知识变得通俗易懂，突出了太阳的特点。

四、文本结构解读

《太阳》是一篇科普短文，课文内容分两大部分。第一部分内容分别从离地远、体积大、温度高三个方面介绍了太阳的有关知识，第二部分内容讲人类和太阳的密切关系。这两部分内容互相关联，正因为太阳那么大，温度那么高，距离我们又那么远，才能给地球送来适合人类生存的光明和温暖，我们生活的世界才会这么美丽。

五、文本情志解读

学生通过朗读，理解课文内容，了解与太阳有关的知识，认识人类与太阳的密切关系，通过对本文的学习使学生懂得太阳的重要性，并激发他们探索大自然的兴趣。

为了扩大学生的视野，让学生利用互联网收集一些相关的知识，这样既能锻炼学生的能力，又能拓展他们的视野，让学生了解更多的科学知识，唤起学生探索自然和科学的兴趣，激发学生勤奋学习的自觉性。

六、文本教学化解读

（一）默读课文，梳理脉络

让学生默读课文，了解课文的大致内容。课文的叙述层次非常清楚，可以引导学生开展自主学习，围绕课文写了太阳哪些方面的内容展开交流。提示学生可以通过之前学过的作批注等方式，将每段的主要内容记录下来，再将这些内容整合在一起，梳理出主要内容。

（二）再读课文，探索方法

学习第一自然段，把"有一亿五千万千米远"改成"很远很远"，把"三千五百年"改成"很多很多年"，通过对比，体会列数字的说明方法能准确、具体地写出太阳与地球"距离远"的特点。

学习第二自然段，让学生比较"一百三十万个"与"一个"，也可利用图片、视频等资料，直观对比太阳与其他星体的大小，从而体会作比较的说明方法能够让人具体地感受太阳"体积大"的特点。

学习第三自然段，可以引导学生思考：如果将本段第二句只保留"太阳的温度很高"，表达效果会有什么不同？让学生体会作者使用作比较、列数字的说明方法可以将太阳温度高的特点说清楚的好处。根据学情，教师也可以补充开水的温度、钢铁的熔点等资料，让学生在比较中有更具体和直观的感知。

（三）探索关系，体会重要

学习时让学生围绕"为什么太阳和人类的关系非常密切"这一问题展开交流，从课文中提取出与这个问题有关的信息。引导学生在阅读时，抓住其中所说的事物，及时概括内容，并思考它们和太阳是什么关系。还可以让学生结合生活经验或相关书籍资料，谈谈生活中还有哪些事物和太阳有着密切的关系，从而感受说明性文章的作用。

（四）学法迁移，运用方法

通过学习，学生了解到课文运用了作比较、列数字、举例子等说明方法描写太阳这一抽象复杂的事物，接着就运用这些说明方法去了解身边的一种事物，试着运用这些方法说明它的特征，比如，从铅笔、圆珠笔、橡皮擦、直尺等熟悉的事物中选择一种文具进行介绍，试着运用多种方法说明它的特征。

◎ 教学设计

第一课时

【教学目标】

1. 理解课文内容，了解作比较、列数字等基本的说明方法，体会运用这些说明方法的好处。

2. 能结合生活实际，尝试运用多种方法来说明一种事物的特征。

3. 了解与太阳有关的知识，初步认识人类与太阳的密切关系，激发学习自然科学的兴趣。

【教学过程】

一、猜谜语导入，激发兴趣

教师出示谜语：有个老公公，天亮就出工。哪天不出工，准是下雨或刮风。

师：同学们猜一猜，它是谁呀？

生：太阳公公。

师：在生活中你们对太阳了解多少呢？今天我们就来学习一篇有关太阳的文章，通过学习，我相信你们将知道更多有关太阳的知识（板书设计：太阳）。

二、初读课文，交流收获

师：用自己喜欢的方式读课文，边读边思考，这篇文章可以分成几部分？尝试概括一下每部分的意思。

学生交流后归纳小结这篇课文我们可以分成两部分：第一部分（第1~3自然段），作者介绍了有关太阳的知识。第二部分（第4~8自然段），作者讲了太阳和人类的关系。

师：默读第一部分。思考：作者向我们介绍了有关太阳的哪些知识呢？

第一部分向我们介绍了太阳离地球远、体积大、温度高三方面的特点（板书设计：距离远、体积大、温度高）。

师：本篇课文是一篇说明文，作者先给我们讲了一个传说。你知道介绍传说的作用吗？（讲"羿射九日"神话传说，增加文章的神秘感，引起学生阅读兴趣。）

同学们再次浏览课文，想一想：作者是如何将这两部分内容结合在一起呢？请找出第一部分和第二部分的过渡句，说说这个过渡句的作用。"虽然……但是……"用这个关联词结束上文，引起下文"关系密切"的介绍。所以，这是过渡句，起到承上启下的作用。

第二部分讲了太阳与人类有哪些密切的关系？在结构上有什么特点？第二部分主要介绍了太阳与动植物的生长、煤炭的形成、雨雪风的形成、预防治疗疾病的关系。在结构上是总分总，文中先说"太阳和我们的关系非常密切"，接着就介绍了太阳与动植物的生长、能源形成、自然气候变化、预防和治疗疾病等方面的关系。最后，用"没有太阳，就没有我们这个美丽可爱的世界"这句话来结束，前后呼应。

三、学习特点，了解说明方法

让我们继续走进《太阳》一文，看作者是如何把太阳这一事物说清楚的。

（一）学习说明方法——列数字

请学生默读第一自然段，思考作者是如何把太阳离地球远的特点说明白的？可以边读边勾画边思考。

师：你从哪些句子看出太阳离地球远的特点呢？

生1：我是从"太阳离我们约有一亿五千万千米远。到太阳上去，如果步行，日夜不停，差不多要走三千五百年；就是坐飞机，也要飞二十几年"这句话看出来的。

师追问：在这些句子中，你又从哪些词读出来太阳离我们很远呢？

生1："一亿五千万、三千五百、二十几"这些词具体的数字。

师小结：像这样用具体数字来说明事物特征的方法，就叫列数字。

请学生对比下面两个句子，你觉得哪种说法更好，好在哪里呢？

太阳离我们约有一亿五千万千米远。到太阳上去，如果步行，日夜不停，差不多要走三千五百年；就是坐飞机，也要飞二十几年。

太阳离我们很远很远。到太阳上去，如果步行，日夜不停，要走很多年很多年；就是坐飞机，也要飞很多年。

生 2：第一句更好，这样的数字更直观，更准确，让人一看就懂。

师：是的，运用列数字的说明方法，这样更准确、更具体，说明了太阳距离地球远的特点。那文中的"约""差不多"等可不可以去掉，为什么？

生 3：不可以去掉，因为这些数字只是作者的一种推测，他也没有真正测量过太阳到地球的距离，这只是一种推算、估计。

生 4：如果去掉了，原文的意思就改变了，他的说法就变得很绝对，这样是不准确的。

师小结：由此可见，说明文的数字要准确无误，估计数字也要有可靠根据。这就是说明文准确性、严谨性的特点。我们刚才先通过读课文，找出能说明太阳远的特点的句子，又抓住关键词，了解作者使用了列数字的说明方法，具体、准确地向我们介绍了太阳这一抽象的事物"远"的特点。最后，学生可以通过朗读感受太阳远的特点（读课文—找句子—抓关键词—体会说明方法）。

请同学们把数字加以强调，再读课文，把太阳离地球远的特点读出来。然后，请学生开展小组合作，用上刚才的学习方法，学习第二自然段和第三自然段，完成表格。

特点	关键词句	说明方法	好处
离地球远	约有一亿五千万千米、三千五百年	列数字	具体、准确

（二）学习说明方法——作比较

生 1：我通过"约一百三十万个地球的体积才能抵得上一个太阳"了解到太阳体积大的特点，其中的"抵得上"一词看得出使用了作比较的说明方法。

师：你真会分析！像这样把两种类别相同或者不同的事物、现象放在一起进行比较来说明事物特征的说明方法，就是作比较。这样一比较能让我们更直观地感受到太阳体积大的特点。

全班齐读第二自然段，再次感受太阳体积大的特点。

我通过"太阳会发光，会发热，是个大火球""表面温度有五千多摄氏度"感受到太阳热的特点。其中，"五千多摄氏度"使用了列数字的说明方法，这样写的好处是让人具体地感受到了太阳表面温度高、热的特点。

全班齐读第三自然段，再次感受太阳表面温度高的特点。

（三）了解举例子的说明方法

师：作者是运用什么方法把太阳和人类密切的关系写清楚的？这样写有什么好处呢？

有了太阳，就有了（　　　　）。请同学们快速浏览第四自然段至第八自然段，圈出相关的事物并进行填空。

作者是运用什么方法把太阳和人类密切的关系写清楚的？这样写有什么好处呢？

生1：作者举了很多的例子来把太阳和人类的密切关系写清楚，这样写更有说服力，而且人们也有真实的感受。

师小结：通过列举代表性的、恰当的事例来说明事物特征的说明方法就叫举例子。用通俗易懂又具有代表性的例子加以说明，让我们更清晰了解太阳和我们人类有着密切的关系。

师：有了太阳，就有了世界万物。那太阳光对我们人类还有什么作用呢？你能举例来说明吗？

预设：如果没有了太阳，就没有了（　　　　）。

生1：如果没有了太阳，就没有了地球的公转。

生2：如果没有了太阳，就没有了天地万物。

生3：如果没有了太阳，就没有了这个人类赖以生存的美丽可爱的家园。

师小结：没有太阳，就没有我们这个美丽可爱的世界。作者用一句话总结了太阳对我们人类的作用，我们自己在写文章的时候也要善于总结。

四、回顾梳理，总结运用

师：要说清楚一个事物，首先就要通过观察、查资料了解这个事物的特征，再用上恰当的说明方法把它的特征说明白。现在我们就来试试身手吧！

（一）"初试身手"部分，当堂练笔

师：请同学观察"初试身手"部分第一题的图片，阅读文字示例，想一想：这座塔有什么特点？用什么样的说明方法把它的特点介绍清楚？

预设：这座电视塔高368米，大约有120层楼那么高。它的外形像一个待发射的火箭。

生1：我知道"368米，120层"使用了列数字的说明方法，这样写的好处能说明这座塔高的特点。

生2：我发现"像一个待发射的火箭"使用了打比方的说明方法，这样写的好处是让人了解这座塔的样子。

生3："大约有120层楼那么高"使用了作比较的说明方法，这样写的好处是让人具体地了解这座塔高的特点。

（二）试一试

文具家族：从铅笔、圆珠笔、橡皮擦、直尺、笔袋等熟悉的事物中选择一件特征明显的事物进行介绍，试着运用多种方法说明它的特征。

（三）评一评：引导学生自评、互评，教师相机指导。

五、板书设计

太阳
- 特点
  - 离地远（列数字）
  - 体积大（列数字、作比较）
  - 温度高（列数字）
- 关系密切
  - 动植物、人类生活（举例子）
  - 雨　雪的形成
  - 风的形成

第二课时

【教学目标】

1. 再读课文，能说出课文是从哪些方面介绍太阳及太阳对人类的作用的。

2. 能结合课文内容了解举例子、作比较、列数字等基本的说明方法，再次体会运用这些说明方法的好处。

3. 认识"殖""摄"等4个生字，会写"氏"等9个字，会写"摄氏度""寸草不生"等9个词语。

【教学过程】

一、复习交流

（一）回顾旧知，填空

太阳的特点是_____、_____、_____。太阳和我们的关系_____。

（二）选一选，填一填

A. 列数字　　　　　B. 举例子　　　　　C. 作比较　　　　　D. 打比方

1. 130万个地球才能抵得上一个太阳。（　　　）

2. 太阳离我们约有一亿五千万千米远。（　　　）

3. 就是坐飞机，也要飞二十几年。（　　　）

4. 太阳会发光，会发热，是个大火球。（　　　）

二、学习生字词

教师应重点指导：

"粮、殖、摄"是左右结构的字，写的时候要注意结构；"疗、区"是半包围结构的字，"区"要注意笔顺，最后一笔是竖折；"炭、杀、菌"是上下结构，书写时注意上下部分的比例，"炭"字的最后一笔捺要写得舒展，在写"菌"字时禾的末笔捺变点；"氏"字是独体字。

现在请学生书写生字，写生字时要注意老师提醒大家的地方，并注意写字姿势。这些是需要学生掌握的词语，请在一组的同学用接龙的方式读一读。

繁殖　漂浮　煤炭　粮食　杀菌　治疗　地区　摄氏度　寸草不生

教师着重带领学生理解"煤炭""繁殖""寸草不生"的意思。

（设计意图：引导学生自学生字词，锻炼学生的自学能力，初步把握课文内容，为下面的环节做准备）

三、达标检测

（一）写出下列词语的近义词和反义词

吸收—（　　）（　　）　生存—（　　）（　　）

密切—（　　）（　　）　温暖—（　　）（　　）

（二）选词填空

预防　预期

1. 我们可以用它来（　　）疾病。

2. 我们（　　）的效果没达到，心里感到非常失望。

繁殖　繁育

3. 这种动物的（　　）能力很强。

4. 这个地方是大熊猫（　　）中心。

（三）按要求完成句子

1. 这么远，箭哪能射得到呢？（改成陈述句）

_____

2. 太阳虽然离我们很远很远，但是它和我们的关系非常密切。（用加点的关联词说一句话）

_____

（四）课文整体梳理

这篇课文主要运用了_____、_____、_____等说明方法，向我们介绍了太阳_____、_____、_____的特点，告诉我们太阳和我们的关系非常密切。

松　鼠

◎ 文本解读

一、文本地位解读

《松鼠》是本单元的第二篇精读课文。本文作为前一篇说明文《太阳》的延伸与发展，但在表达方法、语言风格等方面与《太阳》截然不同。本文属于文艺性说明文（又称科学小品文），以准确说明为前提，但此类文体以形象化描写为手段，字里行间蕴含着作者对松鼠的喜爱之情。本文重在让学生梳理相关信息，体会说明文不同的语言表达特点，为单元习作做准备。

二、文本内容解读

文本对松鼠乖巧驯良的外形特点、机警敏捷的行为特征、高超的搭窝技巧等方面进行细致而生动的描写，字里行间饱含了作者对松鼠的喜爱之情。

本文是一篇知识性、科学性、趣味性较强的文艺性说明文。从说明的角度来看，《太阳》侧重于介绍太阳的特点和与人类的关系，而本文侧重于介绍松鼠的外部形态、性格特征和行动方式；从表达的方法来看，《太阳》运用了列数字、举例子、作比较等说明方法，而本文主要是采用打比方的方式生动形象地说明事物。

三、文本语言解读

说明文的语言风格多样，《松鼠》一文的语言风格明显不同于《太阳》的语言风格，其语言更加活泼、生动，富有情趣，如"玲珑的小面孔，衬上一条帽缨形的美丽的尾巴，显得格外漂亮；尾巴老是翘起来，一直翘到头上，身子就躲在尾巴底下歇凉"，这句说明中"帽缨形"一词，这样的用词写出了尾巴的长度和蓬松状，能让读者很容易联想到松鼠尾巴的样子，同时，作者又对尾巴做了动态的描写，写了它的样子和用途，这样文章就显得生动起来了。从语言风格来说，《松鼠》属于文艺性说明文。选编本文的意图应该是拓展学生对说明文的语言风格的认识，以了解说明文语言的多元性。

四、文本结构解读

本文第一自然段先总写松鼠是一种漂亮的动物，它乖巧、驯良，讨人喜欢。然后，作者又分别从面容、眼睛、身体、四肢、尾巴和吃相等六个方面介绍松鼠的外形特点。第二自然段描写了松鼠的活动范围和生活规律。第三自然段则侧重表现了松鼠机警敏捷的行为特征。第四自然段介绍了松鼠搭窝的经过，从选址、建造搭窝及窝口的特点来表现其聪明与能干。第五自然段介绍了松鼠的生育情况、换毛时间及爱干净的生活习性，这也从另一个方面说明了松鼠讨人喜欢的原因。

五、文本情志解读

本文是一篇兼具知识性、科学性、趣味性的文艺性说明文，非常适合学生阅读与理解。本文以生动形象的描写及准确简练的说明向学生介绍了松鼠漂亮的外型、驯良的性格和乖巧的行为，突出表现了松鼠讨人喜欢的特点，表达了作者对松鼠的喜爱之情，让学生在获得知识的同时，还唤起学生探索自然、科学的兴趣。

六、文本教学化解读

（一）整体把握内容，初步感受松鼠特点

学生自由读文本，教师引导学生根据每段的意思概括出文本的主要内容，并请学生用自己的话说一说文中是如何从外形特点、活动范围和规律、行为特点、搭窝等方面来

介绍松鼠的。

（二）提取、梳理信息并分条记录

本文介绍的松鼠的信息较多，梳理这些信息对学生来说可能具有一定的难度。学生可以以小组合作的方式进行讨论：作者大概介绍了松鼠哪些方面的内容？鼓励学生根据自己的阅读所得对信息进行分类。引导学生除了用之前分段梳理的方法，还可以更细致地分条整理，如松鼠的外形，从"面容、眼睛、四肢、尾巴、进食动作"等几个方面对其进行梳理。教师应鼓励学生采用列提纲、画图表等方式梳理信息，分条呈现文本内容。再组织小组交流，进一步完善和提取信息，做到信息准确，没有缺漏。最后，由小组代表汇报展示，其他学生可以补充或提出不同意见，力求梳理的信息准确、清楚、完整，总结梳理信息的经验。

（三）通过对比感受说明文不同的语言风格

首先，学生可以结合课后第二题中的第一个例句，找出课文中描写松鼠外形的句子，引导学生对比读一读，思考：例句和课文在介绍松鼠外形时分别是从哪几个方面进行描写的，有什么不同？分别有什么作用？其次，通过交流，让学生认识到说明文的语言特点既可以像《太阳》一样平实，也可以像《松鼠》一样活泼。最后，教师可以让学生仿照《松鼠》一文的写法，采用生动说明的手法，抓住自己喜欢的一种小动物的外貌或习性方面的特征，写一段说明性文字。

◎**教学设计**

第一课时

【**教学目标**】

1. 了解松鼠的特点，提炼、梳理松鼠的相关信息，并采用分条记录的方式。从课文中体会作者对松鼠的喜爱之情。

2. 通过对比，教师带领学生体会说明性文章不同的语言风格。

【**教学过程**】

一、谜语导入，激发兴趣

师：今天，我们来猜一则谜语，认识一种动物（教师用课件出示谜语）。

这是什么动物呢？

生：松鼠

教师展示关于松鼠的图片课件。

松鼠的外形小巧玲珑、动作敏捷，蹦蹦跳跳别提有多可爱了。这节课就让我们走进文本，学习作者是怎样介绍松鼠的可爱之处的（板书设计：松鼠）。

师过渡：作者是怎样用形象的笔墨勾画出松鼠的一幅幅美好画面的呢？让我们快速读一读文本，进入松鼠的王国去认识这个可爱的小动物吧！

二、初读课文，理清思路

师：请大家默读思考，松鼠给你留下了怎样的印象？

生1：松鼠是一种漂亮的小动物，驯良，乖巧，很讨人喜欢。

师：你们同意他找到的这句话吗？那么这个句子中的关键词是什么呢？

生2：漂亮、驯良、乖巧。

师：真聪明，谁来说一说这些关键词写出了松鼠的什么？

生2：写出了松鼠的外形特点。

师：指名学生分自然段读课文，说说每段的主要意思。

生3：汇报交流。

师：展开小组讨论，如果把课文分成四部分，该怎样分？为什么要这样分？

全班交流后进行总结。

生1：第一部分是第一自然段：先总写松鼠是一种漂亮的小动物，乖巧、驯良，很讨人喜欢，再分别从面容、眼睛、身体、四肢、尾巴和吃相等方面具体介绍松鼠的形体特征。

第二部分是第二自然段：主要从松鼠的活动范围和活动时间两个方面介绍松鼠的性格特征。

第三部分是第三自然段和第四自然段：从松鼠的行动、储备食物过冬和搭窝写出了松鼠聪明、警觉、乖巧的特点。

第四部分是第五自然段：介绍了松鼠的繁殖、换毛及爱干净的生活习性。

由教师完成小结：根据松鼠的不同特点，作者抓住其特点进行了具体描写。

三、梳理文本，提取信息

师：请学生快速浏览第一自然段，聚焦松鼠的外形。作者通过哪些方面写出了松鼠的"漂亮"？出示第一自然段，请学生提炼关键信息，如"面容""眼睛""身体""四肢""尾巴"。完成后，出示表格，填写信息。

	面容	
外形特征 （漂亮）	眼睛	
	身体	
	四肢	
	尾巴	

生1：松鼠的面容是清秀的，所以我在表格里填的是"清秀"这个词。

师：文中对松鼠外形特征的介绍都是以句子的形式呈现出来的，我们梳理信息的时候，要抓住对应的信息，提取最关键的词来填写，这样提取出来的信息就比较准确、清晰。

生2：松鼠的眼睛是闪闪发光的，所以，我填写的是"闪闪发光"。

生3：身体部分，我填的是"身体矫健"。

师：请同学们以小组为单位，运用学习第一自然段的方法，学习这篇文本剩余的部分，分条梳理生活习性等方面的信息（小组汇报，相互补充；归纳讨论，总结提升）。

小组自主设计"记录单"，交流、完善记录的内容，力求信息准确、全面。

松鼠	相关信息
外形特点	漂亮、乖巧、驯良；面容清秀，眼睛闪闪发光；身体矫健，四肢轻快；尾巴美丽；直竖着身子坐，用前爪往嘴里送东西吃
活动范围和生活规律	经常在高处活动；白天休息，晚上活动
行为特征	警觉，敏捷；秋天贮藏冬天的食物
筑巢垒窝	选址：树枝分叉的地方 搭窝的过程：搬木片；干苔藓编扎；挤紧、踏平 窝的特点：干净、暖和、舒适、安全 窝口的特点：朝上、端正、狭窄，有圆锥形的盖
其他习性	胎生，每胎三四个；小松鼠过冬会换毛；爱干净，用爪子和牙齿梳理毛发

师：通过梳理，整个课文结构就清晰明了。

四、精读课文，习得方法

全班进行交流：鼓励学生从不同方面汇报，体会作者这样写的好处，教师应对学生加以引导。

（一）写松鼠的行为时

师：我喜欢松鼠"住在树顶上""喜欢满树林跑"，它们叫着、跳着、追逐着玩耍这些部分，作者把松鼠当成一个个调皮可爱的孩子来写，让我们感觉到作者对松鼠的喜爱之情。

师：读了这些句子，你眼前仿佛出现了怎样的情景？与同桌说一说。

生1：我仿佛看到了两只松鼠在树上嬉戏打闹，就像两个顽皮的孩子。

生2：松鼠虽然在打闹，但是我觉得松鼠实在是太可爱了。

师：谁来带着这份情不自禁地喜爱之情，读一读描写这群顽皮可爱的小松鼠的句子？

（二）写松鼠的活动时

生1：我从"舒适""宽""带着儿女住在里面"等可以体会到松鼠搭窝的本领很高。

生2：从"光光溜溜、干干净净"可以生动地体会到松鼠很爱干净，它的这些生活习性让我们读后不得不爱上松鼠。

师追问：你觉得这样写松鼠有什么好处？

生2：我觉得这样写比较生动，一下子我就读懂了。

师小结：通过作者一系列生动的描述，松鼠这只活泼可爱的小动物一下子就让我们有了更加深刻的认识。

五、对比阅读，体悟表达方法

读下面的句子，找出课文中相对应的内容，体会表达上的不同。

松鼠体形细长，体长17～21厘米，尾长15～21厘米，体重300～400克。

松鼠在树上筑巢或利用树洞栖居，巢以树的枝条以及杂物构成，直径约50厘米。

松鼠每年春、秋季换毛。年产仔两三次，一般在四月至六月产仔的较多。

师：请默读这三句话，在课文中找到原文，对比原文思考你更喜欢哪一种写法，为什么？

生1：我更喜欢原文中的松鼠，因为原文的语言很活泼，我很喜欢读。

生2：我也喜欢原文，因为描写很生动。

生3：我喜欢这段话，比较严谨、简洁。

师小结并追问：正是有这样生动形象的语言，才让我们对漂亮、驯良、乖巧的松鼠深为喜爱。但作为说明文来说，它主要是用来向人们介绍某种事物的，这就要求说明要恰当，所以对说明文的语言还有一个要求，那就是准确。

现在请大家看看《太阳》一文，和我们刚刚学习的《松鼠》一文做对比，看看在表达上有什么不同？

生1：《太阳》的语言比较平实，《松鼠》的语言比较活泼。

生2：《太阳》在表达上用了很多的说明方法来对太阳进行说明，《松鼠》则是抓住了松鼠的特点来进行描述的。

师总结：说明文无论怎样写都要把事物的特点准确表达出来。《太阳》属于常识性说明文。而今天学习的《松鼠》我们称之为文艺性说明文。习作时，我们根据意欲介绍的事物的特点选择不同的表达方法，采用不同的语言风格来进行描写。

六、迁移运用，学习写法

请同学们仿照《松鼠》一文的写法，采用生动说明的手法，抓住小狗外貌或习性某个方面的特征，写一段关于"小狗"的说明性文字。也可以写一种你喜欢的小动物。

_____

_____

_____

七、板书设计

松鼠 { 条理清晰
       特征鲜明
       方法恰当：打比方
       语言活泼

第二课时

【教学目标】

1. 回顾了解松鼠的特点，体会课文抓住松鼠的特点进行说明的具体方法。

2. 认识"娇""驯"等8个生字，会写"秀""鼠"等11个字，正确读写"松鼠""乖巧"等13个词语。

【教学过程】

一、复习巩固

通过学习，你获取了关于松鼠的哪些信息？文本是从哪些方面介绍小松鼠的？

二、再读课文，学习字词

（一）学习字词

默读课文，勾画生字、词语（词语：驯良　矫健帽缨　歇凉　互相　追逐　蛰伏不动　警觉　敏捷　分杈　苔藓　狭窄　勉强　温顺　榛子　褐色）。

这些词语你会读吗？课文中哪些词语你还不太理解？

采用拆词法理解"缝隙"，采用与生活经验相联系的方法理解"嵌着""缝隙"等词语，"褐色""帽缨形"可借助图片帮助学生直观理解。

（二）扫清了文字障碍

请同学们大声朗读课文，做到正确、流利、有感情。

指名朗读，纠错正音；

随文辨别多音字；

同桌相互读读感兴趣的句子，注意互相进行发音的纠正。

三、书写生字

书写生字时要注意以下几点："玲""我""滑""拾""狭""梳"书写时要注意左窄右宽。"玲""珑"提醒学生要处理好穿插避让的关系，最后一笔的点不要漏掉。"歇"提醒左下角不是"匈"。"鼠"字笔画较多，注意笔顺，强调第二笔为短竖，第三笔为短横。"窝""秀"是上下结构，"秀"下面的"乃"字要写得小一些；"窝"字下部是"内"字，不要写成"肉"。"勉"是半包围结构，注意第七笔竖弯钩要宽，能托起上面的"力"。

四、达标检测

（一）选词填空

驯良　善良　温顺

1. 对他们来说，这种（　　）的动物是最好看的。

2. 鹿是一种性情（　　）的动物。

3. 妈妈是个非常（　　）的人。

（二）按要求完成句子

1. 它们可以带着儿女住在里面，既舒适又安全。（用加点的关联词造句）

2. 松鼠是一种漂亮的小动物，乖巧，驯良，很讨人喜欢。（换个说法，意思不变）

（三）根据课文内容填空

小松鼠面容_____，眼睛_____，身体_____，四肢轻快，非常敏捷，非常_____。

这篇文章先后介绍了松鼠的_____特点和_____，体现出松鼠_____、_____、_____的特点。

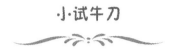

小试牛刀

"交流平台""初试身手"部分

一、教材简析

"交流平台""初试身手"部分是小学语文五年级上册第五单元的内容，向学生介绍了说明文的写作目的、说明方法、说明文语言多样性等特点。这两个内容安排在两篇精读课文教学之后，可以根据习作教学的需要进行灵活安排。

"交流平台"部分可以在两篇精读课文教学之后，引导学生总结学习说明性文章的感受，也可以在"初试身手"部分之后，结合小练笔的经验，交流习作中如何抓住事物的特点进行介绍、如何使用恰当的说明方法让介绍更加通俗易懂等，为单元习作做准备。

"初试身手"部分第一题可以安排学生在学习《太阳》之后练习使用说明方法，也可以先布置单元习作，让学生根据自己要写的内容进行练笔。第二题可以安排学生在学习《松鼠》这篇文本之后，从内容和语言表达的角度，让他们充分地体会说明文的特点，避免把单元习作写成以记叙和抒情为主的文章。

二、教学设计

【教学目标】

1. 交流、总结说明文的特点，恰当体会使用说明方法的好处。
2. 能尝试运用多种说明方法，写清楚一种事物的特征。
3. 会用说明性的语言说明身边的一种事物，正确运用说明方法。

【教学过程】

一、分享心得，聚焦方法

教师导入：在学习了《太阳》一课之后，我们动笔写了"说明一种事物"（"初试身手"部分的第一题）。请结合你的动笔经验说一说：怎样恰当地使用不同的说明方法，写的时候要注意什么？

生1：如果运用"列数字"的说明方法就要确保数字的准确性。我在描写自己的自行车之前就用皮尺测量了一下长度，用秤测了自行车的质量。

生2：作比较中所对比的事物一定要比所写的事物简单通俗，让人一下子就能明白。

生3：打比方可不是单纯的写比喻句，一定要符合事物的特点，用生活中常见的事物来打比方才能让人清楚明白。

教师引导：听了刚才你们谈的内容，教师觉得大家都有了一定程度的理解和掌握。接下来，请大家按照下面的评价标准，在小组内互评小练笔。说清楚了所介绍的事物的特点，得一颗星；运用了一种说明方法来说明其特点，得两颗星；运用了两种及以上说明方法来说明事物，得三颗星。教师组织开展小组合作，修改刚才的练笔习作。

二、详细学习，获得启发

教师引导：说明文要以说清楚、说明白为核心目标，要根据自己的需要来选择说明方法和表达的风格。请同学们阅读"交流平台"部分的内容说一说，你对"说明文"有了哪些进一步的了解，对修改自己的小练笔又有哪些启发？

生1：我知道了说明方法就是写说明文时为了说明事物的特点而采用的方法，"列数字""举例子""作比较""打比方"这些都是说明方法。

生2："列数字"可以更准确地知道数据，但简单的罗列数字并不容易理解，还可以结合恰当地"作比较"或"举例子"。

生3：原来说明文也可以轻松有趣，并不都是像"说明书""宣传资料"那么平淡无味，我的小练笔的语言风格也可以写成这样生动有趣的。

通过阅读"交流平台"部分的内容，大家不仅对说明文的理解更深刻了，而且对自己的小练笔也有了很多新的思考。接下来，请大家带着这些思考，再次修改各自的小练笔，相信通过这次的修改，大家的小练笔一定会更好。

其一，采用小组合作、共同交流的方式，如教师引导，这次修改，请大家注意：列数字的数据是否准确，作比较之后是否突出了事物的特点，打比方和举例子之后能否让人更清楚明白？如果有需要调整、修改的地方，请你帮他写一写。

三、明确要求，修改《白鹭》

（一）回顾课文，明确写作对象

教师引导：回顾《白鹭》第二自然段至第五自然段，请大家思考，作者是从白鹭的哪些方面进行描写的？

生1：作者是从白鹭身体的颜色、身段、羽毛、啄、脚等方面分别进行描写的。

（二）引导学生思考

请学生思考，若结合已经改写好的《白鹭》，现在让你修改，你会抓住哪些地方进行修改呢？

小组内进行交流，并在全班进行讨论。

生1：我觉得关于白鹭的外形特点我没有表现出来，我想修改这一部分。

由教师完成小结：在明确写作对象之后，大家一定要抓住事物的特点展开描写，才能把说明对象说清楚、写具体（板书设计：说明内容，抓住事物特点）。

生2：我写得太生硬了，我会把散文中一些修辞转换成说明方法，如把比喻句改写成打比方的句子，将与其他动物作对比的部分运用作比较的说明方法。

由教师完成小结：说明方法的使用也很重要，通过转换的形式，把描写性的语言转换成说明性的文字，（板书设计：说明方法，列数字、举例子……）。

生3：我需要收集更多有关白鹭的资料，对白鹭有更深入、更准确地了解。

师：查找资料不仅能丰富你的说明文，而且能让大家对说明对象有更深入、更准确地了解。对于我们来说，白鹭是一种可爱、活泼的鸟类，所以，我们在进行描写的时候一定要用生动、活泼的语言，这样才能更吸引读者。

四、展示改写，师生共评

教师可引导学生思考，如何将说明文描写清楚。

由学生交流并展示他们的作品，师生共同评议，针对同类型问题教师给出具体指导方案。

预设一：恰当地运用了说明方法的学生，请说一说你是如何抓住事物特点的？使用不够恰当的学生，让大家共同讨论一下这类问题出在哪里，如何解决。

预设二：有些同学直接摘录了资料里面的文字，引用的部分是否合适呢？怎样合理地使用大家收集的资料？

预设三：你的表达是否有条理？描写是否按照一定的顺序进行的？顺序描写的方法：从上到下、从整体到局部、从点到面等。

教师引导学生默读自己改写的片段和《白鹭》的第二自然段至第五自然段，在小组内开展交流：你更喜欢哪种表达方式？并说一说自己的理由。

最后，师生间进行交流，共同总结。二者之间并无优劣之分，只是侧重点不同，语言风格不同。具体要选择哪一种表达方式，要结合生活中的具体需要进行选择。

五、板书设计

说明内容：抓住事物特点
说明方法：列数字、举例子、打比方、作比较……
语言风格：平实、活泼……

大显身手

"习作例文"部分

◎文本解读

一、文本地位解读

《鲸》《风向袋的制作》对应着本单元前的"精读课文"部分，应继续围绕单元语文要素"把某一种事物介绍清楚"对这两篇例文展开学习。两篇例文都借助旁批来指导学生阅读，让学生把文章内容与作者所使用的说明方法对应起来。前者是介绍动物，侧重介绍鲸的外形与生活；后者是介绍制作过程，侧重说明风向袋的使用材料与制作步骤。

与"精读课文"部分相比，"习作例文"部分的教学更加聚焦，大家要以课后习题为抓手，聚焦一个点来学习作者是如何把事物介绍清楚的。"习作例文"部分因为有相对明确的教学重点，与其中心任务无关的或关系不密切的内容要淡化。为了更好地突出重点，突破难点，需要教师在教学过程中围绕重点，适当补充一些与"习作例文"部分相关的材料丰富教学内容。

二、文本内容解读

本单元编排了《鲸》《风向袋的制作》两篇例文，分别介绍了鲸的特点和风向袋的制作方法及流程。《鲸》这篇文章条理清楚，从鲸的形体特点、进化过程、种类和生活习性等方面进行介绍。教材中的四处批注分别从表述严谨、运用说明方法、分类介绍、形象描写等角度，指导学生进一步体会如何写说明文。《风向袋的制作》这篇文章介绍了风向袋的作用、制作步骤、辨别风向的方法，重点介绍了风向袋的制作步骤，该例文的教学重点是引导学生关注作者是怎样把制作过程介绍清楚的。

三、文本语言解读

《鲸》一文从鲸的外形特点、进化过程、种类和生活习性等方面对其进行了详细介绍。在介绍过程中，作者运用了列数字、举例子、作比较、打比方和分类别的说明方法，此文语言简练、准确、生动、形象。

《风向袋的制作》一文分步骤向大家介绍了风向袋的制作方法，其条理性极强，每一步的操作过程都非常详细，不仅介绍了怎么做，还介绍了应做到什么程度以及应注意的事项等。

作者运用了列数字的说明方法，其语言准确、具体，把风向袋的制作方法介绍得更精确、更直观，便于操作。

四、文本结构解读

《鲸》一文主要描写了以下内容：其一，作者讲了鲸的形体特点；其二，作者分析了鲸的进化过程，它是哺乳动物，不属于鱼类；其三，作者简要介绍了鲸的种类，根据有无牙齿区分，鲸可分为须鲸和齿鲸两大类；其四，作者重点讲了鲸的生活习性，具体讲了其捕食、呼吸、睡觉几个方面的特点；其五，作者讲鲸的生长特点，这一特点是从鲸是胎生的、生长快、寿命很长三个方面展开论述的。

《风向袋的制作》一文主要讲了风向袋制作前的准备、制作步骤和观察风向的方法。为了让读者更好地了解风向袋的制作过程，作者采用分条的方法介绍了风向袋。这样的方法能让读者很清楚地了解风向袋的制作过程。

五、文本教学化解读

"习作例文"部分的教学应根据单元习作的需要，把重点放在学习、模仿例文某一点或某一方面的写法上，不宜对字词、内容及其情感体会等方面做过多要求，教师应避免以精读或略读课文的方式来教学。

◎**教学设计**

【教学目标】

1. 通过对比发现相同之处，进一步体会说明表达准确，说明有序。
2. 通过对比发现不同之处，初步体会说明文语言风格的多样。
3. 模仿例文结构尝试给习作列提纲。

【教学重难点】

在对比阅读中进一步感受说明方法的精当，说明的有序，体会说明文语言风格的多样。

【教学过程】

一、课程导入

由教师完成新课导入，如引导学生思考地球上最大的动物，由学生自由回答（预设：鲸）。

教师可趁机播放鲸相关的图片，询问学生关于鲸鱼的相关知识，由学生自由回答，教师相机对遗漏的知识点进行补充。

二、整体感知

（一）请学生带着下列问题读文章

1. 文章介绍了鲸哪些方面的内容？
2. 文章运用了哪些说明方法介绍鲸？找出相关的句子。

由学生默读课文，小组进行讨论和交流。

（二）学生汇报讨论结果

首先，本文作者为了让人们对鲸有清晰的认识，从以下几个方面对鲸进行了介绍（预设：形体特点　种类　生活习性）。

其次，教师带领学生理解文中句子，使学生掌握文中所用的说明方法。

预设一：不少人看到过大象，都说大象是很大的动物。其实还有比大象大得多的动物，那就是鲸。

作者运用了什么说明方法？突出鲸什么特点？

学生回答。

由教师完成小结：这里运用了作比较的说明方法，说明鲸"大"的特点。作比较也是一种常用的说明方法（板书设计：作比较）。

预设二："目前已知最大的鲸约有一百六十吨重。我国发现过一头近四十吨重的鲸，约十八米长，一条舌头就有十几头大肥猪那么重。"

请学生找出这句话中的数量词，如一百六十吨、四十吨、十八米、十几头等。

由教师完成小结：数字、数字，还是数字，这里运用了列数字的方法（板书设计：列数字）。

列数字也是一种常用的说明方法。

这篇文章主要运用了列数字、作比较的说明方法，使被说明对象的特点更突出。说明事物还有很多种方式，教师应引导学生关注后文的学习。

最后，教师请学生快速朗读《风向袋的制作》，并解决问题。例如，作者是怎样介绍风向袋的制作的？这样写有什么好处？这篇文章主要运用了什么说明方法？

学生朗读课文，完成小组合作交流后教师完成小结。

三、对比整合

（一）围绕"相同"，进一步感知说明方法

由学生交流两篇例文的相同之处，请学生带着问题进行思考。

预设一：都运用了说明方法。

《鲸》主要采用了列数字、分类别、打比方、举例子、作比较的说明方法。

《风向袋的制作》主要运用了列数字的说明方法。

预设二：语言表达都很准确。

在对鲸进行描写时，如"近四十吨重""约十八米长""近一百年"……使用的量词等均较准确。而且还采用了由表及里、由直观感受到深入研究的方法，逐步让读者了解鲸。

用"袋长 40~50 厘米""长约 10 厘米""缠 2~3 圈"等词说明顺序。在对风向袋的制作进行介绍时，还采用了以制作步骤为顺序进行描写的方法，让读者了解了风向袋的制作过程。

（二）发现"不同"，体会说明文语言风格多样

交流两篇例文的不同之处。

预设一：写作对象不同。《鲸》一文介绍的是一种海洋生物，《风向袋的制作》一文介绍的是风向袋这一物品的制作过程。

预设二：写作内容不同。

《鲸》一文主要写了鲸的形体特点、鲸的进化过程、鲸的种类、鲸的捕食方式、鲸的呼吸、鲸的睡眠、鲸的生长等这几方面的内容。

《风向袋的制作》一文主要介绍了风向袋的作用、风向袋的制作步骤以及如何运用风向袋辨别风向三个方面的内容。

预设 3：语言风格不同。《鲸》一文的语言风格相对生动形象，《风向袋的制作》一文的语言简洁平实。

四、对照仿写

1. 仿照《鲸》简单交流要介绍的事物（如小闹钟）。
2. 仿照《风向袋的制作》列提纲（如制作万花筒）。

五、板书设计

写清主要特点

运用说明方法 { 作比较　分类别　打比方　举例子
　　　　　　　 列数字

注重说明顺序

"习作指导"部分

统编版小学语文五年级上册第五单元的最后安排习作"介绍一种事物"，让学生"收集资料，用恰当的说明方法，把某一种事物介绍清楚"，是对本单元学习的综合运

用，主要目的是让学生感受说明性文章与现实生活的联系紧密。

本单元是习作单元，主要学习写说明性文章。单元习作的第一部分明确了本次习作的内容和要求。本次习作明确指出：收集资料，用恰当的说明方法，把某一事物介绍清楚。在选材上提出了更高层次的要求。因此"用恰当的说明方法，把某一事物介绍清楚"是本次习作的主要学习目标，也是对此前学到的"说明方法""抓住事物特点"的实践运用。

◎**教学设计**

【教学目标】

1. 能用作比较、列数字、举例子、打比方等说明方法写一篇简单的说明文。

2. 学习有序观察，并在观察中写清楚事物的主要特点。

3. 在实践中提升学生的表达能力，使学生受到热爱科学的教育，陶冶热爱生活的情趣。

【教学过程】

一、创设情景，激发兴趣

在日常生活中，有许多事物都值得大家进一步去观察，去发现，如果让你去介绍一种事物，你想介绍什么？看看这个表格，对你会有什么帮助吗？

与动物有关	恐龙	袋鼠的自述	动物的尾巴
与植物有关	菊花	热带植物大观园	种子的旅行
与物品有关	灯	扫地机器人	溜溜球的玩法
与美食有关	涮羊肉	怎样泡酸菜	我的美食地图
其他感兴趣的内容	火星的秘密	草原旅游指南	中国传统吉祥物

教师引导学生通过横向观察或纵向观察，请学生谈谈自己的发现。有没有学生特别感兴趣的话题呢？请学生分享一下吧（板书设计：介绍一种事物）。

导入新课：要把自己喜欢的这种物品介绍清楚，就要用到前面我们学过的一种文体——说明文。大家还记得吗？

二、回顾课文，夯实方法

首先，通过回忆学过的说明文《太阳》《松鼠》等，总结学过的说明方法及说明文中语言的准确性和生动性等特点。

师：同学们，你们明白了吗？说明文就是以把事物说明白了为目的。看看大家在这一单元学到的文章，作者是怎样把事物介绍清楚的呢？

生1：《太阳》这篇文章，作者抓住了太阳的三个特点，写了太阳远、大、热，抓住事物的特点来介绍事物会更加清楚。

师：是的，抓住太阳的主要特点来介绍它，这个事物一下子就会给我们留下深刻的印象，看来抓住事物的主要特点来介绍的确是一个好方法（板书设计：抓住事物的主要特点)。

生2：《松鼠》这篇课文，作者介绍了松鼠的各个方面，从多个方面介绍事物能使人们对这个事物的认识更全面。

师：的确如此，你介绍的方面越多，证明你对这种事物越熟悉。所以，我们还可以介绍事物的不同方面（板书设计：介绍事物的不同方面）。

生3：介绍事物的时候，要使用说明方法，在《鲸》这篇例文里，作者就使用了很多的说明方法，让我们对这个庞然大物有了很多的认识。

师：要想把事物说清楚、讲明白，一定离不开对说明方法的使用（板书设计：恰当地使用说明方法）。

师：这一单元都是让我们学写说明文的，课前老师已经让同学们结合习作要求，查找了相关资料，确定了自己的写作方向。结合你查找到的资料，你会想怎么介绍这个事物呢？

生4：我想介绍的是猴子，我想从它的外形、生活习性、性格方面来介绍。

师：这是一种动物，你可以参考《松鼠》这一课的写作手法来介绍。

生5：我想把含羞草介绍给大家，我想从它的形态、主要用途、养殖环境和药用价值进行介绍。

生6：我想介绍涮羊肉，首先介绍羊肉的不同位置，其次再介绍要按照什么样的流程吃，最后写一写羊肉的营养价值。

师：美食大家都很喜欢，要介绍一种美食时我们可以按照分步骤的方法进行描写。

其次，开展师生讨论归纳。

我们应该从哪些方面介绍事物呢？让我们一起读读习作要求吧，看看文中给我们提示了些什么？

第一步：确定好要写的事物。

第二步：认真观察，找到事物的特点。如果介绍蔬菜、水果，应重点介绍形状、颜色、味道，还可以介绍种类、产地、产量、营养价值、保鲜等方面的情况。如果介绍玩具、文具、电器，就应重点介绍形状、特点、构造、用途以及使用过程中应注意的问题等。

第三步：具体描写，结构有条理。

最后，出示习作要求：请学生介绍一种事物，在选材方面可以是蔬菜、水果、玩具、文具或电器等。

由教师完成小结：通过大家的讨论，原来介绍一种事物这么简单啊，抓住事物的主要特点，介绍事物的不同方面，再用上恰当的说明方法，这个事物一定会更清晰、更明了。接下来，请大家拿出作文本，确定写作对象，为作文拟提纲。

三、讨论后归纳整理

首先，由学生展示写作提纲，把自己比较感兴趣的物品向同桌介绍。

教师提出要求：说的同学，语言要流畅，吐字要清晰。听的同学，应关注结构关系是否合理。

其次，师生之间开展集体交流。

教师提出要求：交流的同学，仪态要大方，声音要洪亮；倾听的同学，提出其介绍中的优点和不足。

经此过程，请学生各自厘清思路修改提纲。

教师完成小结：大家要注意，在查阅资料时，一定要认真筛选。请学生结合提纲，抓住事物的主要特点进行详细描写，运用恰当的说明方法，分段来介绍事物的不同方面，相信你的习作能给别人带来一定的收获。

四、板书设计

抓住事物的主要特点

介绍事物的不同方面

恰当地使用说明方法

教后拾贝

一、小学语文大概念教学内涵

大概念的教学就好比蜘蛛织网，首先以网心（核心概念）为起点，然后织出一根根自内向外的螺旋线（学习支架），最后纵横联结铺设成网（概念联结），即以单元要素为核心概念，不仅要立足"一个单元"，还要联系"一册"，有时甚至是纵观"一个学段"，联结不同年级不同学段的基础概念，打通学科内、学科间的学习内容，甚至融通学校教育和真实世界，实现"1+1＞2"的效果。统编版教材小学语文教科书每个自然单元都有明确的主题任务，每个单元就是一个基于核心要素生长的任务群。

比如，统编版小学语文五年级上册第五单元以"说明白"为核心概念，要联结说明对象、说明方法和说明内容等相关概念，既要了解基本的说明方法，还要把握好"用恰当的说明方法，把某一种事物介绍清楚"的力度。

二、小学语文聚焦大概念学生素养习得认识

（一）结合文本编排搭建素养习得平台

统编版小学语文五年级上册的习作策略单元，主要围绕说明性文章来进行阅读和表达。整个单元旨在读写结合，以读促写。本单元的语文要素是先"阅读简单的说明性文章，了解基本的说明方法。"然后在习作中运用"收集资料，用恰当的说明方法，把某一种事物介绍清楚"，最终所有的练习指向的是习作要素。

1. 阅读训练要素

本单元的阅读训练要素是"阅读简单的说明性文章，了解基本的说明方法"。"说明

性"文章的概念虽然在小学语文五年级上学期才出现，但是在小学中学段，说明性文章学生早有接触。说明性文章除了在小学语文四年级下册、五年级上册分别集中在一个单元，在其他单元主要和其他文体的文章一起落实阅读训练要素。这些阅读训练要素有些指向学生自身阅读能力的提升，有些指向学生对文章结构的把握。这些阅读要素的学习，可以让学生了解说明类文章的特点：文章会围绕几个方面来把事情写清楚，每个段落经常会有关键句，围绕一个意思作者会把一段话写清楚，对这些阅读训练要素的掌握，会让学生能很快掌握说明性文章的篇章特点。

小学语文五年级上册第五单元选择了两篇精读课文《太阳》《松鼠》。选择这两篇文章，编者的考虑很周全。《太阳》语言平实，通俗易懂；《松鼠》语言活泼，描述生动。通过这两篇文章，希望学生感受说明性文章不同的语言风格。本单元的阅读训练要素是"阅读简单的说明性文章，了解基本的说明方法"。在本单元中，其重点是了解"基本的说明方法"。对于这一要素，《太阳》一文的课后习题、"交流平台"部分都有涉及。说明方法是说明性文章说明事物的方法，本单元主要涉及作比较、列数字、举例子、打比方，这些都是"基本"的说明方法，在说明类文章中使用频率很高。至于其他的说明方法，如下定义、分类别、画图表、作假设等并不需要学生知道。

对于这些"基本说明方法"的"了解"要达到什么程度呢？第一，学生要能从文中找出相关句子，并知道使用了什么说明方法；第二，学生要能体会到使用这种说明方法的好处。针对阅读训练要素，单元阅读学习目标可以细化如下：

其一，阅读简单的说明性文章，知道文章通常抓住事物鲜明的特点进行多方面说明，可以帮助大家认识事物、获取知识。有阅读其他说明性文章的意愿和热情，通过阅读增长知识。

其二，感受说明性文章两种不同的语言风格：平实、活泼，能体会两种语言风格在表达上的不同效果。

其三，知道说明性文章为了把抽象、复杂的事物说得清楚、明白，会使用一些说明方法，如列数字、举例子、作比较、打比方等。了解基本的说明方法，体会使用说明方法的好处。

其四，查找资料，尝试用多种说明方法来说明一种事物。

2. 表达（习作）训练要素

本单元的表达训练要素是"收集资料，用恰当的说明方法，把某一种事物介绍清楚"，并提出几点注意事项：写清事物的主要特点，试着用上恰当的说明方法，可以分段介绍事物的不同方面。这和本单元的阅读训练要素密切相关，是对本单元阅读训练要素的运用。梳理统编版小学语文教材中，与本单元在纵向上有直接关联的表达训练要素如下表所示：

说明性文章的编排及表达（习作）训练要点

小学语文册序	单元	表达训练要素	具体要求
三年级上	第五单元	仔细观察，把观察所得写下来	把观察时印象最深的一种事物或一处场景写下来
三年级下	第一单元	试着把观察到的事物写清楚	用观察记录卡的形式写一种植物（名称、样子、颜色、气味等）
三年级下	第三单元	收集传统节日的资料，交流节日的风俗习惯，写一写过节的过程（综合性学习）	选一个传统节日，写一篇习作。可以写自己家过节的过程，也可以写节日中发生的印象深刻的故事
三年级下	第四单元	观察事物的变化，把实验过程写清楚	把小实验的经过写清楚，也可以写一写自己做实验的心情、实验中的发现等
三年级下	第七单元	初步学习整合信息，介绍一种事物	根据提供的信息，再查找资料，介绍大熊猫（门类、食物、分布地区）
四年级下	第四单元	写自己喜欢的动物，试着写出特点	创设情境，向朋友介绍动物的特点
五年级上	第五单元	收集资料，用恰当的说明方法，把某一种事物介绍清楚	用上恰当的说明方法，介绍事物的各个方面
六年级下	第一单元	习作时，注意抓住重点，写出特点	介绍一种风俗，清晰描写这种风俗的主要特点

　　根据表格可以发现，小学阶段说明性文章表达训练主要包括两种：一是介绍一种事物，二是说明做事情的过程。

　　如何"把某一种事物介绍清楚"呢？第一，写清楚事物的主要特点；第二，可以分段介绍事物的不同方面。

　　"基本的说明方法"，学生在精读文章中已经掌握，在习作部分进行运用。但是，对于小学生而言，运用"恰当"的说明方法来说明事物具有难度，学生只是"尝试"运用恰当的说明方法，教师对此不应提过高要求。

　　"收集资料"的学习方式，学生从小学三年级开始不断接触，不仅要学会如何收集资料，也要学会整合信息、整理资料。在本单元的习作练习前，学生不仅需要收集相关资料，进一步了解要说明的事物，也需要对资料进行整理，为清晰、具体介绍事物做好准备。

　　经过上面的分析，将本次习作的目标细化为更准确、更细致的学习目标：把自己感兴趣的事物通过说明性文章介绍给他人；收集说明对象的相关资料，并进行分类整理，试着用上恰当的说明方法（列数字、举例子、打比方等），用清楚、准确的语言直接描述，分段介绍事物的不同方面，写清事物的主要特点。积极主动地与其他同学分享习作，看看同学对自己介绍的事物是否产生了兴趣，获得了相关知识，可以此为判断依据。

（二）具体教学设计思路

考虑本单元是习作策略单元，在设计上将习作要求提前，使任务显得更加真实，有了积极的写作心态，收集资料也会更加积极。根据以上解读，为了扎扎实实落实单元语文要素所指向的学习目标，可以这样规划整个单元的学习活动。

第一板块：回顾文章，明确文体。本单元第一次提出"说明性文章"的概念，但是说明性文章，学生并不是第一次接触。从本单元导语出发，带着学生回忆学习过的、自己阅读过的说明性文章，让学生谈谈印象中说明文的特点，让学生对说明文有初步认知，知道说明性文章通常抓住事物的特点进行说明，可以帮助我们认识事物、获取知识。

第二板块：通读单元，明确写作要求。学生自主阅读整个单元，除自学字词、通读课文了解单元安排外，重点思考关于说明性文章哪些是自己已知的，哪些是自己不清楚，需要再学习了解的，进行批注阅读。这个过程是学生进一步了解说明性文章的过程。学生学习后，根据习作要求确定好要介绍的对象，罗列好习作提纲。这样学生可以一边学习精读课文，一边有针对性地查找资料。

第三板块：细读文章，读写结合，具体落实要素。这个板块要一篇一篇阅读。阅读《太阳》这样的科学性说明文，感受其语言的平实、准确。结合课文中的句子，学习基本的说明方法，体会使用说明方法的好处。学习《太阳》一文之后，学生完成"初试身手"部分的第一题，针对自己习作所选事物的某个特征进行练笔。阅读《松鼠》，感受文艺性说明文的生动、活泼。读《松鼠》一文时，可将两种不同的语言风格进行比较，学生可以体会这两种语言风格在表达效果上的不同。学完后，教师可以引导学生练习运用已学的说明方法对某动物某一方面开展写作。

学习完《太阳》《松鼠》后，学生需要思考，什么时候选择平实风格的写法，什么情况下选择生动形象风格的写法。写法的选择和文章的定位有关。《太阳》的作者要向大众普及有关太阳的科学知识，《松鼠》的作者要向读者分享他所熟悉和喜爱的松鼠的样子和生活习性等。两篇文章面对的阅读对象不同、说明目的不同，所以采用了不同的语言风格。将精读文章的讲授和"初试身手"部分的小练笔相结合，以读促写，以写促读，学生对基本的说明方法有学有练，对说明性文章不同的语言风格也有了认知。学习后，通过"交流平台"部分来进行一个单元的回顾和梳理，让学生对说明性文章形成清晰的认识。

另外，仅通过两篇课文来学习说明性文章，学生无法在头脑中构建起比较清晰的说明性文章"形象"来，在本单元精读课文的讲授中，每篇文章之后，再拓展阅读两三篇说明类文章，让学生多一些阅读体验。

第四板块：介绍事物，与例文比较。在习作之前，学生先对收集的资料进行分类整理，调整作文提纲，为书写做好准备。写完后，参照例文进行修改，自己发现问题、改正问题。有了第一次的思考，教师的讲评，学生再进行第二次调整。

习作单元的每个部分是相互衔接的有机整合，指向最终的"习作成果"。这种聚合性构成了一个以培养习作能力为中心的单元整体，教师在合适的时机，巧妙地穿插，有效地链接，让学生经历"感受—归纳—运用"的过程。

第十二章　学会人物描写，让人物形象活泼鲜明

——小学语文五年级下册习作策略单元

单元概览

　　本单元围绕着"众生百相"这一主题，安排了《人物描写一组》《刷子李》两篇优秀的精读材料，《我的好友容容》《小守门员和他的观众们》两篇有趣的例文等内容。此外，我们还将提供一个师生互动的学习空间，让大家一起探讨。"具体地表现人物特点"的课程设置旨在帮助学生增强写作技巧，其中包括多个关键部分，它们彼此交织在一起，形成了完备而全面的知识框架。

　　在这一单元的学习中，我们将帮助学生掌握描写人物的基本技巧，并能够更好地展示出人物的独特性。

导读领航

单元导读课

【教学目标】

1. 走进经典，感受语言魅力；重视人物描写方法，激发学生学习兴趣。
2. 品味分析，初步感知人物描写方法，了解人物描写作用。
3. 学以致用，引导学生运用人物描写的方法，为单元学习打下坚实基础。
4. 激发学生阅读中外名著的兴趣。

【教学重难点】

教学重点：了解抓住特点进行人物描写，刻画活泼鲜明的人物形象的方法。

教学难点：通过人物描写突出性格特点、品质特征，突出文章主题。

【教学过程】

课程导入：

江山代有人才出，各领风骚数百年。无数才子佳人、英雄豪杰深入人心，载入史册。同学们，你们通过哪些方式对这些人物有了深入的了解？有同学通过影视作品、有同学通过阅读了解到了这些个性鲜明的人物。今天，我们一起探索人物描写的奥秘。

一、走进经典，感悟人物描写的妙处

阅读下面的句子，说出相关人物

身穿金甲亮堂堂，头戴金冠光映映。手举金箍棒一根，足踏云鞋皆相称。一双怪眼似明星，两耳过肩查又硬（预设：孙悟空）。

身长九尺，髯长二尺，面若重枣，唇若涂脂，丹凤眼、卧蚕眉，相貌堂堂，威风凛凛（预设：关羽）。

请大家说说你们准确判断的依据、理由。

由教师完成小结：你们能够准确地找出这些人物，是因为句子中对人物外貌进行了生动的描写，抓住了人物的特点。金箍棒是孙悟空的专属配置；"髯长二尺，面若重枣，丹凤眼"是关羽独一无二的外貌特征，所以说根据这些特征很容易分辨人物。

只听见（猪八戒）说："一块瓜不解渴，我再把猴子的一块吃了吧！留下两块给师父和沙僧，也说得过去。"（猪八戒）几口就把那块西瓜啃完了，接着又说："可越吃越想吃了，嘿，我把沙僧的一块也吃了吧，给师父留下一块。"说着又捧起一块吃起来。

智深相了一相，走到树前，把直裰脱了，用右手向下，把身倒缴着；却把左手拔住上截，把腰一挺，将那株绿杨柳树带根拔起。

请同学们说说找出这些人物的依据、思考。

由教师完成小结：在这些描写中运用动作、语言描写描述了相关人物的典型事件，所以答案显而易见。

二、总结人物描写方法

教师引导学生悉知抓住人物外貌、动作、语言等能突出人物鲜明的个性这一人物描写方法。

三、运用人物描写方法

教师引导学生运用人物描写的方法、策略，对我们班的学生进行描写，突出人物的个性特征（文中不会出现人物姓名、不直接进行性格描写）。完成后彼此分享，让他们猜猜描写对象、个性特点。

由教师完成小结：人物描写不是为了描写而描写，有着重要的作用、深远的意义，为后文故事情节的发展埋下了伏笔、做好了铺垫，让故事的结果水到渠成、顺理成章，使文章主题更加鲜明，引导学生探索人物描写的秘诀！

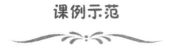

课例示范

人物描写一组

◎ **文本解读**

一、文本地位解读

《人物描写一组》由《摔跤》《他像一棵挺脱的树》《两茎灯草》组成，这几篇课文有一个共同点就是作品中的人物形象非常鲜明，各自有着不同的特点。作家在刻画人物时采取了不同的手法，分别侧重对人物的动作描写、外貌描写及动作、神态等细节描写。

通过这几篇课文的学习，教师应引导学生学习运用描写人物的基本方法，具体地表现一个人的特点。

二、文本内容解读

《人物描写一组》这篇课文由三篇独立的片段组成：《摔跤》《他像一棵挺脱的树》《两茎灯草》。《摔跤》主要通过动作描写表现了小嘎子的机灵；《他像一棵挺脱的树》主要通过外貌描写表现了祥子的生命力；《两茎灯草》主要通过动作描写表现了严监生的吝啬。"摔跤"这个词揭示了主要事件，选文主要写小嘎子和胖墩儿比赛摔跤的情景，刻画了小嘎子的顽皮、机敏、争强好胜、富有心计的个性特点。"挺脱"一词概括了祥子高大健壮、充满活力的特点。《两茎灯草》记叙了严监生临终前因灯盏点了两根灯草，伸着两个手指头不断气，直到赵氏挑掉了一根，才一命呜呼的故事，刻画了一个守财奴形象。

三、文本语言解读

通过对典范案件的详细描述，我们能够更好地了解主角的个性、态度和情感，从而使读者能够更加真实地感受他们的内涵和情绪。

《摔跤》是一篇白话文，文中的语言很有特色。"要不——摔跤。"表示说话者小嘎子的让步，用听话者胖墩儿拿手的摔跤替换说话者小嘎子的拿手的爬树：暗示小嘎子对自己充满信心，有点自大，为结尾摔了个仰面朝天埋下伏笔。这是通过语言来表现人物的性格。"一闪身""叉着腰""一叉一搂"等动作词表现了小胖墩儿对摔跤的熟练。"围着他猴儿似的蹦来蹦去"和"钩他的腿"都采用了摔跤的术语，让读者感到新颖。"围着他猴儿似的蹦来蹦去"中，小胖墩儿的动作笨拙，作者想要帮助他找到进攻的机会；"钩他的腿"则通过细致的动作描述，展示了小嘎子的机智。全文使用大量北京话的儿化音和方言，比如"单褂儿""门墩儿""虎势儿""猴儿""牛劲儿""惯手"等。《他像一棵挺脱的树》一文则洋溢着浓郁的京味儿。此外，这一组课文中还包含了许多生僻字，因此大家需要加强对它们的重视和指导。

四、文本结构解读

这篇课文与传统的课文不同，它由三个部分组成。因此，我们建议在教学时采取以下步骤：回顾和交流，即讨论你在读过的写人的文章中对某个人物印象最深的部分，或者分享你的读写经验，或者提出你对写人的疑问。阅读每个部分，感受每个人物的特点，并理解作者描写人物的方法。通过整合和拓展将三个部分结合起来进行比较阅读，能更好地理解这篇课文的内容。

◎教学设计

第一课时

【教学目标】

1. 读准字音，读通课文，利用工具书，自学生字、生词。

2. 整体感知课文内容，厘清脉络。

3. 能正确、流利地朗读课文。

【教学重难点】

教学重点：正确、流利地朗读课文，理解课文内容，了解作者描写人物的方法。

教学难点：感受人物形象，体会作者描写人物的方法，并在习作中运用这些方法。

【教学过程】

一、主题导入，认识人物形象

在这学期的语文学习中，大家结识了不少文本人物。在这些人物中，哪些给你留下了深刻的印象？引导学生用自己的方式说。

揭示课题：这些人物都有着鲜明的性格特点，在我们心中都留下了深刻的印象。今天我们再来认识一位很有特点的人物，他是小嘎子。

学生齐读，初识人物形象。

二、初读感知，初步把握人物形象

（一）检查预习，过字词关

教师用多种形式认读生字词、正音，指导书写。

（二）初读课文，整体感知内容

自由朗读课文，引导学生利用课题名扩展法进行概括，由学生进行汇报。读了课文，小嘎子给你留下了怎样的印象？

由教师完成小结：把课题稍加扩展充实，来概括课文的主要内容，这种方法叫作题目扩展法。这是概括课文主要内容的一种很好的方法。

三、走进文本，深入感悟人物形象

（一）品味小嘎子

首先，学生默读课文第三自然段，用横线划出描写小嘎子的句子，并抓住重点词在旁边写一写自己的体会。

其次，由学生进行汇报交流。

小嘎子在家里跟人摔跤，一向仗着手疾眼快，从不单凭力气，自然不跟他一叉一搂。

从这句话中你体会到什么？从哪个词体会到的？读出你的感受。

教师可以重点指导以下内容："手疾眼快"是什么意思？你是通过什么方式知道这个词的含义的？从字面上理解字义是一个很好的学习方法。从这个词中，我们看出小嘎子什么特点？（机灵）为什么不"一叉一搂"？这又可以看出小嘎子怎样的性格特点？（富有心计）。

起初，小嘎子精神抖擞，欺负对手傻大黑粗，动转不灵，围着他猴儿似的蹦来蹦去，总想使巧招，下冷绊子，仿佛很占了上风。

你从哪个词体会到了什么？

预设一："精神抖擞"是什么意思？通过做动作来理解，此时，你体会到什么？（小嘎子信心十足）

预设二：让学生上台演一演蹦来蹦去的小嘎子，你看到了一个怎样的小嘎子？

预设三：这句话抓住了小嘎子的什么来描写？（动作、心理）

小嘎子已有些沉不住气，刚想用脚腕子去钩他的腿，不料反给他把脚别住了。

预设一：从"沉不住气"体会到了什么？（争强好胜）这一钩，钩掉了小嘎子的什么？（他胜利的希望）

（二）认识小胖墩儿

可是小胖墩儿也是个摔跤的惯手，塌着腰，合了裆，鼓着眼珠子，不露一点儿破绽。

教师重点指导：让学生做动作理解"塌着腰""合了裆"。

教师重点指导：你体会到这是一个怎样的小胖墩儿？（力气大、老实、敦厚）

四、总结运用，领会人物描写方法

作者主要抓住小嘎子的什么来表现他的个性特点的？（主要是抓住动作来写的）

教师引导学生续写《摔跤》，注意用上动作描写、心理活动描写等方法。

五、板书设计

摔跤

小嘎子：机灵、有心计（动作描写）

小胖墩儿：沉稳、厚道（动作、神态描写）

第二课时

【教学目标】

1. 正确、流利地朗读课文，边读边赏析精彩语段。

2. 抓住作者刻画祥子外貌的语句，逐步感受祥子的人物形象，并体会这样写的好处。

【教学重难点】

教学重点：抓住对祥子外貌描写的句子，感受祥子的人物形象。

教学难点：体会作者描写人物的方法，并在习作中学会运用。

【教学过程】

一、初读课文，整体感知

教师介绍《骆驼祥子》的创作背景，请大家自由读课文，边读边想：祥子是一个怎样的人？然后，教师进行范读，请学生交流难读之处。

二、再读课文，认识人物

请你再读课文，说说作者主要采用了什么方法描写祥子的？写出了祥子的什么特点？

文中的祥子给你留下了什么样的印象？

三、佳句赏析，感受魅力

"头不很大，圆眼，肉鼻子……小时候在树下睡觉，被驴啃了一口。"

预设一：这段话描写了祥子的外貌，突出了祥子很有精神。

"这样立着，他觉得，他就很像一棵树，上下没有一个地方不挺脱的。"

预设二：这句话运用比喻的修辞手法，将祥子比作一棵树，生动形象地展现了祥子的健壮体魄和朴实性格。

四、拓展阅读，激发兴趣

教师带领学生欣赏电影《骆驼祥子》中的片段。

相信大家阅读原文之后，对祥子这个人物还会有新的看法，请大家谈一谈。

五、板书设计

祥子（外貌描写）
- 胸：铁扇面
- 背：直硬
- 肩：宽而威严、健壮活力
- 脚：大
- 脸：有精神

第三课时

【教学目标】

1. 掌握生字词，正确、流利地朗读课文。
2. 抓住重点词句体会人物的性格特点，感受严监生这个鲜活的吝啬鬼形象。
3. 感悟、学习作者的表达方法。

【教学重难点】

教学重点：体会严监生的人物形象。

教学难点：感悟、学习作者的表达方法。

【教学过程】

一、导入新课，书写课文题目

教师导入新课后，请学生齐读课题，教师讲述本文的背景。

二、学课文，练朗读

结合注释，请学生再次通读课文。在此过程中，教师应重点指导读好人物说话的语气、神态，如怎样读好赵氏的话。

教师可组织小组赛读，相互点评。

三、学课文，识人物

在刚才的读书活动中，大家认识了谁呀？（预设：严监生）

说说你眼中的严监生（板书设计：吝啬鬼、守财奴）。

四、学课文，悟技巧

这篇短文可以说是写作技巧的百宝箱。请大家默读课文，找一找，文中哪些地方写得特别精妙？可以一边读一边做批注，也可以跟同桌交流交流。学生开展交流汇报，教师进行点评，教师可以引导学生进行梳理。

首先，将正面描写与侧面描写相结合，突出人物性格特点（多媒体课件出示表现严监生病重的句子）。

自此，严监生的病，一日重似一日，再不回头；病重得一连三天不能说话；严监生喉咙里痰响得一进一出，一声不倒一声的。

诸亲六眷都来问候。五个侄子穿梭的过来陪郎中弄药。到中秋以后，医家都不下药了。把管庄的家人都从乡里叫了上来；晚间挤了一屋的人，桌上点着一盏灯。

请学生比较，同样是描写严监生病重的句子，这些句子有什么区别？

由教师完成小结：直接写严监生病重的句子是正面描写，也叫直接描写；通过描写其他人来表现严监生病重的句子是侧面描写，也叫间接描写。这种写作技巧叫作正面描写，将正面描写与侧面描写相结合，更易突出人物性格特点。

其次，巧设悬念，抓住读者。

出示句子：严监生喉咙里痰响得……伸着两个指头。

读到这里你特别想知道什么？预设："两个指头"到底指什么？"两个指头"到底指什么呢？是什么东西如此重要，竟让临死前的严监生这般牵挂呢？你想知道答案吗？那该怎么办？

由教师完成小结：有了悬念的文学作品较引人入胜，让人回味无穷、欲罢不能！这种写作技巧叫巧设悬念，抓住读者。

再次，细节刻画，表现内心（用课件出示众人猜测及描写严监生反应的句子）。

请学生找出描写严监生反应的句子，读一读。你从中体会到了什么？请学生说一说。接下来，由教师引读：

当大侄子猜测时：他就把头摇了两三摇。

当二侄子猜测时：他把两眼睁的的溜圆，把头又狠狠摇了几摇，越发指得紧了。

当奶妈猜测时：他听了这话，把眼闭着摇头，那手只是指着不动。

严监生想说什么呀？

预设：我们能对严监生的内心世界感同身受，都是因为作者对临死前的严监生动作、神态的细致刻画。这也是我们刻画人物最常用的方法，这种写作技巧叫作细节描写，易表现人物内心。

最后，制造反差，极尽讽刺（多媒体课件出示严监生断不了气与赵氏挑掉一茎灯草后严监生咽气的句子）。

请学生齐读，故事的结局跟你想象的一样吗？为什么？

预设：严监生这样一个富家翁，临死前倔强地伸着两个指头，他牵挂的不是两个亲人，不是两笔银子，也不是自己死后的孤儿寡母，而仅仅是灯盏里的两茎灯草。这种强烈的对比，真是大大地出乎我们所有人的意料，让人啼笑皆非。作者通过这种对比对吝啬的严监生进行了无情的讽刺！这种写作技巧叫制造反差，极尽讽刺。

回过头来我们看一看，短短412个文字，竟然蕴藏着这么多的精妙之处（由学生齐读），正面描写与侧面描写相结合，突出特点。巧设悬念，抓住读者。细节刻画，表现内心。制造反差，极尽讽刺。

由教师完成小结：通过对这堂课的学习，大家了解了作者描写严监生这个人物形象的方法，认识了严监生这个极度吝啬的守财奴形象，很多同学会觉得很不可思议，作者正是通过这样一种极具讽刺的手法来揭露当时的社会。让我们走进《儒林外史》这部名著，去认识更多个性鲜明的人物（课件出示：王冕、范进、穷秀才……走进《儒林外史》，分析人物描写）。

布置作业：尝试运用其中一两种方法写一个片段，表现一个你熟悉的人。

五、板书设计

吝啬鬼—严监生—守财奴

↑

讽刺

刷子李

◎ **文本解读**

一、文本地位解读

《刷子李》是一篇描述主人公刷子李的故事，通过描述他的动作、外貌和语言来展现其高超的技艺。这篇文本旨在帮助学生更好地理解人物的特点，并通过观察他人的反应来加深对这些特征的认识。

《刷子李》和《人物描写一组》在描绘人物特征方面都有所不同。《刷子李》更加注重曹小三的行为和心理活动描写，而《人物描写一组》则更多地关注于描述人物的外貌和性格描写。

二、文本内容解读

《刷子李》讲述了一个叫曹小三的新徒弟，他对师傅刷子李的技艺一直持怀疑态度。第一天，他跟随师傅前往新房，在那里他见识到了刷子李的精湛技艺，不禁为之惊叹。

这篇文章被分成两个部分：第一部分讲述了关于刷子李的传奇技艺，并介绍了他制定的规则。第二部分描述了曹小三第一次与师傅外出工作时的经历。

三、文本语言解读

本文运用了极具韵味的天津方言，语言朴素，文笔诙谐，极富表现力；而无论是人物语言，还是故事叙述与人物描写，都毫不拖泥带水，既简洁凝练，又生动传神。

四、解读描写人物方法

首先，一波三折的叙事，引人入胜：最开始，徒弟只能半推半就，结果在一整天的搜寻中，竟然一个细微的痕迹都未能发现。就在他为师傅的高超技艺而敬畏之际，忽然间，一个像山一样的白点出现在了师傅的裤子上。没想到，当曹小三终于发现：这个白色的斑痕竟然是师傅穿着的黑色衣服上的一个破洞所导致的……

其次，注重正面细节描写的方法，塑造人物个性：

在本书中，刷子李穿着深色的衬衫和长筒靴，在擦拭墙壁的过程中技艺表现得十分精湛，而且他身上出现的小小的白斑更是给读者带来了震撼。

最后，作者采用侧面描写的方法，烘托人物形象：本文从曹小三的视角来侧面描写刷子李的高超技艺，更让人信服。他对刷子李的技艺深表赞赏，并以一种半信半疑的态度与其自信的艺术风格形成了鲜明的对比，从而更加凸显其才华和勇气。

◎教学设计

【教学目标】

1. 认识6个生字，读读记记师傅、刷浆、包袱、透亮、清爽、搜索、威严、露馅、发怔、发傻、半信半疑等词语。

2. 有感情地朗读课文，了解一位普通手艺人的高超技艺。

3. 继续领悟并学习作者刻画人物的方法。

【教学重难点】

教学重点：领悟并学习作者刻画人物形象的方法，感受人物形象，体会作者抓住细节描写人物的方法。

教学难点：体会文章是怎样表现刷子李的高超技艺的，感受独特的语言韵味。

【教学过程】

一、导入新课

师：大千世界，无奇不有，在日常生活中，我们经常可以听到一些身怀绝技的人的故事，这些故事会让我们不由地发出一声由衷的惊叹（出示课题：刷子李）。

预设：通过预习你对这个题目有了哪些了解？（一个姓李的粉刷匠的高超粉刷技艺）

由教师进行背景介绍：这是一种特殊的称谓，在天津卫这个地方，某一行有绝活的人，人们就用他的行当加姓称呼他，比如在天津，有个姓张的，泥人捏得特别好，就叫他——泥人张；有个姓魏的风筝做得特别好，就叫他——风筝魏。又如这篇课文中的主人公，他姓李，刷墙技术特别好，人们就称他为刷子李。

二、浏览课文，感受正面描写人物的方法

首先，由教师带领学生解决本课的生字词等问题。

其次，由学生快速浏览课文，找找刷子李"奇在哪儿，绝在哪儿"。

用笔找到一处就用笔标上①，再找到一处就标上②……还可以用最简洁的语言或词语，记录下你的感触。把你找到的描写刷子李的神奇之处在小组内进行交流。详情如下：

"最让人叫绝的是，他刷浆时必穿一身黑，干完活，身上绝没有一个白点。"

"他要是给您刷好一间屋子，屋里什么都不用放，单坐着，就如同神仙一般快活。"

"他还给自己立下一个规矩，只要身上有白点，白刷不要钱。"

"只见师傅的手臂悠然摆来，悠然摆去，如同伴着鼓点，和着琴音，每一摆刷，那长长的带浆的毛刷便在墙面'啪'地清脆一响，极是好听。"

读着读着，刷子李不再是一个普普通通的粉刷匠了，已经成了一个风度翩翩、才华

横溢的艺术家了。读读这些句子，说说刷子李在你的心目中成了一个什么样的艺术家？
（粉刷艺术家、舞蹈家、画家、裁缝、书法家）这几个句子从哪几个方面写出了刷子李
的奇？（效果奇、规矩奇、动作奇）

由教师完成小结：文中对于刷子李的直接描写就叫正面描写，正是在这样多方面的
描写中，刷子李的形象才变得越来越丰满。

三、探究"曹小三"人物的作用，体会侧面描写人物的方法

从"黑色衣服上有没有白点"展开情节——在看师傅刷浆时，曹小三"最关心的还
是刷子李身上到底有没有白点"。

这句话对曹小三的举动、心理活动等进行了细致的描写。刷子李每刷完一面墙坐在
凳子上休息时，曹小三借着给师傅倒水点烟的机会，用目光"仔细搜索刷子李的全身"，
但却连一个芝麻大小的粉点也没发现，于是他"真觉得这身黑色的衣服有种神圣不可侵
犯的威严"。当刷子李刷完最后一面墙时，曹小三看见师傅裤子上出现了一个黄豆大小
的白点，这一发现让"往日传说中那如山般的形象轰然倒去"，他在心底喊道"完了，
师傅露馅儿了，他不是神仙"。刷子李看破了曹小三的心思，让曹小三凑近看，曹小三
这才发现那白点原来是刷子李刚才抽烟时不小心烧的小洞中透出的白衬裤，他不由得
"发怔发傻"了。曹小三的内心随着寻找"师傅黑衣上的白点"的过程而跌宕，刷子李
刷浆的"绝"也在这跌宕中让曹小三佩服至极。

由教师完成小结：像这样，以"曹小三"的视角来凸显刷子李的技艺高超，叫作侧
面描写。同时，这种一波三折的故事情节，引人入胜，也是小说的独特魅力所在。

四、归纳写作方法

过程如此曲折，作者让我们看到了刷子李的技艺高超，那作者是如何写出他技艺高
超的？

教师引导学生归纳要点，学习写作方法：故事情节，一波三折，扣人心弦，引人入
胜。注重细节描写，烘托环境气氛，刻画人物性格，揭示主题思想。采用对比手法，烘
托人物形象。

教师请学生选择生活中熟悉的人进行细节描写，写出其主要特点。教师还可以向学
生推荐《泥人张》《快手刘》等奇人传记，播放《天津泥人张彩塑优秀作品展》视频。

五、板书设计

刷子李
技艺高超 {规矩奇特
效果非凡
动作娴熟

小试牛刀

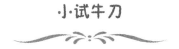

"交流平台""初试身手"部分

【教学目标】

1. 了解本单元课文所运用的描写人物的方法。

2. 学会观察人物，用学过的方法描写一下他。

3. 学会借助典型事例表现人物的特点。

【教学重难点】

掌握描写人物的基本方法，学会运用多种方法描写人物。

【课时安排】

1 课时

【教学过程】

一、"交流平台"部分

由学生阅读教材中的文字，教师导入交流内容。师生交流，教师教导学生刻画人物的方法。

由教师完成小结：下面的这些方法也有助于我们更好地刻画人物形象。首先，要表现人物的个性特征。人物的性格特征是千差万别的，写人就要写出他的独特个性，人物才会显得活、显得真。在描写人物时，还要特别注意他们在身份、职业、经历上的差异，不能千人一面、千人一腔。其次，要把人物放在一定的环境、事件和场面中加以描写，写出人物的所做、所思、所说，使所写的人物富有个性。最后，要运用多种方法，增强表达效果，如为了突出一个人前后的变化或正反面人物的矛盾冲突，不妨采用对比的方法。又如通过夹叙夹议或边叙述边抒情的方法，能将作者对人物的褒贬爱憎融入具体的描写之中，等等。

通过交流，我们掌握了描写人物的一些基本方法。教师可以尝试鼓励学生运用刚才总结的方法加深对文本内容的理解。

二、"初试身手"部分

教师出示课件并引导学生弄清写话的要求。课间十分钟，观察一位同学，试着用学过的人物描写方法对他进行描写。

过渡：同学们，刚才我们已经通过交流了解了描写人物的一些基本方法，相信大家都已经掌握了吧！那么，现在就请大家试着运用这些方法进行一次写话练习吧！

同桌交流，并进行写话练习。交流展示，集体评议。教师出示课件，引导学生进行写话练习，如分析你的家人有什么特点？想一想可以用哪些典型事例表现他们的特点，列出来和同学进行交流。

过渡：家人是我们最亲密的人，我们和他们朝夕相处，对他们应该是很了解的。想一想可以用哪些典型事例来表现他们的特点，试着列举出来吧！

预设：首先用几个关键词语概括某位家人的特点，然后回想和他相处的点滴，看这些特点具体体现在哪些事件中。把这些事件分条列举出来，并和同学交流。

展示学生列举的典型示例。

人物	特点	事件
爸爸	温和	从不对我发火，即使我的考试成绩不理想，也不会批评我，而是耐心地帮我分析错在哪里，该如何改正 对朋友很和善，总是笑眯眯的，朋友们都夸爸爸脾气好
	勤快	每天很早起床，给我和妈妈准备早餐 周末没事的时候，会主动做家务
	兴趣广泛	喜欢打篮球，小区的篮球场上经常可以看见他的身影 喜欢看书，尤其是历史方面的书，家里的书架上都快堆满了书 喜欢旅游，一到寒暑假就会带我和妈妈出去旅游
妈妈	热情好客	家里有客人时，妈妈总是热情地给客人端茶、倒水，并拿出水果招待客人，客人临走时，还要装一些食物让客人带走
	坚强、乐观	奶奶生病住院时，妈妈一下班就往医院跑，从医院回来还要照顾我，但她从没抱怨过 工作中遇到困难时，她总是积极地找原因，克服困难，从不打退堂鼓
	善良	在路上遇到需要帮助的人，她都会主动帮忙 资助了一个贫困山区的孩子，还决定一直资助到他上大学

三、课堂回顾

教师总结本课时的教学内容，并点评学生的课堂表现。通过对本单元课文的探讨、交流，大家进一步明确了描写人物的一些基本方法，并在"初试身手"这一部分中进行了练习。在课堂上，大家都能积极思考、踊跃发言，写话练习也都写出了人物的特点。希望大家继续保持这种好的学习劲头，争取收获更多。

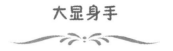

大显身手

"习作例文"部分

◎教学设计

【教学目标】

1. 了解两篇例文是怎样把人物的特点写具体的。

2. 引导学生选取典型事例，运用描写人物的方法，把人物的特点写具体。

3. 培养学生养成善于观察、善于发现、善于积累的习惯。

【教学重难点】

结合例文，了解描写人物的基本方法和技巧，能运用多种方法描写人物，具体表现人物的特点。

【教学过程】

一、游戏导入，引出主题

以游戏激起学生的兴趣，引出本次习作内容。比如：同学们，今天咱们来玩一个猜谜游戏，看谁能根据大屏幕上的提示信息猜出人物形象，比一比谁的反应最快。

大屏幕出示：

（1）火眼金睛　头戴紧箍儿　三打白骨精（谜底：孙悟空）

（2）身长九尺　髯长二尺　义薄云天　单刀赴会（谜底：关羽）

（3）身躯凛凛　相貌堂堂　疾恶如仇　景阳冈打虎（谜底：武松）

预设：大家是通过哪些特征认出这些人物的呢？（人物的外貌、性格、事迹等）

教师引导学生复习交流《人物描写一组》和《刷子李》这两篇课文。

反馈学生写的习作片段，展示学生的作品，引导学生互相评议。

二、研读范例，交流方法

大家通过阅读《我的朋友容容》，对照批注思考以下问题：课文选取了哪些典型事例来描写容容这个人呢？这样写有什么好处？

请学生默读《我的朋友容容》，说说例文中运用了哪些方法描写的容容这个人物。

请学生阅读《小守门员和他的观众们》，说说文中是怎样通过对小守门员和观众的外貌、动作或神态等描写，表现人物的不同特点的。

以小组为单位，交流这两篇文章这样写的好处，并交流从中受到的启发。

"习作指导"部分

【教学目标】

1. 引导学生留心观察身边的人，注意特点鲜明的人，学会通过多种途径收集人物典型的事例和相关材料，了解人物的特点。

2. 引导学生借助生动鲜活的具体事例，学习课文中运用外貌、动作、神态、语言和心理描写等细节描写突出人物鲜明特点的方法，突出人物某一方面的特点。

3. 激发学生写作的兴趣，培养学生写作的自信心，培养学生在习作中说真话表真情的习惯。

4. 鼓励学生独立构思并完成习作，培养学生相互评改和认真修改习作的良好习惯。

【教学重难点】

教学重点：在习作中引导学生借助生动鲜活的具体事例，学习文中运用外貌、动作、神态、语言和心理描写等细节描写突出人物鲜明特点的方法，突出人物某一方面的特点。

教学难点：在习作中借助细节描写突出人物特点。

【教学过程】

一、导入课题，引出主题

教师导入新课，如我们每天都会接触形形色色的人，说一说最近你都遇见过哪些人？接下来，教师组织学生自由发言，其他学生进行评议，也可以做补充发言。

由教师完成小结：从交流中可以看出，大家要善于注意身边的人，如小区里锻炼身体的爷爷奶奶，学校里老师、同学，还有上学时遇到的公交车售票员，维持秩序的交通警察……

二、引导选材，交流写法

教师引导学生回忆《我的朋友容容》，说说课文是通过什么来表现人物特点的？（课文通过描写容容给"我"取报纸、送报纸这件事来表现容容助人为乐的特点；有时通过容容给"我"寄信这件事表现了容容的好奇、天真、可爱等特点）

假如教师给出题目《叔叔记忆力超群》，让你写一篇课文，谁来说一说作文中应该抓住叔叔的什么特点来写？（记忆力超群）你会选择哪些事例来表现叔叔的特点？（小组交流，代表发言，教师评议，相机引导并小结）

首先，教师教会学生选择材料。

事例1：他读完一本故事书，就能把所有的细节都记住。

事例 2：他记住了我昨天说过的一句话。

事例 3：他能记住我的生日。

事例 4：那幅地图他只看了一遍，就能一点儿不差地画下来。

其次，教师教会学生组织材料。

围绕《叔叔记忆力超群》所选择的材料中，你觉得最能表现叔叔特点的是哪些材料？（预设：事例 1 和事例 4 最能体现叔叔记忆力超群的特点）

在自己的写作中应该怎样合理安排这些材料？（预设：最能表现叔叔特点的材料事例 1 和事例 4 要详写，其他材料略写）

所谓详写是指对能直接表现中心意思的主要材料加以具体的叙述和描写，放开笔墨，写得比较充分；所谓略写是指对虽与表现中心意思有关但不是直接表现中心意思的材料，少用笔墨，进行概括式的叙述。

详写和略写的关系在一篇文章中是对立统一、相辅相成的。没有"详"就无所谓"略"；没有"略"就无所谓"详"。详写的内容必须是主要的，次要的内容不能详写；但详写的内容必须有略写的配合，略写补充详写，使文章繁简适当，突出重点。可见，详写和略写是两种互为补充的表达方法。

如何确定详写和略写？依据文章的题目，确定写作的重点；依据文章的中心，分主次材料；依据文章的内容，点面结合。最能直接地、具体生动地表现文章中心意思的地方要详写；同表现中心意思有些联系，不能不写但又不必详写的，就要略写。

在处理详略的问题上，最容易犯两种毛病：一是掌握的材料多，就多写、滥写；掌握的材料少，就少写，或不写。二是喜好的、熟悉的就多写，反之则少写，或不写。我们一定要注意避免这两种问题出现。

最后，教师应引导学生思考人物描写的方法：选择具体事例，通过人物的动作、语言、神态、心理等把人物的特点写具体。

三、互相交流，指导命题

教师带领学生完成小组交流：这次习作要求题目自拟，请你根据自己要写的人和选择的材料，给自己的习作拟一个题目。

教师带领学生完成全班交流，教师评议并小结：学生可以直接把要写的人作为习作的题目，如我的爸爸、我的老师、我的同学……学生可以根据人物特点对习作进行命题，如胆小鬼、小气的妈妈、球迷爷爷、贪吃的妹妹、爱唠叨的妈妈……学生可以把自己受到的教育或启发作为习作的题目，如她感动了我、敬佩的人、我的良师益友……

四、动笔写作，交流分享

教师过渡：学完了上面两篇例文，大家是不是觉得把人物的特点写具体并不难？只要大家选准了写作对象，选择典型的事例，并运用恰当的描写方法，抓住人物的特点来写，写好作文就变得十分容易了。请学生仔细阅读课本上的习作要求，想一想自己会如何描写一个人。

　　首先，明确写作要求（选择一个人，把他的特点写具体）。其次，选择写作对象。再次，抓住人物的特点。写出你要写的这个人物身上与众不同的地方，描写他的外貌、性格、爱好、品性等，突出其特点，并进行重点描写。人物的特点抓得越准确，事例写得越具体，给读者留下的印象就越深刻。最后，选择写作手法。根据人物的特点选取典型的事例，选择恰当的描写手法，如语言、动作、心理、神态描写等。

五、点评习作，修改誊写

　　其一，出示几篇典型的习作初稿，由师生集体完成修改。教师应注意学生的习作是否做到了以下几点：选取的事例是否典型，是否突出了人物的特点，段与段之间是否衔接紧密。

　　其二，学生自己尝试修改习作。教师应告知学生应重点修改以下几方面的问题，如改正错别字、错用的标点；改正不通顺的语句；对文章的详略安排进行调整。

　　其三，小组间交流习作，互相修改评分。

　　其四，由小组推选佳作，并进行朗读展示，教师对习作进行点评。

　　其五，引导学生再次完善自己的习作，誊写习作。

六、板书设计

选择材料

组织材料

详写与略写

教后拾贝

　　《人物描写一组》由三个片段组成，分别描写了小嘎子、祥子、严监生等人物形象，每个人物的个性都非常鲜明，每个片段作家描写人物的方法侧重点也不尽相同。

一、感受这三个鲜活的人物形象

　　教学中，教师根据每个片段所运用的不同的描写人物方法，有侧重点地进行教学。

　　《摔跤》一文中对小嘎子摔跤时的动作描写极为细致，作者用了"站、围、蹦、转、推、拉、搜、顶板"等表示动作的词语，从不同方面对小嘎子摔跤动作进行细致描写。对于这些动作的体会，教师可以引导学生入情入境地阅读，边读边在头脑中浮现小嘎子与胖墩儿摔跤的情景，边读边加上动作体会，同时播放电影片段，增强学生的亲身感受，接着组织学生交流：小嘎子给你留下了什么印象？课文通过什么方法塑造这一形象的？

《两茎灯草》抓住严监生临死前，伸着两个手指头却总是断不了气的动作描写，用语言创设情境，渲染气氛，引导学生想象当时严监生的心理活动，体会作者所刻画的爱财胜过爱生命的守财奴形象。然后，教师带领学生在想象中穿越时空：假如你就站在奄奄一息的严监生床前，你想对他说什么？

二、教学效果

教学时，学生快速读完课文，我问学生："课文给你留下印象深刻的是什么词？"学生回答说："是白点"。是的，白点是贯串全文的线索。于是，在复述课文的时候，我要求学生以徒弟曹小三的口吻来复述，按照"传说白点—未见白点—发现白点—揭秘白点"的顺序，讲《黑衣白点》的故事，这样以第一人称来复述课文，将文本内容用自己的话去讲，使学生的语文基础知识和口头表达能力得到了综合训练，进一步领会情节一波三折之魅力，刷子李绝妙的粉刷技术也让读者领悟到了文章绝妙的表现艺术。

三、教学收获

学生通过剖析文本能整体感知课文。教学开始时，教师用多媒体出示民间奇人绝活的图片。同时告诉学生：在天津，有个人姓张，泥人捏得特别好，就叫他"泥人张"；一位姓王的做豆腐特别好，人称"豆腐王"……紧接着教师出示"刷子李"，学生自然明白：这个人刷墙特别好，所以才叫"刷子李"。最后，趁势引导学生学习新的文章，走近"刷子李"吧！

教师引导学生抓住人物描写的特点，若学生表述时或写作时未突出人物描写的特点，教师应重点引导，着重强调人物描写。

第十三章 学会典型选材，让眼中真意呈现亮点

——小学语文六年级上册习作策略单元

单元概览

一、单元分析

单元导语为后面的阅读、鉴赏和写作提供了标准和方向：文章的辞藻不是重点，鲜明的中心才是文章的灵魂。单元语文要素有二：其一，"体会文章是怎样围绕中心意思来写的"；其二，"从不同方面或选取不同事例，表达中心意思"。后者指向习作表达的要求。小学四年级和小学五年级的习作单元分别强化了写人、记事、状物、写景、说明等习作方法的学习，达到把文章写清楚、写具体的目标。本单元在此基础上，引导学生关注文章的中心意思以及中心和材料之间的关系，强调培养学生动笔之前选材构思的能力，要求学生试着运用掌握的描写人物或记事的方法，写出中心明确、材料具体恰当的习作。

二、教材解读

教材安排了两篇课文《夏天里的成长》和《盼》。《夏天里的成长》是一篇散文，紧扣生长这一中心，列举了万物在夏天中生长变化的景象；学习任务即初读课文，找出中心句，了解本文描写的主要内容。然后，教师带领学生逐段朗读，指导学生圈出关键词句，从有生命的动植物到无生命的山河大地、铁轨、柏油路的"生长"，最后到人的成长，分析描写各种事物生长的语句，进而体会围绕中心意思写的方法。《盼》是一篇记叙文，叙述"我"得到新雨衣、盼望下雨穿雨衣、下起雨来想借买酱油的机会穿雨衣、如愿穿上新雨衣的经历，通过语言、动作、心理的描写，详细、具体地展示了小孩子"盼"的心理。这两篇课文分别从写景和叙事的角度，引导学生从不同文体中体会怎样围绕中心意思写。

　　"交流平台"部分结合精读课文，引导学生梳理总结，怎样"把中心意思表达得更全面、更充分"：一是选择不同方面或不同事例，围绕中心来写；二是将重要部分写详细、写具体，才能给读者留下深刻印象。

　　"初试身手"部分安排了两项练习，以明确方法为基础，引导学生初步尝试围绕中心选择合适的材料。"交流平台"部分与"初试身手"部分联系紧密，为学生完成本单元习作提供了一个学习的"支架"。

　　"习作例文"部分提供了写人和写景两个范例，借助旁批和课后练习，启发学生关注选取事例的不同角度和详略安排，利用课后练习引导学生理解选取不同方面表达中心要有层次，利用旁批引导学生关注景色描写。

　　本单元习作以"感受最深的汉字"为话题，让学生选择一个汉字，围绕中心意思进行习作。教材中提供了"甜""乐""泪"等十二个汉字，让学生选择感受最深的汉字，确定要表达的中心意思，先拟一个提纲，围绕中心，从不同方面或选取不同事例选择材料，完成一篇习作，目的在于培养学生围绕中心意思写的能力。

三、教学建议

　　根据本单元选文的特点，从以下几点确立教学设计的方向：

　　其一，教学资源的整合重构。根据选文特色，将"精读课文"部分与"习作例文"部分重新组合，教师引导学生在阅读中发现"从不同方面表达中心意思"的写法。

　　其二，单元学习情境的创立和任务统整。儿童习作离不开生活，生活是习作的源泉，本单元的学习旨在引导学生主动关心生活，培养学生的慧眼和慧心。"生活"是最真实的学习大情境，引导儿童于生活中寻找、发现和捕捉"亮点"，将单元主任务统整为寻找那个最亮的点，引导学生在阅读中品味和感悟，链接相关阅读材料，在交流中梳理总结写作方法，运用所学方法围绕中心意思选择素材，最终能够在习作中全面充分地抒写自己眼中的"真意"生活。

　　其三，学习任务的逻辑安排。学生在本单元的学习立于"生活处处有真意"这一主题，聚焦主任务"寻找那个最亮的点"，经由阅读感悟、交流尝试、习作体验、分享评价的路径，实现认知、情感、能力、素养的全面生长。

导读领航

单元导读课

【教学目标】

1. 明确本单元主题"立意为宗"及语文要素。

2. 明确写作方法（从不同方面或选取不同事例来表达中心意思），并能初步感知文章是怎样围绕中心意思来写的。

3. 激发学习兴趣，为整个单元学习做好铺垫。

【教学过程】

一、研读导语，明确人文主题

写文章时要先立意，也就是要明确写什么和为什么写，这就是以立意为宗，单单为了写出好看的文章而选择用华丽的语言堆砌而成，这样的文章华而不实，没有灵魂。

写文章时要像石头投入湖中一样，要有一个中心，并且要围绕这个中心意思选择材料进行描写。本单元教师应带领学生学习作者是如何从不同方面或选取不同事例以表达中心意思的。

二、分析训练要素，明确学习目标

本单元的阅读训练要素是"体会文章是围绕中心意思来写的"，将这一语文要素细化成"要学会围绕中心意思写"的方法，即"从不同方面"或"选取不同事例"来写中心，再深究就是要掌握"把握文章（事例）主要内容"和"了解文章每一部分的大意"这两个语文要素。纵观统编版语文教材，与"把握主要内容"和"了解大意"相关的语文要素，教材根据学生的认知发展规律做出了循序渐进的设计安排。

小学语文册序	单元	阅读训练要素
二年级上	第一单元	借助图片，了解课文内容
二年级下	第六单元	提取主要信息，了解课文内容
三年级下	第三单元	了解课文是怎么围绕一个意思把一段话写清楚的
三年级下	第四单元	借助关键语句概括一段话的大意
三年级下	第七单元	了解课文是从哪几个方面把事物写清楚的
四年级上	第四单元	了解故事的起因、经过、结果，学习把握文章的主要内容
四年级下	第七单元	关注主要人物和事件，把握文章的主要内容
四年级下	第六单元	学习怎样把握长文章的主要内容
六年级上	第五单元	体会文章是怎样围绕中心意思来写的
六年级下	第六单元	抓住关键句，把握文章的主要观点

三、任务导行，读单元课文

（一）借助导图梳理课文主要内容

第一步，师生同读。《夏天里的成长》，用导图的方式把课文的主要内容用中心句或关键词梳理出来。这一步的关键是培养学生快速阅读，提取信息的能力，了解围绕中心意思，可以从不同方面进行描写。

第二步，学生自主学习《盼》《爸爸的计划》《小站》，根据教师之前的教学和引导选择一篇文章绘制导图。

第三步，小组内部交流各自的自学成果，取长补短，修改完善，准备汇报交流。

第四步，小组内派出一名代表，讲述自己和小组自主学习的收获和困惑。

（二）借助表格探究单元训练重点

通过学生的自主学习和交流汇报，可以绘制表格探究单元的训练重点：《夏天里的成长》围绕中心意思，从不同方面进行描写；《盼》围绕中心意思，选取不同的事例，并把重要的事例写得具体；《爸爸的计划》围绕中心意思，先罗列计划，再列举典型事例和重点事例进行描写；《小站》围绕中心意思，从不同方面进行景物描写。

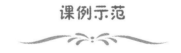

课例示范

盼

◎ 文本解读

一、文本地位解读

《盼》是本策略单元的第二课，语文要素是"体会文章是怎样围绕中心意思来写的。从不同方面或选取不同事例表达中心意思。"《盼》就是为了让学生理解"如何选取不同的事例，突出表现中心意思"。

二、文本内容解读

《盼》是一篇儿童文学类的小说。本文以"新雨衣"为线索，从一个可爱、调皮的孩童视角，围绕一个"盼"字叙述了"我"得到一件新雨衣，晴天盼下雨、下雨盼出门、未能出门盼雨停，最后如愿穿上新雨衣的故事。本文用生动、准确的语言，恰如其分地表达了想要穿上雨衣的"我"对雨天的渴盼和穿着雨衣在雨中行走的快乐，为大家描绘了一幅美好的童年生活的画面，也展现了"我"细腻的童心世界。

三、文本语言解读

（一）作者擅长捕捉能表现人物情感的动作

课文中第二自然段："我一边想，一边在屋子里走来走去，戴上雨帽，又抖抖袖子，把雨衣弄得窸窸窣窣响……"一系列动作充分展示出"我"对新雨衣的爱不释手。在第四自然段中，"我"的表现是"放慢了脚步……伸手试了试周围……兴奋地仰起头，甩打着书包就大步跑进了楼门。"第十八自然段至第二十自然段，"我"如愿能穿上新雨衣时，"我"的表现是"几步跑回家、理直气壮地打开柜门，拿出雨衣……挺着脖子，小心翼翼跑下楼"，这些动作一气呵成，把"我"的那种喜悦和兴奋展得淋漓尽致。

（二）用细腻的心理描写把"盼"写具体

本文共出现了四次"我"的心理活动。第一次心理活动出现在第三自然段："每天放学路上我都在想：太阳把天烤得这样干，还能长云彩吗？为什么我一有了雨衣，天气预报就总是'晴'呢？""我"一心盼着下雨，但一直不下雨，于是"我"就埋怨起了太阳和天气预报。第二次心理活动出现在第四自然段，变天了，"雨点儿打在头上，才是世界上最美的事呢！"第三次心理活动出现在第十六自然段，晚上"我"在窗口张望，想着要是今天雨都下完了，那明天还有雨可下吗？最好还是留到明天吧。第四处心理活动出现在第十七自然段，看到窗外雨后的美景，"我"想到的却是雨点要是淋在淡绿色的雨衣上，那一定比珍珠玛瑙还好看。通过这些心理描写，谁都可以看得出来，"我"满脑子都是新雨衣，"我"对穿新雨衣的盼望跃然纸上。最后，人物的语言和人物间的对话，让"我"盼望下雨穿雨衣这一重点情节显得更生动、更有层次。在人物对话中"我"的情绪也在一来一回的对话中发生了转变。从最开始的兴奋叫嚷到失落，再到不甘心地编造借口，最后是彻底失望后的沉默。

（三）环境描写，借景抒情

在第四段自然中，"我"看到要变天了十分高兴，于是听到路边风吹小杨树的声音，"我觉得雨点儿都特别爱往我的雨衣上落。它们在我的头顶和肩膀上起劲儿地跳跃：滴答……"雨滴哪里会起劲儿的跳跃，一切景语皆情语，跳跃的其实是"我"快乐的心情。

（四）巧用叠词，充满童真

本文在语言表达上也很有特色，使用了大量叠词：扁扁的、凉冰冰、安安静静、瓦蓝瓦蓝、沙啦啦、厚墩墩、瓶瓶罐罐、满满当当、明晃晃、静悄悄、甜丝丝，非常符合儿童的语言风格。

四、文本结构解读

围绕"盼"所选取的是六个连贯的情节，其发生的时间和地点都交代清楚了，过渡承接自然紧凑。六个情节略有不同，但它们之间互相补充，情节脉络图如下：

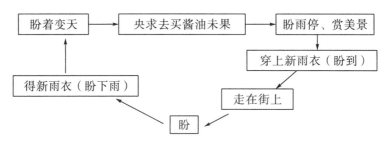

五、文本情志解读

《盼》以"新雨衣"为线索，用孩子的视角记述了得到新雨衣后，"我"渴望下雨到愿望实现，在雨中穿上了新雨衣的故事。作者用细腻的语言描述了小主人公情感和心理的变化，表现了"我"独有的充满趣味的思想观点，文中将"我"从渴望得到新雨衣到最终穿上新雨衣的过程中的所思、所想和情绪的变化描写得丝丝入扣，让人印象深刻，再加上"我"特有的语言风格和富有趣味的想法可以说让整篇文章充满了童年的纯真和玩味，其实也是暗喻现在的人们被理想和现实打磨得失去了原有的快乐和单纯，也透露着些许无奈和感伤。

六、文本教学化解读

通过对《盼》的解读，让学生学会"围绕中心意思，把重点部分写具体"的方法，引导学生体会课文是围绕中心意思，选择不同事例来写的。然后，组织学生比较：哪个事例写得更具体、更详细？为什么要详细写？在讨论的基础上，引导学生体会"盼穿雨衣"事例中的几个"小事件"：放学下雨、借故外出、窗前看雨、雨后看景，特别能体现文本的中心意思，因此写得十分详细、生动，从而帮助学生更深刻地理解"在围绕一个意思表达时，要将重要部分写得详细些、具体些，才能给读者留下更深刻的印象"。教师可以通过分析文本结构和语言运用，引导学生深入理解文章的内涵，同时提高学生的阅读和写作能力。

◎教学设计

【教学目标】

1. 能正确、流利地朗读课文，掌握本课生字新词，积累能细腻表现人物"盼"的心理特点的句子，感受童真童趣。

2. 能概括课文的主要内容，体会课文是选择了哪些不同事例来表现"盼"这一中心意思的，初步感知课文是如何把这一重要内容写具体的。

【教学重点】

1. 朗读课文，体会童真童趣，体会课文选择了哪些不同事例，围绕"盼"这一中心来写的。

2. 初步感知课文是如何围绕中心，把重点部分写具体的。

第一课时

一、由"盼"启思，导入课题

首先，请学生回答看到"盼"字时，你想到了什么？

（设计意图：抓住"盼"这一核心词描写自己所想到的，联系学生的生活实际，使学生更深地体会"盼"这个中心意思的含义）

其次，教师由谈话导入新课。

二、初读课文，学习生字新词

请学生自由朗读课文后，交流课前学习卡中的内容。

课前学习卡
a. 课文的起因、经过、结果是什么，请列出提纲
b. 查找资料，了解作者
c. 认读本课生字，读得准确、响亮：袖　篷　缩　疯　瓦　柜　喧　甩　嚷　酱　唇　蹦　梯
d. 用不同的方法理解下列动词的意思：缩　疯　喧　甩　嚷　蹦
e. 读下列词语，说说词语的特点，联系上下文理解意思：瓶瓶罐罐　满满当当　（AABB 式）

首先，教师带领学生先了解文章大意。如默读课文，交流事情的经过和结果。请学生用自己的话概括全文的主要内容。

其次，请学生自主交流生字、新词，如认读课文后边生字，带领学生理解 AABB 式词语的特点。

（设计意图：以交流课前学习卡来复习检查学生对课文中生字新词的学习情况，增强学生的预习能力、自主学习能力和对文字的独特感悟能力）

三、导学卡引路，初知课文写法

课中学习卡
a."盼穿雨衣"是全文的重点，课文是通过哪些材料来描写具体的？请用小标题或思维导图列出
b. 从"得到雨衣"到"盼穿雨衣"再到"穿上雨衣"，"我"的心理有什么变化？结合相关词语画出人物的心理变化曲线图

（一）完成课中学习卡第一题

"盼穿雨衣"是全文的重点，课文是通过哪些材料来写具体的？

学生交流后展示成果。

由教师完成小结："盼穿雨衣"是描写重点，课文主要通过选择"盼变天、盼出门、盼雨停、盼下雨"这四个方面来具体描写的。

教师指名读令学生印象深刻的句子。

（设计意图：自主完成导学卡，让学生通过思维导图的方式，提炼概括四个方面的事例，体会如何选择不同事例把重点内容写具体。让学生读印象深刻的句子也是为第二课时体会如何写具体做铺垫）

（二）完成学习卡任务二

从"得到雨衣"到"盼穿雨衣"再到"穿上雨衣"，"我"的心理有什么变化？结合相关词语画出人物的心理变化曲线图。

从"我"的"欣喜"到"着急"再到"激动兴奋"，从跌宕起伏中"我"的心理状态的变化中，可以看出"我"多么盼望能穿上新雨衣啊！"我"穿上新雨衣的愿望是多么迫切啊！

哪些句子让你感受到了作者对穿上新雨衣的盼望？教师指名学生读相关句子，相机指导学生有感情地朗读。

（设计意图：用画曲线图的方式体会人物的心情变化，正是重点部分"盼穿雨衣"如何写具体的方法，让学生从体会心情变化到阅读相关句子，正是初步感知作者是如何围绕重点具体描写的）

四、积累语言，感知写法

课文中哪些句子让你感受到作者对穿新雨衣的盼望？请学生摘录相关句子并反复朗读。

（设计意图：摘录表现"盼"的强烈愿望的句子既是语言的积累，又是表达方法习得的基石，这为学生在如何具体描写的习作实践中，提供了感性的认识和语言表达的范例）

第二课时

一、回顾导入，推敲事例选用之巧

"盼"是这篇文章的课题，也是这篇文章表达的心愿。课文的主人公盼的是什么呢？（预设：盼下雨）

作者是通过哪些事例来表达"盼下雨"的？教师引导学生默读课文，找到这些事例。师生共同梳理出本文框架结构：

$$\text{盼}\begin{cases} \text{（第 }1\sim3\text{ 自然段）：得雨衣，盼雨停} \\ \text{（第 }4\sim15\text{ 自然段）：盼下雨，盼外出} \\ \text{（第 }16\sim17\text{ 自然段）：出不去，盼雨停} \\ \text{（第 }18\sim20\text{ 自然段）：又下雨，盼望如愿} \end{cases}$$

二、紧扣中心，推敲事例之巧

教师带领学生回顾课文事例，明确本单元的重要任务：文学作品要围绕中心来写，要能够从不同方面选取不同事例来表达，使学生明确此学习任务，并尽量掌握。

然后，请学生利用表格，简析作者选用的事例是如何围绕中心表达的。

事例	分析角度	分析事例	分析共同点
得雨衣，盼下面	以小见大 角度新颖	事例典型 选材巧妙	每件事都是紧紧围绕着"我"焦急而充满期待的"盼"这一核心要点来写，都与"雨"相关
盼下雨，盼外出			
出不去，盼雨停			
又下雨，盼如愿			

由教师完成小结：角度之巧，选材之巧，有助于突出表现中心意思，表达自己的情感。

（设计意图：以与"盼"有关的图片激起学生的兴趣，复习"我"盼望下雨这一主要内容，并回顾围绕"盼"所写到的事例。引导学生关注四个事例，分析并知晓作者选用的事例角度之新颖，选材之巧妙，能很好地围绕"盼"这一中心意思来写清楚、写明白，表达自己的情感，引起学生学习兴趣）

三、层层深入，感悟盼望心理之切

请学生捕捉信息、整体感知心理描写，作者是如何将"我"对新雨衣的喜爱和"盼"的情感细腻生动呈现出来的？

教师出示学习任务，请学生开展自主学习，如划出心理活动的句子，批注"我"当时是什么心情。请学生找出你认为描写最生动的两处，批注一下这样写的好处。

由学生交流并汇报诵读的感悟。

四、延展选材恰当运用

通过学习，大家知道了"我"围绕着"盼"的中心思想，用内心独白、动作暗示、景物烘托等方法，对人物的心理进行了栩栩如生的描写，展现了人物丰富的内心世界。

请学生运用所学的方法，拓展阅读，检验自己是否掌握了这些方法。

（设计意图：教师引导学生辨别材料的选择能否表达中心，以提升学生的选材能力）

小试牛刀

"交流平台""初试身手"部分

【教学目标】

1. 引导学生开展课前自主复习，归类并梳理这一单元的知识点。

2. 通过"精读课文"部分和"习作例文"部分的学习，让学生了解习作是如何围绕中心意思来写的。

3. 选择一个感受最深的事件写一篇习作，想清楚自己要表达的中心思想。

【教学重难点】

教学重点：结合习作课文，学习围绕中心安排材料的方法。

教学难点：阅读"交流平台"部分，学习围绕中心安排材料的方法，并尝试运用相关方法练习写作。

【教学过程】

教师可以带领学生复习交流《夏天里的成长》和《盼》，这两组文章的共同点是什么？

中心意思确立后，为了把这个意思表达得更准确，可以围绕中心意思，从不同方面或者选取不同的事例来写，在围绕一个意思表达时，要将重要部分写得详细些、具体些，才能给读者留下深刻的印象。

那么，我们如何围绕一定的中心意思来写呢？今天，我们就把理论付诸实践，本次习作训练的主题就是"围绕中心意思表达"（板书设计：围绕中心意思表达）。

通过"初试身手"部分练习，说说你这样选择的理由。

教师可以组织学生开展同桌互评，若学生有存疑的地方，教师可带领学生共同找到解决方案。

大显身手

"习作例文"部分

◎ **教学设计**

【学习目标】

1. 默读课文，把握两篇文章的主要内容。

2. 通过阅读《爸爸的计划》，懂得作者是怎样围绕"爸爸爱订计划"这个中心意思表达的。

3. 自读《小站》，明白其中心意思，并懂得作者是如何一步一步将其表达出来的。

【教学重难点】

教学重点：通过阅读，懂得两篇例文是怎样围绕中心意思写的。

教学难点：学习围绕中心意思表达的写作方法。

【教学过程】

一、学习例文《爸爸的计划》的写法

（一）默读《爸爸的计划》

请学生想一想文章的中心意思是什么？对照旁批思考：作者围绕"爸爸爱订计划"这个中心意思写了哪些事例，其中哪一个事例写得最具体？

（设计意图：整体把握全文，了解中心意思，引导学生对照旁批，根据提示体会作者是怎样围绕中心意思表达的）

（二）阅读文本学习

学生自由读"暑假计划"段落，结合"交流平台"部分的内容思考：作者为什么把这部分写具体？（预设：在围绕一个意思表达时，要将重要部分写得详细具体些，才能给读者留下深刻的印象）

由教师完成小结：在大家写文章时，要先确定一个中心，然后围绕这个中心意思进行描写，再选取不同事例表达同一个中心思想，将重要部分表达详细些、具体些。若事事具体，文章则会显得没有重点，所以一定要注意详略得当。简单写也是有技巧的，可以罗列，也可以用一两句话简单交代。

二、练一练表达方法

请学生结合所学，选择"初试身手"部分中的一个题目，确定一个中心，然后与同桌交流，可以从哪些事例或者哪些方面进行描写，哪个事例可以详细描写，哪些事例可以简单描写？

学生交流后，教师可适时对其指导。

三、学习例文《小站》的写法

首先，请学生阅读例文《小站》，提醒学生留意旁批，思考其中心句是什么。

本文没有明显的中心句，但联系课题后再结合具体的描写，我们能发现全文是围绕"小"字展开的。作者观察仔细，抓住了小站的特点，从不同的角度突出了一个"小"字，表明了车站虽小，却小中见大，从细微处给旅客带来温暖的春意。

其次，请学生找出作者是从哪些方面来写小站的"小"的？

再次，由学生进行汇报并交流，作者从哪些方面来描写小站的"小"的？

最后，学生默读最后两个自然段，并思考：最后两个自然段没有写小站的"小"，在表达上有什么作用？

由教师完成小结：与围绕中心表达选择不同的事例的写法相比，从不同方面描写难度稍大点，这需要同学们有更强的全局把控能力，其实我们以前学过的许多文章都采用了这样的写法，如《富饶的西沙群岛》的第一自然段是全文的总述，描写了西沙群岛风景优美、物产丰富，是个可爱的地方，第二自然段是分述，从海面、海底、海滩和岛上四个方面进行描述，具体描写了西沙群岛的美丽富饶。而《美丽的小兴安岭》则从春、夏、秋、冬四个方面围绕"小兴安岭的树海一年四季都是美丽的"这个中心意思来写的。

"习作指导"部分

【教学目标】

写作时能仿照"精读课文"部分和"习作例文"部分，围绕中心意思，从不同的方面或选择不同的事例进行描写。

【教学重难点】

教学重点：结合"习作例文"部分，学习围绕中心安排材料的方法。

教学难点：围绕中心意思，从不同的方面或选择不同的事例来写。

【教学过程】

一、重要的部分写具体

请学生阅读、交流例文《爸爸的计划》，说说作者围绕"爸爸爱订计划"这个中心意思写了哪些事例，其中哪一个事例写得最具体（预设：作者把爸爸制订暑假计划的事例写得最具体）。

学生自由阅读与"暑假计划"相关的段落，思考：作者为什么把这部分写具体？（预设：爸爸在各个方面都喜欢制订计划，却格外重视"我"的暑假计划，这是为什么呢？一是这个暑假计划与"我"息息相关，爸爸特别关心"我"；二是暑假生活很长，爸爸认为这段时间值得"我们"制订计划；三是这样的计划容易产生戏剧效果：哪个孩子不愿意暑假轻松度过啊，可遇到个这么爱订计划的爸爸就"倒霉"了。所以，作者把爸爸给"我"制订暑假计划写得格外详细）

请学生拿出自己在"初试身手"部分中完成的选材练习，选择需要详写的部分做上标示，并交流汇报。

二、课堂小游戏

生 1：抽中"喜"，说成语：喜笑颜开。生 2 猜字：喜。
生 2：抽中"焦"，说成语：焦头烂额。生 2 猜字：焦。

教师可根据课本上给出的汉字，引导学生思考：根据这些汉字，你会想到什么？选择一个汉字拟一个提纲，合理安排材料。（如果学生想使用自己在"初试身手"部分中所写的材料也行，可以将其概括为一个汉字，再仔细读一读，完善材料。不过教师要鼓励学生选择另外一个汉字来进行选材的训练）

教师可以某个汉字为例，分别展示围绕中心思想从不同方面和选择不同的事例该如何写，让学生了解到同一个题目有两种不同的写法。学生根据自己的思考，选择一个题目，确定选择的材料及重点材料，列出提纲。之后，同桌之间交流，借助评价单进行评价。

评价单

评价项目（如果符合，请在括号内打"√"）
选择材料紧扣中心意思（　　　）
重点材料突出中心意思（　　　）
其他建议：＿＿＿＿＿＿＿＿＿

教师巡视时看学生"评价单"，注意纠正个别偏离方向的学生。

三、点评习作，修改誊写

首先，教师出示学生的几篇习作初稿，开展小组讨论，进行集体修改，学生应秉持"有则改之，无则加勉"的原则认真听取教师的建议。教师应突出评议重点。中心意思是否明确；是否围绕中心意思来安排材料；是否详略得当，是否重点突出；语言是否流畅、有感染力；有哪些优点可以借鉴。

其次，学生应自己尝试修改习作。

修改重点：改正错别字和错用的标点；改正阅读不通顺的语句；围绕本单元语文要素，看中心思想是否得到了体现，看哪些地方需要进行适当补充，看哪些地方可以直接省略。

再次，小组交流各自的习作，相互修改或评分。

最后，由班级共同推选佳作进行范读，教师进行点评。

教后拾贝

统编版小学语文六年级上册五单元是一门富有教育意义的课程，其主题是以立意为宗，不以能文为本。这个主题强调了写作的内涵和价值，而非单纯追求文学表达的技巧。在教学中，围绕该主题，通过从不同方面选取不同事例，以帮助学生深入理解和表达中心思想，并注重培养学生的思维能力和价值观。

一、围绕中心思想展开教学

首先，明确理解中心思想：在教学开始前，引导学生思考课文的中心思想，鼓励学生自由发挥并提出自己的理解。通过学生的讨论，教师可以帮助他们梳理文章的主题和立意，确保他们在学习的过程中始终围绕中心展开。

其次，表达独立思考：鼓励学生对文本独立思考，并通过写作、口头表达等方式将自己的理解和观点表达出来。避免对学生的观点进行批评或代替他们发表观点，而是尊重他们的想法，鼓励他们勇于表达和提高自己的独立思考能力。

二、从不同方面选取不同事例

其一，要多角度思考：引导学生从不同的角度思考文本所传达的意义，如从个人成长、家庭关系、友情、社会责任等多个方面展开思考。通过讨论和写作，学生能够更全面地理解文本的中心意思，并表达出不同的观点和感受。

其二，要多样化举例：在教学中选取丰富多样的事例，以帮助学生更具体地理解中心思想。通过所选取的生活中的真实例子和文学作品中的案例，学生能够更深入地感受到其中心思想所传达的价值观和人生哲理。

三、培养学生的思考能力和价值观

其一，教师应引导学生思考：教师应经常提出开放性的问题，鼓励学生进行深入思考和探讨。通过问答互动，学生能够思考问题的深层内涵，提高他们的思辨能力和分析能力。

其二，教师应强调价值观教育：在教学过程中，教师应注重培养学生正确的价值观念，通过课文和案例的讲解，引导学生明辨善恶，树立正确的道德观和社会责任感。通过课堂讨论和小组活动，教师应鼓励学生发表自己对价值观的看法，并与同学们进行深入交流和辩论。

从中心思想展开教学，围绕本单元的语文要素，在学生学习的同时体验如何围绕中心思想写文章，从不同方面写文章、选取不同事例表达中心思想。学生体验了，那写文章时也就轻而易举地能采用此方法了。此外，教学也培养了学生的思维能力和价值观，成功地帮助学生深入理解和表达中心思想，并在其中注重了学生的思辨能力和道德教育。在教学过程中，学生不仅学会了写作技巧，更重要的是培养了学生对文学的鉴赏能力和对社会的反思能力。这样的教学方式，不仅提升了学生的语文素养，也培养了他们的人文关怀和社会责任感。

第十四章　真情流露笔尖，让实意动情浸满心间

——小学语文六年级下册习作策略单元

单元概览

一、单元教材解读

　　本单元是习作策略单元，主要围绕"真情流露笔尖，让实意动情浸满心间"这一主题展开。语文要素是"体会文章是怎样表达情感的"和"选择合适的内容写出真情实感"。这一单元课文编排意图是通过学习课文体会文章是怎样表达情感的，并能运用所学，在习作中选择合适的内容写出真情实感。《匆匆》一文引人入胜，它以温柔而有力的笔触，用一种深沉的思考方式，让读者能够清晰地认识到时间的宝贵与价值；《那个星期天》一文描写了"我"从初期的期待和激动逐渐演变成对妈妈不能按时归来的懊恼和愤怒，直至最后的绝望与痛苦。"交流平台"部分总结提炼了表达真情实感的具体方法。"初试身手"部分通过两个具体事例引导学生感受当心情不同时，自己眼中的景物也会随之不同。《别了，语文课》《阳光的两种用法》以多种视角引导学生探究了如何表达自己的真实情感及它们的作用和方法。

　　关于"体会文章是怎样表达情感的"这一阅读训练要素，教材在前面已有循序渐进的学习安排。

小学语文册序	单元	阅读训练要素
二年级上	第七单元	展开想象，获得初步的情感体验
二年级下	第二单元	读句子，想象画面，试着有感情地朗读课文
四年级上	第六单元	通过人物的动作、语言、神态体会人物的心情
四年级下	第一单元	抓住关键语句，初步体会课文表达的思想感情

小学语文册序	单元	阅读训练要素
五年级上	第一单元	初步了解课文借助具体事物抒发感情的方法
五年级上	第六单元	注意体会作者描写的场景、细节中蕴含的感情
五年级下	第一单元	体会课文表达的思想感情
六年级下	第三单元	体会文章是怎样表达情感的

由上表可知，从小学二年级开始，语文教材中已教授了学生体会文章情感的多种方法策略。从低学段的"朗读"与"想象"，到中学段的抓"人物描写"和"关键语句"，再到高学段的借物抒情和抓场景、细节，逐级晋阶，呈螺旋式上升。

本单元的写作训练要素是"习作时，选择合适的内容写出真情实感"。在统编版教材中，与本单元在纵向上有所关联的要素梳理如下。

小学语文册序	单元	写作训练要素
三年级上	第八单元	学写一件简单的事，把事情的过程相对完整地写下来，并表达出当时快乐的心情
四年级上	第八单元	写一件事，能写出自己的感受
四年级下	第一单元	写自己喜欢的某个地方，表达出自己的感受
五年级上	第一单元	写出自己对一种事物的感受
五年级上	第六单元	用恰当的语言表达自己的看法和感受
六年级上	第三单元	试着在写事物时，融入感情，表达看法
六年级上	第八单元	通过事情写一个人，表达出自己的情感
六年级下	第三单元	习作时，选择合适的内容写出真情实感

通过梳理，教师可知"在习作中写出自己的感受"这一习作能力的训练也是逐渐拔高要求的。

二、单元目标解读

（一）大主题大目标

学生可通过阅读课文来了解和体会作者是怎样表达情感的，提取作者写作之法；用习作的机会选择合适的内容表达自我的真情实感，使读与写相融合，进而使阅读训练要素与写作训练要素可齐头并进。

写作目标要确切，思路要顺畅。学生要确定表达的某种情感，回忆事件的始末，确定情感变化历程，厘清写作思路，同时再在写作过程中采用"直接抒情""融情于事""借景抒情"等抒情方式表达自己的真情实感。这样，写作要求就会有明确的指向性，学生的习作也就有章可循。

根据本单元的课文特点及单元要素将本单元目标拟定为：

其一，阅读表达真情实感的文章，感受语言朴实之美，有愿意动笔写下真情实感的想法。其二，通过反复读文章请学生找出文章中表达作者情感变化的关键词句，梳理出作者的心路历程。其三，分析文中细致的令人感动的描写，体会作者是怎样把真情实感流露出来的。

（二）围绕策略布置任务

学习《匆匆》一文，教师带领学生感受文章的语言美，学习作者采用拟人、排比的修辞手法传情达意和直抒胸臆之表达方法。

学习《那个星期天》一文，教师带领学生学习将个人情感融入具体的人物、事情、景物之中，即间接抒情之表达方法。

学习"习作例文"部分通过学习几个具体事例来表达作者的情感的方法，使自己的文章也做到情感有载体。

写本单元习作时要引导学生，积极主动地欣赏学生习作，看看他们的情感是否明确真切，事情是否契合情感表达，表达情感是否采用了直接或间接的抒情方法，文字是否文从字顺，并为他们提出修改意见。

结合学生实际情况，如小学六年级学生即将毕业，可关联六单元综合性学习"难忘小学生活"，为学生解决表达自己的真情实感这一实际问题，创设单元主题化大情境：临近毕业，我们将要进行"珍藏记忆"的毕业纪念册征稿活动（要求：回忆这几年的时光，都带给你什么样的感受），鼓励学生充分表达真情实感。

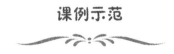

课例示范

匆　匆

◎文本解读

一、文本地位解读

《匆匆》是本单元的首篇精读课文，是一篇精美散文。本单元的阅读训练旨在帮助学生更好地理解"体会文章是怎样表达情感的"，并从中获得更多的写作技巧。"匆匆"这个词深深地打动了读者，它描绘出时光的飞速消逝，让我们看见当下的青春。"我们的日子为什么一去不复返呢？"暗示着一种不可抗拒的宿命，让我们不得不接受瞬息万变的世界。"洗手时、吃饭时、默默时……"则更进一步展示出一系列平平常常的事，让我们更能感受到时间的流逝，更加清晰地认识到自己的价值。"日子为什么一去不复返呢？"的末句，紧扣题目，强调了作者对时光流逝的无奈，令读者不禁沉浸在一种悲伤的氛围中。本文旨在引导学生感悟作者是如何来表达情感的。

二、文本内容解读

课文围绕"匆匆"展开叙述，先写日子一去不复返的特点，再写自己多个日子来去匆匆和稍纵即逝，作者思绪万千，由景及人，叹息不已。最后，作者发出对时光流逝的感叹和惋惜。文章的特点：一是结构精巧，层次清楚，转承自然，首尾呼应；二是文字清秀隽永，纯朴简练；三是情景交融，无论是写燕子、杨柳、桃花，还是写太阳，都与"我们的日子为什么一去不复返呢"的感叹融为一体，处处流露出作者对时光流逝感到无奈和惋惜。

从结构上《匆匆》篇幅短小、构思新巧，作者匠心独运地以发问句式为纽带联结全篇，一步紧似一步地展露内心的思绪。《匆匆》一文大体上有三个层次。首先，作者就透过自然现象不断追问"我们的日子为什么一去不复返呢？"如果有人偷了，"那是谁？又藏在何处呢？"如果是自己逃出去了，"现在又到了哪里"？设问灵巧，一句一问，扣人心弦，逼着你去思索人生严肃的问题。其次，用"又怎样地匆匆呢"这一发问句别开生面，引出太阳这一具体形象。那作为诗人感情附着物的太阳，是通篇结构的纽扣，它既把前面提出的问题形象化了，又为以下的情感抒发另辟蹊径。最后，作者又以"我能做什么呢"这一反问句，把情绪进一步挥发，以一连串的问句，追踪自己生命的痕迹，反省"过去的日子"，又以"我们的日子为什么一去不复返"呼应开端。

本文只有六百来字，居然用了十一个问句，在一连串看似不求回答的设问中，表现了一个微妙的内心世界。这些发问句在整个结构中，实际上是巧妙地起到了牵引情感的线头作用，它一层紧扣一层地点明了主题，深化了主题。这样不落窠臼的艺术构思确实具有的独特风格。

三、文本语言解读

《匆匆》一文语言简练而生动，且情文并茂，同时具有诗歌语言的特点。它以"匆匆"为中心，妙用叠词和短句，采取多种修辞技巧，如排比、拟人、比喻，又寄寓深刻的哲理，生动地描绘出时光的流逝，抒发出作者深深的悲伤与不舍。这篇文章通过精心设计的多重叠词和精炼的短段，让人感觉既清新又优美。它不仅能够帮助学生在阅读时能更好地理解和掌握语言，还能为他们养成日常阅读习惯奠定坚实的基础。

四、文本结构解读

全文五个自然段，可以分为三个部分，详情如下：

第一部分（第1自然段）中，以燕子、杨柳、桃花等自然景物为例，进而提出问题：我们的日子为什么一去不复返呢？

第二部分（第2~4自然段），具体写时间在我们生活的琐碎小事中悄无声息地溜走，令人惋惜、无奈与感慨。

第三部分（第5自然段），以"我们的日子为什么一去不复返呢"来照应开头，突出作者关于时光匆匆的感慨。

五、文本情志解读

通过文字的描述，作者让时间变得更容易被感知，更生动形象。作者表达了对时光的珍视，同时也提醒大家，珍惜时间就是珍爱生命。

六、文本教学化解读

这是本习作策略单元第一篇课文，教学中需落实以下三点：

第一，强调由读到写，将读写结合。第二，落实写法指导，学习用清晰、具体、准确的方法去体会文章是怎样表达情感的。第三，引导学生懂得选择合适的内容写出真情实感。

◎ **教学设计**

第一课时

【教学目标】

1. 正确读写本课的生字新词。

2. 理解课文内容，体会作者对时间流逝的伤感，激发大家珍惜时间的情感。

【教学重难点】

教学重点：熟读课文，在感知课文内容的基础上体会作者的情感。

教学难点：体会作者是怎样来表达思想感情的，懂得珍惜时间。

【教学过程】

一、名言欣赏，引入课题

请学生背诵课前收集的关于珍惜时间的诗词、文章、名言、警句等。

过渡：是啊！时间转眼就流逝了，尽管人们知晓了时间的可贵，可是却无法挽回已逝去的时日了。今天我们就来学习一篇文章《匆匆》。

二、读通课文，整体感知

教师播放《匆匆》一文的朗读作品，学生欣赏完后，请他们回答文章的主旨。请学生自由朗读课文，读准生字新词，读通读顺句子。教师可指名读文，还应纠正字音和断句不准的地方。请学生自学生字新词，检查学生对下列词语的理解：确乎、凝然、徘徊。请学生练习读通课文，难读的地方要反复读几遍，直到把课文读熟。教师指名读给大家听。

三、再读课文，厘清结构

请学生默读课文，思考：作者在这篇文章中向我们提出了一个什么问题？（时间为什么一去不复返？它到哪里去了呢？）

请学生再读课文，按作者叙述的顺序，厘清文章的脉络。全文共有五个自然段。学生自由举手，说出各段大意。

第一自然段：运用一个排比句，采用对比的手法，写出了日子一去不复返的特点，提出了问题。第二自然段：写作者自己的八千多个日子在无声无息中消失了，表达了作者无限的感慨。细腻而独特的笔触，具体写出了日子是怎样来去匆匆和稍纵即逝的。第三自然段：具体写时间的匆匆离去。第四自然段：写作者对人生的思索，流露出他不甘虚度此生的思想。第五自然段：照应开头，突出作者对时光匆匆的感慨，引人深思。

请学生将全文划分层次，并总结层意，全文可分为三部分。

第一部分（第1自然段）：提出"日子为什么一去不复返"的问题。

第二部分（第2~4自然段）：写日子的匆匆流逝及作者的反思。

第三部分（第5自然段）：照应开头，再次提出开头的问题。

四、自主感悟，初步理解

其一，选择自己喜欢的读书方式阅读课文，划出最能体现时光特点的词语。

其二，划出令人感悟最深的句子，在能读懂的句子旁边做批注，在读不懂的地方做上记号。

其三，小组之间交流一下读书体会，讨论不懂的问题。

其四，由小组组长记录小组内解决不了的问题。

请学生默读课文，思考：课文选择了什么内容，抒发了怎样的情感？

教师在学生默读课文时提示他们圈画批注，交流讨论，完成学习任务。

五、板书设计

$$
匆匆\begin{cases} 提出问题 \\ 时间来去匆匆 \\ 一去不复返（伤感、无奈） \\ 照应开头 \end{cases}
$$

第二课时

【教学目标】

1. 了解作者是怎样描写日子来去匆匆的，请学生展开联想，并联系实际生活进行仿写。

2. 感悟作者面对时间流逝的复杂心情，如何令人懂得珍惜时间。

3. 感受课文的语言美，领悟作者细致描写、妙用比喻的方法。

【教学重难点】

教学重点：重点在于让学生掌握直接抒情和间接抒情的方法。

教学难点：感悟作者面对时间流逝的复杂心情。

【教学过程】

一、谈话导入，激发兴趣

你一生能活多少天？按八十岁计算，能有多少天呢？你们现在已经过了多少天？过去的日子你都留下了什么？你现在有何感受？（课件播放歌曲《时间都去哪儿了》，请学生谈一谈自己的感受）

二、细读探究，品读感悟

学生默读课文，思考：课文哪些地方写了"日子一去不复返"？找出相关的语句深入体会（预设：指名回答，教师引导学生品读第一自然段至第二自然段）。

教师可以引导学生汇报感受，引导学生说出从这些句子中读出了什么。进而指导学生实现个性化朗读。从而体会作者用排比的手法突出了日子一去不复返的特点，用一连串的追问表达时光逝去而无法挽留的无可奈何，对逝去日子的深深留恋。最后，指导学生仿写。

请学生默读第三自然段，思考：作者是怎样感受时光匆匆的呢？

首先，教师出示课件中的相关语段"洗手的时候，日子从水盆里过去；吃饭的时候，日子从饭碗里过去；默读时，便从凝然的双眼前过去……等我睁开眼和太阳再见，这算又溜走了一日"。

其次，教师应引导学生抓住"跨过""飞走""溜走"等词语，体会时间来去轻、悄、匆忙、稍纵即逝的特点。

师生讨论后得出结论：作者选取吃饭、洗手、上厕所这些不易被察觉的生活细节，将自己对时间流逝的无奈之情融入具体事例中，更容易引起读者共鸣。对"针尖上的一滴水""行走的太阳"等事物的描写则把看不见、摸不着的时间描写得具体可感，把情感融入描写事、景物中去，这样的表达方式叫作间接抒情。

最后，教师应请学生口头练习间接抒情的表达方式。

引导学生联系生活实际展开联想，时光还会怎样匆匆流逝？学习课文的表达方法进行仿写。

_____的时候，日子从_____；_____的时候，日子从_____；_____的时候，日子从_____。

教师应引导学生体会，面对这匆匆流逝的时光作者的心情怎样？文中哪一个词语可以准确地表达作者此时的感受（叹息）。

如教师应引导学生默读第四自然段，抓住"我能做什么呢""又剩些什么呢""我留着些什么痕迹呢"体会作者对时光流逝的态度。请学生齐读第四自然段，谈一谈他们的读后感。在作者眼中，时间形象是怎样的？你眼中的时间又是怎样的呢？请你也运用比喻的形式说一说（预设：时间像突然来的一阵风，被季节刮走了，不留一点儿痕迹；时间像沙漏，在不知不觉间全部填满生活，又在不知不觉中随风流逝）。请学生默读课文最后一个自然段，思考：文章的结尾有什么特点？（预设：结尾与开头首尾呼应，使文章浑然一体，很好地表达了作者的情感和文章的主题。从开头的问与答，到结尾的再次追问，体现了作者对时间看不见、摸不着，却又悄悄流逝的一种怅然若失的情绪。字里行间透露着作者劝世人要珍惜时间的提醒）

三、拓展延伸，深化认识时光的"匆匆"

首先，教师展示关于珍惜时间的诗文、警句，进一步引导学生要懂得珍惜时间、珍惜生命；其次，师生齐读《长歌行》，深化认识；最后，请学生写读后感受。

四、板书设计

$$珍惜时间\begin{cases}匆匆\\飞逝无痕\end{cases}$$

那个星期天

◎文本解读

一、文本地位解读

《那个星期天》是统编版小学语文六年级下册第三单元的第二篇课文，这是一篇故事散文。课文采用丰富的细节描绘展现了作者的心理变化过程。本单元的要求是"感悟文字是如何表达情感的""选取恰当的具体内容写出真情实感"，承接了第一课直接抒情的表达方式，本文重在通过具体的事例表达情感。

二、文本内容解读

本文以一个小孩子的视角，主要讲述了母亲答应"我"在星期天的一次游玩，最终却因为母亲的忙碌没有实现，"我"就在那个星期天开始了漫长的等待，从早晨到黄昏，由开始的兴奋期待，到后来的焦急无奈，到最后因母亲没有兑现承诺的失望委屈的心理变化过程。

本文不仅通过动作、语言、神态和直接心理描写的方式刻画"我"的心理变化过程，而且还运用了环境描写来衬托人物的心理变化，虽然作者着墨不多，却给人留下了深刻的印象，既对刻画人物、反映主题会起到很好的作用，又能增添文章的美感。值得令人借鉴的是，直接描写人物的心理活动一定要切合人物的年龄、身份和性格特征。

三、文本语言解读

（一）借助动作描写表现心理

"我跑出去，站在街门口"中的"跳房子"描述了一个人踩着方砖跳跃的场景，并观察着云彩的变化。

（二）通过人物语言传达内心

"您说了去！"
"走吧，您不是说买菜回来就走吗？"

（三）运用细节描写凸显心理

我蹲在地里，用枝条拨弄着一个蚁穴，翻看着一本画报，它曾经被我翻阅了无数次，让我感受到它的美丽与神秘。

（四）环境描写烘托人物心情

如"那是个春天的早晨，阳光明媚"的光芒正在迅速消逝，一片荒芜。

四、文本结构解读

第一部分（第1自然段）：描述了一场漫长而又昏暗的期待，从"早晨"开始，一直被期待包围，而这种期待，虽然表面上看起来平淡无奇，但又蕴藏着深刻的情感。

第二部分（第2~6自然段）：作者精心描述了我从激动、兴奋到焦虑、沮丧，再到失望和憋屈的经历。

第三部分（第7自然段）：描绘了我在极度郁闷的情况下情绪是如何爆发出来的。我期盼落空的悲伤、哭泣，最终惊醒了忙碌的母亲，母亲将我揽入怀中。

五、文本情志解读

作者通过描绘"我""期待""失望""无奈"这三个心情变化词，深刻地展示了他所处的社会环境。同时，作者还通过描绘"母亲"这个角色，展示了"母亲"在繁重工作之余所付出的努力。通过这种方式，作者可以让读者感受自己所传递的真实情感。这是一篇充满温暖的故事，一段充满着美好的童年时光。

六、文本教学化解读

本文内容贴近儿童生活，作者也通过大量的细节描写表现了小男孩的心理变化过程。在教学中，教师应引导学生感悟多种表达情感的方法：融情于景、融情于事、融情于人，让学生对表达情感的方法的理解实现从感性认识到理性认识的提升。

◎**教学设计**

【**教学目标**】

1. 正确读写本课的生字新词。

2. 理解课文内容，了解"我"心情变化的过程，体会文中对人物心理、动作、环境的细致描写、感受其细腻真挚的情感。

【**教学过程**】

一、情境导入，引发期待

童年生活是美好的、纯真的，童年的乐趣往往深深印刻在我们的脑海中。童年时，我们的心里总藏着自己的一点点渴盼：渴盼着穿上漂亮的衣服，渴盼着好玩的玩具，渴盼着和妈妈外出游玩。作家史铁生小时候又有怎样的渴盼呢？今天我们就来学习他写的一篇文章——《那个星期天》。

二、再读课文，整体感知

默读课文，说说课文写了一件什么事（母亲答应那个星期天带"我"出去，但是因为家务繁忙，结果爽约）。

请学生思考以下问题：这篇文章是按照什么顺序写的？（预设：时间顺序）根据时间顺序，梳理文章脉络。

第一部分（第1自然段）：写"我"的第一次盼望。

第二部分（第2~6自然段）：写母亲一次次爽约，"我"的期盼逐渐落空。

第三部分（第7自然段）："我"因出去的希望落空而崩溃大哭，母亲察觉到，并安慰"我"。

三、品读课文，体会人物感情

（一）读课文中有关早晨"我"的心情变化的片段

教师明确要求：勾画出表现母亲行为的句子和表现出"我"的心情的关键语句，并且思考"我"的心情经历了哪些变化。

"这不会错""都不会错""我想到底是让我盼来了"（预设：满怀期待的心情）。

"春天的早晨，阳光明媚""跑出去，站在街门口""藏在大门后"（预设：通过描写天气和"我"的动作，体现出"我"心情的愉快）。

"这段时光不好挨。"思考：作者是怎么表现"时光不好挨"？

"我踏着一块块方砖跳，跳房子……我看着天看着云彩走……焦急又兴奋。我蹲在院子的地上，用树枝拨弄着一个蚁穴……我坐在草丛里翻看一本画报……我坐在草丛里看她们，想象她们……""院子很大，空空落落"（预设：通过描写"我"的动作来写"我"焦急又兴奋的心理，通过写"我"坐在草丛里看电影画报时的想象来表现"我"等待时的无聊与孤独）。

"整个上午我就跟在母亲腿底下……""那两条不停顿的腿至今都在我眼前晃动，它们不停下来，它们好几次绊在我身上，我好几次差点儿绞在它们中间把它们碰倒"（预设："我"紧跟着母亲，想要等母亲停下来，表现了"我"急切的心情。这里也从侧面表现出母亲的忙碌）。

思考：这几句话在写法上有什么特别之处？（预设：以孩子的视角来写，富有童趣，更加真实）

（二）读课文中有关下午"我"的心情变化的片段

教师明确要求：勾画出表现母亲行为的句子和表现出"我"的心情的关键语句，并且思考"我"的心情经历了哪些变化？

"我蹲在她身边，看着她洗。我一声不吭，盼着。我想我再不离开半步，再不把觉睡过头。我想衣服一洗完我马上拉起她就走，决不许她再耽搁。"（预设：通过细致地写"我"的动作和心理活动，表现了"我"急切地盼望母亲快点洗完衣服好带"我"出去的心理。通过一系列动词和内心独白表达情感，"蹲着、看着、盼着……""我想……我想……再不……再不……绝不……"，通过这些词语反复递进的方式写出了"我"迫切的盼望）

（三）读课文中有关黄昏"我"的心情变化的片段

教师明确要求：用中括号画出表现母亲行为的句子，用括号画出表现出"我"的心情的关键语句，并且思考"我"的心情经历了哪些变化。

思考：为什么说光线的变化是"漫长而焦虑"的？（运用夸张的手法，写出了等待中的孤独、时间的漫长及等待无果后的悲伤）

"母亲发现男孩儿蹲在那儿一动不动，发现他在哭，在不出声地流泪""闭上眼睛不再看太阳，光线正无可挽回地消逝"（预设："我"无比悲伤、绝望，联想《迢迢牵牛星》中的"泣涕零如雨""脉脉不得语"，可以感受到那种极度的悲伤无以言表，"闭上眼睛""荒凉"表明内心的绝望、无奈）。

（四）梳理人物心情的变化和光线的变化

其一，人物心情变化如下：

满怀期待——盼望——焦急、兴奋——委屈——自责——失望、伤心——彻底失望

其二，写出了光线变化如下：

阳光明媚——光线渐渐暗下去——光线正无可挽回地消逝

由教师完成小结：作者融情于景，将强烈的情绪投射到环境描写中，通过"漫长、孤独、永无休止、反复渲染"增强表达。两条线索并行描写突出了人物的心路历程。

其三，教师应提出写法指导。

课件出示任务：请学生默读《匆匆》《那个星期天》，并结合"交流平台"部分探究两篇课文的表达情感的方式，谈一谈有哪些相同点和不同点。

课文题目	相同点	不同点
《匆匆》		
《那个星期天》		

其四，教师根据学生发言，回顾、总结抒情方法。

《匆匆》和《那个星期天》都表达了作者真实的情感，这两篇课文在表达情感的方式上，有哪些相同点和不同点？

相同点：都写了自己的真情实感，让读者感同身受，二者都用了融情于景的表达方法。在《匆匆》一文中，作者用太阳象征时光，通过描写太阳从早到晚"挪移""跨过""飞走""溜走"表达对时光匆匆的感慨；在《那个星期天》一文中，作者通过对太阳光线的描写，如"明媚""渐渐暗下去""消逝"等表现"我"从兴奋到失望的心情变化。

不同点：《匆匆》一文中，一连串的问句占了很大篇幅，把情感直接表达出来。作者借助描写景物和生活中的平常小事，运用大量的修辞手法来表达对时间匆匆流逝的无奈和惋惜之情；《那个星期天》一文更多将情感融入人、事、景物中抓住语言、环境、动作、心理、细节等描写用间接的方式表达出来。细腻真实地向我们表达了"我"在那一天漫长的等待过程中的心情变化，融情于景、事物当中，自然而然地流露情感。

四、板书设计

那个星期天 { 人物描写：心理（内心独白）、动作、语言
表达情感的方式：环境描写（侧面烘托）

小试牛刀

"交流平台""初试身手"部分

一、教材解读

"精读课文"部分旨在把本单元需要习得的主要写作方法提炼出来，旗帜鲜明地告知学生抒发情感的方法。通过"交流平台"部分回顾、梳理让学生回顾曾经的生活体验感受，总结出方法：按照事件发生的时间顺序来写，选择自己体验最深刻的点进行加工重塑，这样才能做到主线清晰、丰富细腻，真情流露。

"交流平台"与"初试身手"这两个部分，一个部分指向在阅读中理解表达，一个部分指向在练习中学习表达。前者是基础，后者是提升；前者是精读课文的延伸，后者是习作表达的铺垫。教学时，教师可根据学生的学情，在教学时间分配上做灵活处理，激发学生善于思考、乐于表达的兴趣。

二、教学设计

【教学目标】

1. 学会抒发自己的真情实感，选择自己生活中的一种情感体验来写。

2. 把印象深刻的内容写清楚，选择一个场景分别写出"好"与"不好"两种不同的心情和状态。

3. 学会借助景物描写来烘托人物心情的写作方法。

【教学重难点】

通过回忆所学课文，学会借助景物描写来烘托人物心情，总结抒发真情实感的写作方法。

【教学准备】多媒体课件。

【教学课时】1 课时

【教学过程】

一、回顾前文，各抒己见

教师导入新课，如本单元的两篇课文我们已经学完了，相比之下，你们更喜欢哪一篇课文呢？请学生说一说理由。学生可分小组交流，请小组代表发表感想。

（设计意图：这样安排旨在把课堂还给学生，让课堂成为学生自由发展、自主学习、主动探究的地方。让学生自由讨论并发言，很好地锻炼了学生的语言组织能力和表达能力）

二、写作方法，总结交流

（一）学生默读"交流平台"部分的内容

教师出示课件，请学生边读边思考："交流平台"部分围绕"要抒发自己的真实情感"列举了哪些写作方法？教师可引导学生为重点内容做标记。

（二）学生交流"如何抒发自己的真实情感？"

其一，把情感融入具体的人、事或景物之中，在叙述中自然而然地流露情感。教师可出示课件内容：如《那个星期天》一文中有一个叙述了"我""挨时光"的段落，"我踏着一块块方砖跳，跳房子，等母亲回来。我看着天看着云彩走，等母亲回来……"借助写"跳房子""看着云彩走"这些举动，真实自然地表达了"我"等待时"焦急又兴奋"的情感。

其二，也可以把心里想说的话直接写出来以抒发自己的情感。教师可出示课件内容：如《匆匆》第四自然段，作者用一连串的设问，表达了他对时间飞逝的惋惜和感叹，很能打动读者，容易使读者产生相同的感受。

（设计意图：按照"自读交流"的思路设计，实践"自读自悟"的教学理念，摒弃"灌输式"的教学方式。在交流过程中，教师应坚持循循善诱的原则，让学生在总结归纳中潜移默化地掌握写作方法）

三、联系实际，畅谈体会

在今后的习作中，希望大家学会运用写作方法，再联系自己写作文的实际情况，谈一谈自己的写作情况。在学生谈体会的过程中，教师应相机点拨。

（设计意图：学生通过谈论自己的写作情况，反思自己在写作中的问题，有的放矢地进行改进，让学生乐于表达，敢于表达，也便于教师掌握学生的习作情况，使学生能更好地从读中学写，这有利于提高学生的写作水平）

四、感受心情，交流看法

我们都生活在一定的环境中，当心情不同时，对身边事物的感受也会有所不同。请同学们看看以下场景，说说这样写的好处。

学生自由阅读教材上的材料，小组讨论汇报，教师可以引导学生注意人因环境的变化而产生心情变化的过程。

第一个场景：妈妈答应"我"可以养一只小狗，所以"我"的心情极好，因此看周围事物时也不自觉地带上了主观色彩。这里运用拟人的手法展现了一幅美丽的画面，鸟儿的叫声变得动听，旁边的花儿、树叶等好像都在为"我"高兴欢呼。

第二个场景："我"因为输掉篮球赛而懊恼，周围的一切也如同"我"的心情一样变得沉闷。对环境的详细描写，很快能把我们带入这种氛围。

由教师完成小结：借助景物描写来烘托人物心情对习作有很大的帮助！希望在日后的写作中大家都能运用此写作方法表达自己的情感。

五、各显身手，书写心情

首先，请学生选择课件中的一两个情境，就心情"好"与"不好"这两种状态分别写几句话，把当时的情感自然地表达出来。

课件出示以下内容：走在小巷里　奔跑在田野中　弹琴　钓鱼

其次，教师应举例说明，并开展方法指导。

其一，带领学生审题，确定一个想要展开描写的情境。

其二，打开思路，面对不同的情境，描写不同的心境。

其三，若以"走在小巷里"为情境，你想到了哪些心情好的原因或是心情不好的原因呢？（预设：心情好的原因，如比赛获奖、考试进步、交到新朋友等；心情不好的原因，如考试成绩不理想了、与好朋友吵架、遗失了珍贵的东西等）

其四，确定好原因之后，再来构思"走在小巷里"周围的环境描写会有些什么，如有房子，路边有小草、野花，还有天空，等等。

最后，学生之间可以合作完成，实现共同交流。

学生尝试写话后，可以小组为单位进行展示，教师在此过程中可以指出其优缺点。

由教师完成小结：写作并没有你们想象的那么难！看，你们在这个过程中不是完成得很好吗。经过这节课的学习，大家的收获一定很多吧！谁愿意来分享自己这节课的收获呢？

大显身手

"习作例文"部分

◎ **教学设计**

【**教学目标**】

1. 默读例文，把握《别了，语文课》《阳光的两种用法》的主要内容。

2. 阅读《别了，语文课》一文，懂得作者是如何表达"我"对学习中文的情感的。

3. 阅读《阳光的两种用法》一文，体会作者塑造的充满智慧和爱的母亲形象以及例文的表达方法。

4. 学习描写具体事物或人的写作方法，让真情流露于笔尖。

【**教学难重点**】

教学重点：紧扣语文要素，体会文章是怎样表达情感的，引导学生学习表达真情实感的方法。

教学难点：读与写之间有着相辅相成的关系，教师应指导学生在例文中体会表达情感的方法，引导学生写出属于自己的真情实感。

【**教学准备**】多媒体课件

【**教学课时**】1 课时

【教学过程】

一、谈话导入

教师可以用谈话的方式导入新课，如同学们，你们喜欢上语文课吗？如果有一天你将不再学习语文，不再学习中国文字，你会怎么想呢？有一位少年因为特殊原因，没有机会学习语文了，我们一起去例文中看看具体情境是什么样的吧！

二、自读自悟

教师可出示预设的引导内容，如课文的主要内容是什么？请学生借助旁批，默读例文，说一说"我"对学习语文的情感和态度发生了怎样的变化，课文是怎样进行表达的。

三、畅谈交流

首先，请学生尝试用自己的话说一说例文的主要内容是什么（预设：例文讲了"我"以前不喜欢上语文课，临近移民出国时，在教师的教育下，"我"明白了语文的美好，决心自修，继续学习中文的过程）。

其次，借助旁批，说说"我"对学习中文的情感和态度发生了怎样的变化，作者是怎样进行表达（预设："我"从开始不爱学习语文、默写不合格，到将要移民出国时开始悔恨、懊恼，并逐渐喜欢上语文，最后下决心好好自修中文。作者先利用了几个具体事例来表达"我"对中文的情感表达的变化，借助真实的内心独白让情感表达更加强烈，选择最有代表性、最突出的事例来表明自己对中文的喜爱和自修中文的决心）。

四、理清思路

题目：《别了，语文课》

以前："我"不爱学习语文、默写不合格。

转折：将要移民出国时，在教师的启发下，"我"对语文的态度发生了转变。

现在：从悔恨、懊恼到爱上语文的心理变化过程。

转变：认真听课，逐渐喜欢上语文。

结果：下决心不论在何处都要好好自修中文。

"习作指导"部分

【教学目标】

1. 引导学生关注身边的人或事，发现真善美，感受真情的美好，懂得关爱他人。
2. 把印象深刻的内容写具体，把情感真实自然地表达出来。
3. 学习运用环境描写、语言描写、动作描写、心理描写等方法，表达真情实感。

【教学重难点】

教学重点：把印象深刻的内容写具体，把情感真实而自然地表达出来。

教学难点：总结前面"交流平台"部分和"习作例文"部分中学到的写作方法，在自己的作文中尝试运用这些方法进行写作。

【教学时间】 1 课时

【教学过程】

一、谈话导入

教师可用谈话的方式导入新课，如每天的太阳都是新的，人每天的心情也都不一样。想象一下当你遇到下面这些情况时，你的心情会怎样的（预设：我们会很害怕、很激动、很兴奋等）？

当你在黑夜里独自赶路的时候，你是什么心情？

当你通过自己的努力获得了奖项的时候，你是什么心情？

当你在运动场上通过拼搏战胜对手的时候，你是什么心情？

在生活中经历的一切会带给我们各种各样的情感体验，如果我们善于捕捉内心情感的变化，选择合适的内容和方法把情感真实自然地表达出来，就能让真情自然流露。

教师可引导学生来写一写他们的情感，学会表达情感。

二、明确要求

教师可引导学生明确本次习作具体要求：写一件事情，通过事情表达自己当时的心情；把印象深刻的内容写具体，把情感真实自然地表达出来；在写作中体现情感的变化，把变化写清楚；交换阅读作品，能够找到表达真情实感的句子。

同时教师应明确：这次习作的主题是"让真情自然流露"，这要求我们写出自己的情感体验。不同的事情会带给我们不同的感受，这种感受究竟是怎样的，是什么事情使我们产生了这样的感受，这些都需要我们在写作时表达清楚。写作时，可以把情感融入具体的人、事或景之中，既可在叙述中流露情感，也可以把心里想说的话直接写出来，抒发自己的情感。

三、选材指导

其一，教师出示词语，请学生说一说这些情感你都体验过吗？

畅快 欣喜若狂 激动 欣慰 感动 归心似箭 盼望

惧怕 愤怒 沮丧 愧疚 难过 追悔莫及

其二，读一读这些词语，你发现了什么？你能对它们进行分类吗？（预设：这些词语都是表达人的情感的。大概可以分为两类：第一类表达的是正面情绪，第二类表达的是负面情绪）

其三，你有过这些感受吗？是什么事情使你产生了这样的感受？今天我们这节作文课的内容，就是把自己印象最深的感受与大家分享。

其四，教师应引导学生学会审题与选材，如通过阅读写作要求，我们首先要明白一件事，那就是什么可以写，什么不能多写（预设：只要和情感体验有关的事情都可以写；最好选择让自己有心理波动的事情；无论是正面情绪，还是负面情绪都可以写）。

其五，教师还可引导学生选材，拓展学生的思维方式。

过生日

去郊游

同学聚会

家人团聚

四、例文引导

（一）《别了，语文课》一文应关注文章旁的批注

教师可引导学生边读边思考："我"对学习语文的情感和态度发生了怎样的变化？（预设：由厌恶到喜欢）

教师进一步引导学生思考，作者是怎样表达出这种变化的？

学生可以结合"习作例文"部分中的典型句子来找出其变化过程，并学习其表达方法。

1. 用具体事例突出变化

我拿起一张报纸，单是大字标题就有不少字不认识，更不要说报纸的内文了。

我又拿出纸，用笔反复写新学的生字。

作者运用了哪些具体的事例来表现"我"对语文的态度的转变？

2. 借内心独白抒发情感

有谁知道我心里的痛！唉，语文课，在我深深喜欢上你的时候，我就要离开你了，

我将要学习另一种完全不同的语言了，想到这里，我噙着泪。

作者让人物自言自语，说出自己的心里话。这种方法更能直接而强烈地表达心情。

3. 选典型事例凸显心情

写告别语文课，可能有很多事情可写，这里只选择了哪两件事情来写（预设：老师留言和同学送书两件事）？这两件事情就很好地把气氛与心情凸显了出来，表现出"我"对语文课的依依不舍。

（二）读《阳光的两种用法》，从两家人的生活中谈谈各自的体会

教师可引导学生思考：作者是怎样表达出这种情感的（预设：母爱带来的温暖和快乐）？

1. 用动作来表达感情

有意思的是，母亲把被子从绳子上取下来，抱回屋里，赶紧就把被子叠好，铺成被窝状，晚上睡觉我钻进去时，被子里还是暖乎乎的。

通过描写母亲动作的词语，你体会到了什么？（预设：妈妈对我的爱，母爱带给我的温暖）

2. 在具体的场景中感受情感

毕大妈的孩子多，黄昏，她家的孩子放学了，毕大妈把孩子们都叫过来，一个个排队洗澡。毕大妈用盆舀的就是缸里的水，正温乎，孩子们连玩带洗，大呼小叫，噼里啪啦的，溅起一盆的水花，个个演出一场"哪吒闹海"。

从孩子们排队洗澡的场景中，我们感受到了孩子们的欢乐，尤其是"连玩带洗""大呼小叫""噼里啪啦""哪吒闹海"等词语的描写都极其生动，调动了大家的想象力，描写出了孩子洗澡时的欢乐场面，衬托出了母爱的智慧、慈爱带给孩子们的幸福与温暖。

五、自由写作

我们掌握了表达情感的写作方法，现在就请大家用今天所学到的方法写一写自己的情感经历吧！

首先，教师应让学生明白，要先确定写作提纲。教师可出示提示语：选择印象深刻的事例，要写清楚事情的经过，表达出最真实的情感。

其次，教师应在巡视的过程中相机指导学生并及时纠正学生的写作方向。

六、完善赏评

写好后先读给同桌听，先听一听同桌的意见。

首先，学生可根据提纲进行自我反思，你觉得写清楚了自己当时的感受吗？你运用了哪些写作方法来表达情感？你选择了哪些合适的内容来抒发情感？

其次，小组交换作品，同学之间相互提一提意见。根据同学的反馈，对写得不好的地方进行修改。

最后，由小组代表进行成果展示，选出全班最佳作品，教师可相机进行点评与指导。

教后拾贝

在《匆匆》一文的教学过程中，教师力求让学生在读中感悟、理解，体会作者的思想感情。同时通过仿写这一环节，唤起学生的生活体验，感悟日子是如何匆匆溜走的，从而达到积累与运用相结合的目的。

《那个星期天》这篇课文从孩童的视角出发，描写了"我"的所见所感所悟，语言平实质朴，甚至有点儿絮絮叨叨，这一特点把握起来比较容易。在教学过程中，要注意让学生在看似简单的叙述语言中，感受和理解"我"的心情和情感。

在"交流平台"部分的教学中，教师通过具体的片段由浅入深地引导学生发现规律，指导学生了解表达情感的方法。

在"初试身手"部分的教学中，让学生在充分交流后，根据情境进行练习，使学生在练习与评价中提升其情感表达能力。

在"习作例文"部分的教学中，应注重让学生自己体验情感，让学生在自读自悟中习得方法。

之前的教学只是简单认为习作单元的学习就是完成一篇习作，结果我们发现，教学方法讲了，讲得还不少，学生依旧完成不了或者完成不好。但是如此教学下来，我们的思考、感悟、收获就丰满起来了。

第一，习作单元的功能定位要清晰。

单元的设置是为了培养学生的习作能力，文章是能力的外化，如从小学语文三年级上册到六年级下册，教材将观察、想象、写事、写景、写物、写人、围绕中心思想写、表达真情实感等写作要素（能力）融入了各学段习作单元中。

第二，习作单元的教学目标要准确。

对于习作单元的各个部分，目标定位和效能作用是不同的，如"精读课文"部分是对写作方法的初悟，"交流平台"部分和"初试身手"部分是对方法的归纳与尝试，而习作部分是对方法的综合运用。

第三，习作单元的教学情境要真实。

习作单元的教学是指向表达的，真实的情境能唤醒学生的表达意识，激发学生的表达欲望，从而在习作中体会成功的快乐，进一步感受这些写作能力的意义和价值。

后　记

三年的研修历程，可谓困难重重：学课标，知方向；学教材，深入领会；做问卷调查，了解一线教学实情……

笔者带头分析单元各部分特点及编者意图，一遍又一遍讲解，让大家走出思维的束缚。以任务群的方式来分解教学重难点……大家愈来愈清楚编者的意图了。

课堂实践研究，在一次次的实践与整改中有了起色！紧接着，笔者安排工作室成员分单元开展了研究，进而在课堂教学中实践，经过一次次的磨砺，团队成员的教学水平均有所提升，学生的语文素养亦在稳步提升。

摘星之旅，行路无憾。通过努力，我们终于摸到了特殊单元教学的一些门道，破解了特殊单元教学的一些密码，三位主编率副主编、编委及多位撰写者，工作室的同辈的齐心协力，协同绵阳外国语学校特级教师胡泉英工作室的成员、达州市部分小语优秀教师一道，合力完成了本书的编写工作，在此向参与编写的同仁，一并表示感谢。各教师具体编写情况如下：

第一章：熊　伟　钟　伟　雷玉红　李智慧

第二章：李　巧　郑祥俊

第三章：刘玉玲　黎秋梅　孙翠兰

第四章：万　燕　王情影

第五章：陈　效　吴　泉

第六章：熊　伟　钟　伟　何小琴

第七章：王　芳　张　媛　王　红　颜　容　张华夷　袁　莉　胡泉英

第八章：卢黎琼　杨　梅　卢黎芬　丁　玲

第九章：罗　静　张先红　郑祥俊　罗丹丹

第十章：周　焱　朱峥臻　丁　玲　钱玉莲

第十一章：贺小红　王小玉　王情影

第十二章：吕学桃　胡泉英　郑小勇

第十三章：唐　燕　吴　泉　李妍娇

第十四章：宋霓妮　吴　泉

本书的出版得到达州市教育局师训中心各位领导和四川大学出版社的大力支持，在此深表谢意！

一切为了教师的专业素养提升，一切为了学生的语文素养提升，期待本书的出版能给一线教师带来一些帮助！也希望广大读者对本书的不足提出批评指正！

熊　伟

2023 年 12 月